指文® 战争事典特辑

染血的王冠

不列颠王权和战争史

Bloody Crown:
A History of British Sovereign and Wars

赵恺 著

吉林文史出版社
JILINWENSHICHUBANSHE

图书在版编目（CIP）数据

染血的王冠：不列颠王权和战争史 / 赵恺著. ——
长春：吉林文史出版社, 2017.1
　　ISBN 978-7-5472-1202-8

Ⅰ.①染… Ⅱ.①赵… Ⅲ.①英国－历史－研究②战
争史－研究－英国 Ⅳ.①K561.07②E561.9

中国版本图书馆CIP数据核字(2016)第326546号

RANXUE DE WANGGUAN: BULIEDIAN WANGQUAN HE ZHANZHENG SHI

染血的王冠：不列颠王权和战争史

著 / 赵恺
责任编辑 / 吴枫　特约编辑 / 丁秀群 谭兵兵
装帧设计 / 杨静思
策划制作 / 指文图书　出版发行 / 吉林文史出版社
地址 / 长春市人民大街 4646 号　邮编 / 130021
电话 / 0431-86037503　传真 / 0431-86037589
印刷 / 重庆共创印务有限公司
版次 / 2017 年 1 月第 1 版 2017 年 1 月第 1 次印刷
开本 / 787mm×1092mm　1/16
印张 / 18　字数 / 295 千
书号 / ISBN 978-7-5472-1202-8
定价 / 109.80 元

目录
CONTENTS

前言 / 1

楔子 / 2

冰与火之歌 / 3
鹰旗下的阴影 / 9
群鸦的盛宴 / 15

第一章 金雀花开 / 22

维京之灾——龙头战舰阴影下的盎格鲁－撒克逊诸国 / 23
列王纷争——诺曼征服前围绕英格兰的政治博弈 / 37
铁骑纵横——诺曼底公爵威廉对英格兰的征服之旅 / 48
上帝之名——十字军东征和"红颜祸水"埃莉诺 / 57
狮心兄弟——理查一世和约翰治下的金雀花王朝 / 71

第二章 百年纷争 / 80

少主中兴——"最伟大的骑士"威廉·马歇尔和亨利三世的人生 / 81
勇敢的心——"长腿"爱德华和华莱士之间的江湖恩怨 / 88
消长之间——百年战争前的英、法两国政治困局 / 95
骑士挽歌——大视野下的英法百年战争（上） / 103
暴政肆虐——大视野下的英法百年战争（下） / 112

第三章 都铎王朝 / 124

圣女之谜——圣女贞德的传说和真相与英法百年战争的终结 / 125

玫瑰战争——群岛的分裂和再统一 / 135

真实童话——亨利八世的私生活和英国的宗教改革 / 149

童贞女王——伊丽莎白女王的崛起 / 158

纵横大洋——英国海权时代的曙光和都铎王朝的终结（上）/ 164

第四章 王权兴衰 / 170

无敌舰队——英国海权时代的曙光和都铎王朝的终结（下）/ 172

火药阴谋——斯图亚特王朝的草创和英属北美殖民地的萌芽 / 181

兵连祸结——三十年战争的爆发和隔岸观火的英格兰 / 190

名将对垒——三十年战争的丹麦阶段和查理一世的执政危机 / 199

王旗陨落——古斯塔夫军事改革和三十年战争的终结 / 206

第五章 弑君之斧 / 218

内战爆发——查理一世与议会的冲突和苏格兰叛乱 / 219

模范铁军——克伦威尔的崛起和英国内战的逆转 / 229

护国公——克伦威尔征服不列颠群岛和对外扩张 / 233

大狂欢——王政复辟与英荷战争 / 243

大同盟——光荣革命和英国介入欧洲纷争的序幕 / 257

后记 辉煌与沉寂 / 279

参考资料 / 281

前　言

　　"黄虞夏商周，春秋战国秦，两汉三国晋，晋后南北分，隋唐五代宋，元明清及民。"有赖于历代先贤的总结和教育，国人对中国历代王朝的传承往往如数家珍，但对西方历史却常常摸不着头脑，即便是相对简单的英国历史，读者也常常弄混淆。由此，笔者便产生了采用西方年鉴学派理论，系统讲述英国王朝历史的想法，旨在还原日不落帝国的盛衰史诗。

　　气势恢宏的巨石圆阵的建造者是谁？凯尔特诸王和来自罗马的征服者之间经历过怎样的政治博弈和血腥较量，才开启了不列颠作为帝国行省的全新时代？英国历史上脍炙人口的"亚瑟王和圆桌武士"的传说背后有没有黑暗回忆？

　　曾有过"七雄并立"的盎格鲁 - 撒克逊人，是否也曾有过勾心斗角和合纵连横？是否出现过"一扫六合、虎视雄踞"的霸主呢？崛起于北欧苦寒之地的维京海盗，缘何能够跨越重洋，并在大不列颠群岛生根发芽？

　　自诩为"征服者"的诺曼威廉究竟来自何方？他对英格兰的统治又给后世造成了哪些影响？金雀花王朝的奠基人亨利·安茹是否真的是凭一纸婚约便坐拥了大半个法国？"狮心王"理查一世与弟弟"失地王"约翰之间又有过哪些龃龉？被后世传颂的《大宪章》的签署又是否真的标志着民主、共和？

　　"长腿"爱德华为何能顺利鲸吞威尔士，挟持苏格兰？《勇敢的心》中揭竿而起的华莱士在历史上究竟是何许人物？英国历史上著名的"毒后"伊莎贝拉之子——爱德华三世如何成功战胜自己的母亲从而君临英伦？英法百年战争时，又是什么力量使英国能在战场上长期压制对手？"圣女贞德"神话的兴起与落幕，背后又有怎样的政治博弈？

　　10岁登基的亨利六世是否真的天资愚笨？反复拉锯的兰开斯特与约克两派，缘何投效于亨利·都铎的帐下？先后迎娶了六个妻子的亨利八世是否真的是一个用情不专的渣男？有着悲惨童年的伊丽莎白又为何能战胜诸多强敌，带领英国走出血腥、迷茫的黑暗时代？著名的"护国公"克伦威尔究竟是民主的救星还是独裁的军阀？推翻国王查理一世的内战是否真的是民心所向？高举"弑君之斧"的新贵们缘何被"王政复辟"的海啸所吞没？

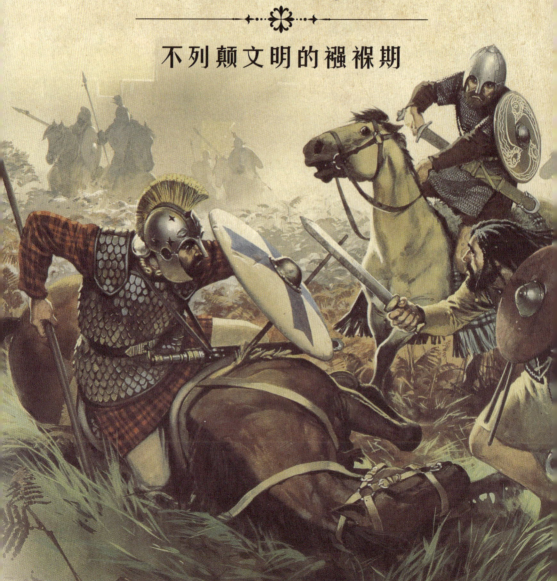

♛

楔 子

诸王时代

不列颠文明的襁褓期

冰与火之歌

　　1996 年，美国文学巨匠乔治·马丁（George Raymond Richard Martin）推出了长篇奇幻史诗《冰与火之歌》（A Song of Ice and Fire）的首部曲——《权力的游戏》（Game of Thrones）。凭借着瑰丽的想象、宏大的视野以及别具一格的文风，这部作品一经推出便风靡欧美，随即又被翻译成数十种文字，在全世界收获了诸多拥趸。如先贤所云："小说是文化的折射，而文化则是历史的投影。"《冰与火之歌》虽然名义上是一部架空小说，但细心的读者仍发现，那些发生在名为维斯特洛（Westeros）大陆的故事，与现实中大不列颠的历史存在着某种关系。

　　根据《冰与火之歌》的描述，维斯特洛东依颤抖海（Shivering Sea）和狭海（Narrow Sea），西临日落之海（Sunset Sea），南接夏日之海（Summer Sea），北方则是冰雪覆盖的永冬之地（Lands of Always Winter）。尽管其南北长3000 英里（4828.032 千米）、东西宽900 英里（1448.4096千米），面积与现实世界中南美洲的面积相当，但其形状，却几乎是大不列颠群岛的横向镜面翻转。

　　在乔治·马丁笔下，最早一批定居者是于 12000 年前借由名为多恩之臂（Arm of Dorne）的大陆桥抵达维斯特洛的先民。但由于其乱砍滥伐破坏了当地繁茂的鱼梁木（Weirwood）森林，维斯特洛大陆的土著精灵——森林之子愤而以魔法破坏了多恩之臂，最终导致维斯特洛大陆自此孤悬海外。这则神话故事虽然只是小说家言，却也符合不列颠群岛的历史。

　　在距今 300 万年前的第四冰河期，巨大的冰川覆盖着整个北半球。早期的人类追逐野兽时可能通过由于海平面降低而形成的大陆桥，往来于今天被称为英吉利海峡的低洼地带。1935年，英国考古学家在距离伦敦18英里的肯特郡（County of Kent）斯旺斯科姆村（Swanscombe）一所教堂的砾石坑中，发现了距今约20万前的早期智人遗骨化石。从此，不列颠群岛的第一批定居者被命名为斯旺斯科姆人。

在斯旺斯科姆人的遗骨化石附近，考古学家还发现了诸多在当地早已消失的大象、犀牛等生物化石。考古学家们据此推测，当时的不列颠群岛的气候远比今天温暖，因此在泰晤士河流域形成了一个天然的狩猎场。斯旺斯科姆人的猎手们可能由此被吸引，从欧洲大陆迁居过来。不过，斯旺斯科姆人在不列颠群岛的分布并不广，至今仅在英国南部发现四处遗迹，因此他们的生存状态只能从少数出土的石器工具和烧制的木矛中窥测一二。

斯旺斯科姆人之所以龟缩于泰晤士河流域，除了贪恋当地丰富的动物资源外，更主要的原因是，此时的不列颠群岛仍被寒冷的北极苔原覆盖着。在距今约11万年开始的"末次冰期"，冰雪几乎覆盖了英伦三岛。在年平均气温均为8摄氏度的严寒中，脆弱的文明火种艰难地维持着那微弱的光亮和温度。

直到距今12000年前，气候才逐渐转暖。人类活动的痕迹再次出现了不列颠群岛的遗迹中。借助冰雪消融、万物复苏，手持旧石器时代晚期复合工具的先民们逐渐填满了整个英格兰和威尔士的蛮荒之地。掌握了人工取火技术的早期人类开始在英国各地建造原始房屋。1823年，英国牛津大学的地质学教授威廉姆·巴克兰德（William Buckland），在威尔士南部的高尔半岛发现了英国最早的人类墓葬。由于墓坑中发现了红赭石粉和象牙饰品，考古学家一度称死者为"帕维兰红粉佳人"（The Red Lady of Paviland），但最后经确认这具遗骨的性别为男性。

这一时期不列颠群岛的先民们依旧以渔猎为生。但随着荒原被茂密的森林取代，原先体态庞大的大象和犀牛逐渐绝迹。为了追逐奔驰于密林中的爱尔兰大角鹿（Megaloceros giganteus）①等生灵，弓箭——这一具有跨时代意义的人类发明在不列颠群岛逐渐普及，并在日后的演进中成了当地居民的招牌武器。

大约从公元前4000年开始，不列颠群岛进入农耕时代。在今天英格兰最大的湖泊——温德米尔湖（Windermere）附近，考古学家发现了当地居民饲养牛羊猪

---

① 7700年前，繁盛一时的大角鹿曾广泛分布于亚欧大陆，其化石最早在爱尔兰的煤田被发现，故而得名。

◎ 爱尔兰大角鹿的复原图

狗的定居点遗迹，因此这一时代的不列颠农耕文明被命名为"温德米尔土丘文化"。除了养殖业外，还在当地发现了前民采用犁耕方式种植野生小麦的痕迹，加上约克郡等地出土的原始陶器，足以证明此时的英格兰大地上已经出现了新石器时代文明的曙光。

　　约公元前3000年，泰晤士河沿岸出现了以土埂围起的原始村庄。另一种用途至今存疑的人工建筑群也在英格兰南部如雨后春笋般涌现，那就是现今仍矗立于伦敦西南100千米处的索尔兹伯里平原（Salisbury Plain）上，以巨石圆阵（Stonehenge）闻名的石林、石圈。在英格兰，类似的石林总计发掘了980余处。其具体用途有集体公墓、部落医院、祭坛圣地等多种说法，古代先民将重达数吨的蓝砂岩从南威尔士开凿出来运抵英格兰，再打造成石柱的过程也令人匪夷所思。因此，自巨石圆阵被发现以来，便一直有好事者将其与超自然力量联系在一起，各种玄之又玄的传闻更是多如牛毛。

◎ 用途至今仍存疑的巨石圆阵

◎ 关于巨石圆阵的中世纪油画

一般认为，石林、石圈的建造者来自北非。公元前3000年至前2000年，身材短小、皮肤稍黑、头颅狭长的北非移民，经伊比利亚半岛进入欧洲大陆，并通过在今天法国北部布列塔尼半岛的定居点逐渐向不列颠渗透。由于他们长期盘踞在伊比利亚半岛，因此欧洲史学家普遍称他们为"伊比利亚人"。由于没有充足的证据证明伊比利亚人拥有高超的航海技术，有史学家认为，连接不列颠群岛和欧洲大陆的陆上通道在公元前1000年之前仍未被海洋淹没。

在漫长的新石器时代，创造了璀璨农耕文明的古伊比利亚人无疑是不列颠群岛南部的主宰。宏伟的巨石阵究竟是古代天文台的遗迹还是显赫家族的墓地，已经毫无意义。公元前500年左右，一群金发碧眼的"侵略者"闯入了古伊比利亚人的家园，他们便是发源于阿尔卑斯山脉地区的凯尔特人。早已习惯了田园牧歌生活的古伊比利亚人，自然不是向来以好战而闻名的凯尔特部落的对手，只短短数百年的时间，凯尔特人便成功用自己的叶形剑将古伊比利亚人数千年的文明积累扫荡一空。

从爱尔兰等地广泛流传的凯尔特神话中，世人不难看出凯尔特人"强取胜于苦耕"的民族特性。伊比利亚人并非凯尔特人疯狂扩张的唯一受害者。公元前390年前后，凯尔特人洗劫了处于襁褓中的罗马文明。公元前279年，凯尔特人首领布鲁图斯（Brutus）率军攻破希腊人依为长城的温泉关，并亵渎了奥林匹亚山上的宙斯神庙。

◎ 被美化为特洛伊后裔的凯尔特部落领袖布鲁图斯

◎ 布鲁图斯洗劫宙斯神庙的想象图

自诩为"不败勇者"的布鲁图斯最终在与希腊人的战争中伤重而死，他所纠集的大军也随即陷入了分裂。满载着战利品的凯尔特人返回了他们在欧洲的主要聚居区——高卢（Gaul）。这段历史在后世英国御用历史学家蒙茅斯的杰佛里（Geoffrey of Monmouth）撰写的《不列颠诸王史》（Historia Regum Britanniae）中，竟然成了"特洛伊后裔"布鲁图斯领导遗民的《出希腊记》。

死于马其顿的布鲁图斯在《不列颠诸王史》中，带着从希腊讹诈来的金银和美女一路扬帆，经由地中海来到了法国北部，并大言不惭将凯尔特人征服不列颠群岛说成是月之女神戴安娜（Diana）的指引。只是不知道在罗马神话中改名为朱庇特（Jupiter）的宙斯先生会作何感想。在与当地被称为"高卢人"的凯尔特部落多次交战后，布鲁图斯虽然屡战屡胜但不忍多杀，于是决定转进与高卢一衣带水的海岛，并以自己的名字将其命名为"不列颠"。这个一望便知是以讹传讹的故事，却折射出有趣的历史现实。在好勇斗狠的凯尔特诸部之间，英伦三岛不过是欧洲大陆失败者的避难所，"不列颠"之名虽然与布鲁图斯关系不大，却的确源于凯尔特部落"布里吞人"（Brythonic）的音译。

蒙茅斯的杰佛里虽然生卒年不详，但大致生活在诺曼王朝统治时期。作为一个受过正统神学培训的天主教修士，蒙茅斯的杰佛里除了在《不列颠诸王史》中加入了大量希腊神话、圣经故事的经典桥段，还为了照顾诺曼贵族崇尚武力、热衷征服的阅读偏好，将凯尔特人统治下的不列颠描述为西欧霸主。在《不列颠诸王史》中，"月之女神"戴安娜向布鲁图斯许下了神谕："那里是你和你的族人合适的住所。对于你的后代来说，它将是另一个特洛伊。一个源自你祖先的伟大民族将在那里诞生，整个世界都会臣服在他们脚下。"不仅高卢地区任不列颠人七进七出，连号称"永恒之城"的罗马也数度陷入不列颠人之手。

但随着叙事的深入，蒙茅斯的杰佛里很快体会到了"造谣一时爽，圆谎忙断肠"的痛苦。毕竟凯尔特人洗劫罗马时，布鲁图斯尚未出世，而恺撒对高卢和不列颠的征服却是世人皆知的历史。一时无法自圆其说的杰佛里只能这样写道："我不再描述他（指征服罗马的不列颠诸王）在那里（罗马）做的其他事情和他最后的死亡，因为罗马的历史学家会讲述这些内容。如果我自己要描写这些事件，本书将过分冗长，再一次涉足其他人的研究领域，我就会偏离自己本来的意图。"可谓最无耻的"春秋笔法"。

鹰旗下的阴影

公元前 55 年，一位来自罗马的执政官率领他的百战之师出现在了高卢北部沿海地区。这位名为尤利乌斯·恺撒（Gaius Julius Caesar）的罗马贵族此时已经征服了大半个高卢，并在这一年的夏天深入了日耳曼人的领地，解除了来自侧翼的威胁。后世诸多英国学者从经济、政治等方面赋予了恺撒这次远征非凡的意义。但事实上，从军事的角度看，恺撒首先考虑的是切断英吉利海峡两岸之间凯尔特部落的往来。因此，在公元前 55 年的远征中，恺撒仅派了 2 个罗马军团，区区 1万人。

◎ 罗马军团在多佛海岸抢滩登陆

在以灰白色悬崖而闻名的多佛（Dover）附近，恺撒以舰载的石弩和火箭猛攻凯尔特人的侧翼。经过一番鏖战，罗马第十兵团的鹰旗首度飘扬在不列颠群岛的土地上。但习惯了风平浪静的地中海的罗马海军，显然不适应阴晴不定的英吉利海峡。随着负责运送骑兵的 18 艘战舰被狂风吹回欧洲大陆，失去后援的恺撒只能放弃深入内陆的计划。英国史学家则在恺撒撤军的问题上大吹法螺，宣称罗马军队大败而回，恺撒仅以身免。甚至高卢人也深受不列颠人民抗击"罗马法西斯"的鼓舞，令恺撒不得不在高卢采取怀柔政策。恺撒征服高卢之路走得磕磕绊绊，但他还不至于像《不列颠诸王史》所说的那样"变成了一只温顺的绵羊"。

公元前 54 年的春季，恺撒再度发动了对不列颠的跨海远征。经过一个冬季的准备后，恺撒手中已经拥有 800 艘战舰和运输船，足以运载高卢军团的半数（5 个兵团，总计约 23000 名步兵和 2000 名骑兵）。据说，不少非军事单位的船只

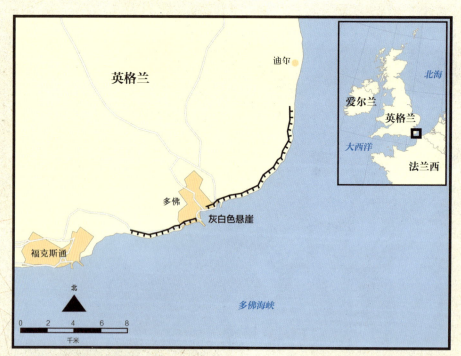

◎ 恺撒军团两次远征不列颠的登陆地——多佛地区

也如影随形般跟着恺撒的舰队，这些私人船只主要为罗马的商人和奴隶主所有。他们如同鲨鱼闻到了血腥味，希望能从恺撒的军事胜利中分一杯羹。

恺撒第二次远征不列颠的登陆地点，史学家向来有着不同的看法。但根据恺撒本人的说法，虽然事先选定了更为有利的登陆地点，但由于风暴的影响，罗马舰队最终被迫在前一年的登陆点——多佛附近登陆。这一次，罗马人几乎没有遭到对手像样的阻击。根据抓到的俘虏的口供，不列颠的凯尔特人本已布防完毕，但他们看到海上驶来的舰队数量后吓得逃离海岸，躲到地势较高的地方组织防御了。这使罗马人有充分的时间在海滩上建起堡垒以保护停泊在岸边的船只，登陆工作进行得相当顺利。

虽然一场风暴再度摧毁了罗马远征军的锚地，但恺撒依然决定率军深入。顺利横渡泰晤士河后，恺撒遭到了难缠的对手——由部落首领卡西维罗尼斯（Cassivellaunus）指挥的战车部队（chariot）。以方阵为主的罗马步兵很不适应这种高机动性的部队。恺撒曾对不列颠人的战车运用有着详尽的表述："在车战开始时，不列颠人驾着战车遍地而来，同时投掷标枪。一般来说，狂奔的战马和车轮的嘈杂声足以使士兵惊恐万状，溃不成军。在马队冲开一个缺口后，他们便从战车上跳下来，徒步作战。同时，战车的御者驾车稍稍向后退，把战车摆到合适的位置上，使他们的主人在寡不敌众的时候能够顺利退到自己的阵线。就这样，他们把机动部队的灵活性同步兵的稳定性结合起来，而且经过每日训练，达到了非常熟练的程度。即使在陡峭的斜坡上，他们也能控制住奔驰若飞的战马，迅速勒马停蹄或转弯他去。他们能沿着车辕跑动，站到车轭上，然后像闪电一般回到车里。"

不过，卡西维罗尼斯也存在软肋。和大多数凯尔特部族首领一样，卡西维罗尼斯在外交方面乏善可陈。虽然在《不列颠诸王史》中，蒙茅斯的杰佛里将不列颠凯尔特人联盟的分裂归咎于凯尔特部族里一名贵族和卡西维罗尼斯的私人恩怨，但从理性的角度分析，以自然经济为主的凯尔特人无法支撑一场旷日持久的战争。罗马远征军虽然在不列颠战车的袭扰下疲于奔命，但仍可以在固守滩头阵地的情况下，不断通过劫掠的方式削弱凯尔特各部族。因此，自知无力拔除罗马军队在多佛海岸的桥头堡，卡西维拉努斯便选择与罗马议和。但此时的恺撒不得不抽身返回欧洲大陆，镇压再度爆发的高卢人起义。折冲樽俎后，恺撒撤离不列颠。

尽管恺撒并未征服这个海岛，但那些垂头丧气走过罗马大街的不列颠人战俘还是足以令恺撒吹嘘自己的功绩。此后近一个世纪，罗马人都止步于英吉利海峡以南。不列颠之所以免于遭受入侵，除罗马内部围绕共和与帝国之争发生了一系列战乱外，也仰赖于高卢和日耳曼地区的"蛮族"与罗马军队之间的反复拉锯。

最终，将不列颠纳入版图的是罗马帝国的第四任皇帝——克劳狄一世（Tiberius Claudius Drusus Germanicus）。他是"暴君"尼禄（Nero Claudius Drusus Germanicus）的养父，罗马帝国对他的施政水平评价不高，甚至他宣称发动的远征不得人心："士兵们一想到要到已知世界之外去打仗，就感到愤愤不满。"但承平日久的不列颠群岛却由于分裂而无力抵抗入侵。西方史学界将克劳狄轻松征服不列颠群岛南部的胜利归功于"能够轻易地武装泅渡最湍急河流"的日耳曼雇佣兵，认为是他们"射人先射马"的战术瓦解了不列颠精锐的战车部队。

罗马帝国对不列颠的统治残酷且血腥，凯尔特人的武装抗暴此起彼伏。其中

◎ 不列颠的战车曾一度令罗马方阵步兵颇为头痛

◎ 罗马帝国的日耳曼雇佣兵

◎ 布狄卡女王起义

最为著名的莫过于公元 61 年布狄卡（Boudica）领导的起义。布狄卡本是与罗马帝国关系密切的爱西尼王国王后。她的丈夫生前曾留下遗嘱，将王国统治权上交给罗马皇帝尼禄，但前来接收的罗马军队却大肆劫掠。在"世袭财产被夺走，皇亲国戚沦为奴隶"的情况下，布狄卡忍无可忍，率领 8 万起义军横扫当时被称为伦丁尼（Londinium）的伦敦周边地区，不仅诸多罗马移民和商贾成了刀下之鬼，赶来镇压的帝国正规军——第九兵团也被打得溃不成军。

但随着罗马帝国陆续集结驻军，布狄卡及其起义军土崩瓦解。在此后长达 400 年的统治中，罗马帝国军事和经济的优势不断渗透，令不列颠南部沿海地区成了罗马帝国的产粮区。而以高地为主的北部地区，即便是强悍的罗马帝国军队，贸然深入也往往会遭遇片甲不还的惨败。117 年，罗马帝国第九兵团便消失在苏格兰的浓雾中，成为了旷古之谜。

此事极大刺激了罗马皇帝哈德良（Publius Aelius Traianus Hadrianus）。121 年巡视整个帝国时，哈德良亲自授意不列颠驻军沿边境修筑贯穿整个不列颠蜂腰部的防御工事，这条防线史称"哈德良长城"。尽管哈德良的养子安东尼（Antoninus Pius）曾一度将罗马帝国在不列颠的统治向北推进了 100 千米，在更为狭窄的克莱德河与佛斯湾之间修筑了"安东尼长城"，但是在苏格兰部落汹涌的反扑下，罗马帝国的统治区域很快便龟缩回了哈德良长城之内。于是，这段 116 千米的边墙便成了文明与野蛮的分界。不列颠南部的原住民也逐渐习惯了现有的生活秩序，

◎ "哈德良长城"和不列颠的罗马驻军

直至日益腐朽的罗马帝国在蛮族入侵的浪潮下崩溃。

为了绕过哈德良长城，居住于苏格兰和爱尔兰的凯尔特部族——皮克特人，泛舟入海从两翼登陆。而随着日耳曼部落涌入一海之隔的高卢行省，407 年罗马帝国的驻军在一位名为君士坦丁（Constantinus III）的贵族指挥下有序撤离了不列颠。在罗马皇帝"各个行政区应该设法自卫"的政策下，不列颠当地的罗马化居民又苦苦挣扎了数个世纪。在"野蛮人把我们赶向大海，大海又把我们赶向野蛮人"的无助中，不列颠人开始结社自保，后世著名的"亚瑟王和圆桌武士"的传说便脱胎于这个时代。

事实上，亚瑟王（King Arthur）是一个生活在威尔士南部的小酋长，所谓的"圆桌武士"则是一支以战争为生的雇佣军。在罗马帝国的余晖逐渐黯淡的岁月里，亚瑟王和他的部下联合各凯尔特人部族的武士，共同抵御来自北欧的日耳曼分支——撒克逊等部落的入侵。以骑兵为主的不列颠人可以在局部战场上形成优势，但却无力抵抗一场移民大潮。4 世纪前后，来自北欧的撒克逊人通过朴次茅斯（Portsmouth）等桥头堡逐渐蚕食了整个不列颠南部地区。

在积极展开武力征服的同时，撒克逊人也积极寻觅此时已然在欧洲大陆声名鹊起的天主教的支持。此后，宗教的力量成为不列颠人团结一致的纽带。在教会的推动下，原本泾渭分明的民族对立逐渐演化成一场宗教战争。恰如神话故事中，首席魔法师梅林（Merlin）的离去令亚瑟王走向没落一样，当牧师在不列颠群岛取代了自诩为"森林之子"的"德鲁伊"（Druid）巫师后，陷入分裂的不列颠

◎ 后世诸多关于亚瑟王的传说都带有浓郁的中世纪色彩

人最终兵败哈德良长城一线。昔日不列颠南部罗马帝国的农庄随即成了撒克逊群雄的角力场。英国历史称之为"七国时代"，而那些勾心斗角的历史更幻化成了《冰与火之歌》中的家族兴衰。撒克逊人以其同宗之名称这片土地为"盎格利亚"（Anglia），这个拉丁词汇最终音译为"英格兰"（England）。

群鸦的盛宴

一般认为，撒克逊人抵达不列颠地区的时间不晚于 433 年。根据英国史料的相关记载，这一年为了抵挡北方皮克特人的威胁，盘踞在肯特地区的凯尔特部族领袖沃提根（Vortigern）遣使向罗马求援。但此时的罗马帝国早已自顾不暇，西罗马帝国的疆域上各派日耳曼雇佣兵首领相互攻杀，永恒之城数度沦陷于蛮族之手。相对稳定的东罗马帝国此时也正面临着匈奴王阿提拉（Attila）的武力威胁，不得不以每年 700 磅黄金的"岁币"购买一时的安宁。

正所谓"上帝关了一扇门，必然打开一扇窗"。沃提根虽然没有等来罗马帝国的援军，却意外招揽了一支名为"朱特人"（Jutes）的日耳曼部族。从近代一系列考古发现来看，"朱特人"虽与撒克逊人同宗，但却拥有相对高的文化水平。罗马帝国面对不断强渡莱茵河试图侵入高卢行省的日耳曼人，曾进行了一系列的分化瓦解活动，招揽一些相对温驯的部族居住在莱茵河西岸，最终催生出了日后对法国历史影响深远的日耳曼部族——勃艮第人（Burgundy）。朱特人也很可能长期以雇佣兵身份活跃在罗马帝国的莱茵河防线内侧。411 年，勃艮第国王扶持了一个罗马傀儡皇帝乔维努斯（Jovinus），并以其名义侵入莱茵河东岸。此举引起上莱茵河地区的持续动荡，饱受战乱滋扰的朱特人趁势渡海，依附沃提根也在情理之中。

抵达不列颠群岛的朱特人兼具雇佣兵和难民的双重身份，本不足以对凯尔特人的统治构成威胁。但皮克特人的常年袭扰，早已令不列颠群岛南部的凯尔特各部族严重失血。迫切需要壮丁补充军队和自耕农的沃提根等凯尔特部族领袖，对泛海而来的朱特人大开方便之门，最终令其在肯特郡等不列颠南部地区站稳了脚跟，并不断呼朋唤友招来更多老乡。定居于日德兰半岛的盎格鲁（Angles）和撒克逊（Saxons）两大部族便是在这一时期纷至沓来。

凭借骁勇善战的日耳曼雇佣兵，凯尔特人在 5 世纪中叶艰难挡住了皮克特人入侵的狂潮。但问题也接踵而至，既然朱特、盎格鲁和撒克逊这三大外来部族可以击败强大的皮克特人，在不列颠南部取代孱弱的凯尔特人又有什么难度呢？450 年前后，朱特人首先赶走了曾收容他们的凯尔特部族首领沃提根，鲸吞了肯特（Kent）地区。盎格鲁和撒克逊两大部族则大举北上劫掠哈德良长城以南的凯尔特人定居点。

500 年左右，北上的盎格鲁 - 撒克逊联军在巴洞山（Badon Hill）一线与皮克特人展开主力决战。在后世的很多传说中，这场战役的胜利者的桂冠被戴在了凯尔特英雄"亚瑟王"的头上。当然，秉承着"敌人的敌人就是朋友"的宗旨，可能有部分流亡的凯尔特贵族骑兵加入了皮克特人的军阵，与之共同对抗盎格鲁 - 撒克逊联军。但他们的努力与巴洞山之役的胜利，对步入灭亡之路的凯尔特人而言毫无意义。因为就整体环境而言，凯尔特人在不列颠的没落与罗马帝国的分崩离析存在着紧密的联系。被罗马殖民统治近 4 个世纪后，不列颠南部凯尔特部族在经济、文化、军事等各个领域都与罗马帝国趋同，"腐朽、堕落"的文明基因

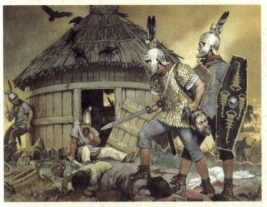

◎ 5世纪的撒克逊战士　　　　◎ 盎格鲁–撒克逊联军血洗凯尔特村庄的想象图

早已深入凯尔特人的骨髓。以至于他们在面对同胞皮克特人和其他蛮族入侵时，表现得和罗马人一样软弱无能。

　　巴洞山之战唯一的意义在于保住了凯尔特人在威尔士（Wales）地区的立锥之地。盎格鲁–撒克逊联军在越过了哈德良长城之后也停止了北进，专注于消化南方的占领区。对于朱特、盎格鲁和撒克逊这三大外来部族对凯尔特人的种族清洗，英国史学家向来有两种看法。一部分人认为，各修道院保存的关于盎格鲁–撒克逊联军烧杀抢掠的史料夸大其词。战斗和屠戮是有的，但远没有记载的那么残忍，很多地方的新移民和凯尔特人相处得很好。理由是通过考古挖掘发现，伦敦地区昔日罗马时代的堡垒和集市保存完好，并在盎格鲁–撒克逊人统治时期得到了进一步发展。与之相左的观点则认为，盎格鲁–撒克逊人对凯尔特人的屠戮相当严重，因为在相当长的一段时间里，除了泰晤士河流域的伦敦等主要城市外，不列颠半岛南部绝大多数的城镇均遭到了毁灭。

　　无论如何，从5世纪开始，凯尔特人在不列颠南部地区的统治归于瓦解，取而代之的是7个由盎格鲁–撒克逊人建立的政权。除了朱特人鸠占鹊巢创建的肯特王国，撒克逊人在不列颠南部陆续建立了苏塞克斯（Sussex，又称南撒克逊）、威塞克斯（Wessex，又称西撒克逊）、埃塞克斯（Essex，又称东撒克逊）王国。而盎格鲁人则在北方建立了诺森布里亚（Northumbria）、东盎格利亚（East Anglia）和麦西亚（Mercia）政权。不列颠南部由此进入了"七国时代"（Heptarchy）。

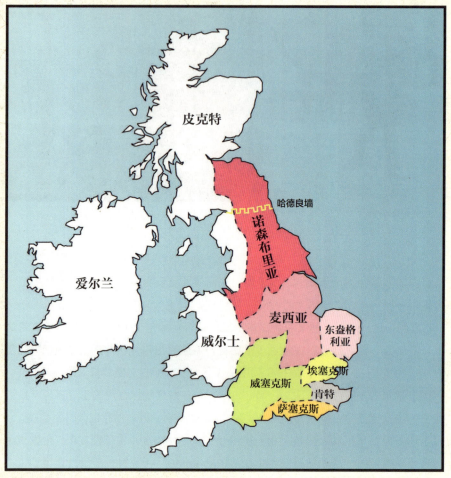

◎ 七大王国疆域简略图

朱特、盎格鲁和撒克逊三大部族本就互不统属，形成三足鼎立的局面本属平常。之所以形成七强并立的局面，得从日耳曼民族特有的部族构架说起。北欧残酷的自然环境令日耳曼民族几乎成了先天的战士，罗马史学家塔西佗（Tacitus）这样描述道："（日耳曼人）无论何时都矛不离手，当一个人到达能使用兵器的年龄，就在大会上由一位酋帅（部落或叛乱者的首领）或父亲或亲属给这个青年装备一面盾和一支矛。在战场上，酋帅的勇敢不如他人，是他的耻辱；侍从们的勇敢不如酋帅，也是他们的耻辱。假使自己的酋帅战死，而自己却从战场上生还，这就是毕生的耻辱了。保卫酋帅，甚至将自己的军功归于酋帅，才是精忠的表现。酋帅们为胜利而战斗，侍从们则为酋帅而战斗。"

可以说，每一个日耳曼部落都是一支以血缘为纽带的军队。在征服不列颠南部的过程中，原有的部族体系虽趋于解体，但盎格鲁－撒克逊联军之中也逐渐形成了诸多军事集团。这些军事集团以统帅为核心，以亲兵为羽翼，操控着占领地区无数朱特、盎格鲁和撒克逊自由民及凯尔特奴隶的生杀大权，并由此进化为独霸一方的王政霸权。

这些盎格鲁－撒克逊王国的政府由部落首领会议演化而成，国王手握行政和司法大权，昔日的部落贵族也组成国王的顾问会议，协助国王处理国政。国王再将领地以郡为单位交由麾下的将帅管理。郡作为王国的基本地区行政单位，名义上由国王委任的郡长治理，但在大多数情况下，郡长的职位为世袭，一个强势的家族甚至往往能同时管理几个郡。因此，在所谓的七大王国下面还存在许多割据势力。这些家族的向背也决定了七国的兴衰强弱。

入主不列颠后的一个多世纪里，由朱特人建立的肯特王国始终牢牢掌握着"盎格鲁－撒克逊"联盟的牛耳。之所以出现这样的局面，除了朱特人拥有较盎格鲁、撒克逊两族更为先进的文化理念之外，更为重要的是，此时不列颠南部的绝大多数地区已毁于兵燹，唯有肯特王国所占一隅相对完整。因此，盎格鲁－撒克逊联军各部仰其鼻息也在情理之中。597 年，肯特国王特尔伯特（Æthelberht of Kent）在其首都坎特伯雷接待了罗马教皇特使——圣奥古斯丁（Augustine of Canterbury），并随即宣布接受洗礼，皈依天主教，令肯特王国成了盎格鲁－撒克逊诸国的宗教中心。在此后的漫长岁月，坎特伯雷主教区作为天主教在英国的中枢，源源不断地聚集着财富。

讽刺的是，当天主教借由坎特伯雷向不列颠群岛扩张势力时，肯特王国的霸权却轰然坍塌。表面上，盎格鲁－撒克逊诸国是通过天主教的传播奠定了其"天命有常，唯信上帝者居之"的争雄理念，经过上百年的休养生息，盎格鲁－撒克逊诸王国均逐渐从战争的创伤中恢复过来。通过以"海德"（Hide，约 120 英亩）等单位向部族成员分配土地，一种全新的社会阶层逐渐形成。盎格鲁－撒克逊人称之为"刻尔"（Ceorl）。刻尔不同于奴隶或农奴，因为在法律上他们仍是自由民，但领有土地的刻尔必须无条件承担兵役，并通过在战争中建立功勋来获取更多封

◎ 装备简陋的刻尔步兵

地的赏赐。身为国王的部族首领也不得不发动对外战争，获取更多的领地以巩固刻尔们的忠诚。正是在这样的利益驱使下，各大王国之间的相互征伐悄然拉开了序幕。

最早取代肯特成为盎格鲁–撒克逊诸国霸主的是雄踞北方的诺森布里亚王国。诺森布里亚的迅速崛起得益于其微妙的地理位置。面对北方的皮克特人和西方龟缩于威尔士群山的凯尔特余部，连年不断的边境摩擦使诺森布里亚拥有盎格鲁–撒克逊诸国中最为精锐的军队，令与之接壤的东盎格利亚和麦西亚两国倍感不安。不过，这两国有不同的解决方法：东盎格利亚国王雷德沃尔德（Raedwald）选择介入诺森布里亚的内部纷争，试图借此与诺森布里亚结盟，最终迫使肯特王国向其俯首称臣；执掌麦西亚的彭达（Penda）却选择与威尔士地区的凯尔特人联手。

633 年，麦西亚与威尔士联军在英格兰中部大败诺森布里亚王国的主力部队，麦西亚的霸权之路由此展开。此后的二十多年，彭达率领麦西亚王国军队不仅屡败诺森布里亚和东盎格利亚军队，还向南方扩展势力，放逐了威塞克斯国王琴瓦尔三年之久。虽然彭达在 655 年对抗诺森布里亚王国的决定性战役中阵亡，麦西亚的国势一度由盛转衰，但麦西亚仍掌握着诺森布里亚、东盎格利亚、威塞克斯三国的宗主权。

经过数代的经营后，麦西亚终于又迎来了新一代雄主的降临。757 年，出生于麦西亚一个古老贵族家族的奥法（Offa of Mercia，？—796 年）在内战中击败了堂兄埃塞尔博尔德，夺得王位，随后便开始了收割王冠之旅。在奥法登基之前，麦西亚王国已经征服了以伦敦为中心的埃塞克斯王国。以之为跳板，764 年，奥法率军攻入肯特，七年后又征服了苏塞克斯。至此，头戴麦西亚、肯达、东盎格利亚三国王冠的奥法，几乎完成了对不列颠南部的统一。雄心勃勃的他开始寻求威加海外。

◎ 伍斯特大教堂的彩色玻璃窗，描绘着麦西亚国王彭达在战场上英姿

796 年，奥法与统治西欧大陆的查理曼大帝（Charlemagne，742—814 年）缔结了通商条约。基于对不列颠霸主的敬意，查理曼大帝在书信中肉麻地称奥法为"我最亲爱的兄弟"。但两人的关系很快便因儿女联姻问题上的分歧而破裂，查理曼希望自己的儿子可以迎娶奥法的女儿，而奥法则提出让自己的王子迎娶查理曼的公主。在两位强者各不相让的情况下，查理曼一度禁止不列颠商贾到西欧贩卖货物，但这种两输的局面显然不是双方想要的，两人最终重修旧好。

整体来说，奥法统治时期的盎格鲁 - 撒克逊诸国初次感受到了经济一体化带来的繁荣，以奥法头像为标识的硬币在不列颠南部地区通行。官吏对各地大小贵族及平民所领有的土地进行登记，通过《海德贡赋册》统一课税。许多驰名欧洲的学者陆续来到不列颠，令奥法在约克开办的学校一度与查理曼大帝的亚琛大学齐名。奥法统治后期，麦西亚王国动员大量人力修筑了贯穿英格兰与威尔士边境地带的防御工事，这条名为奥法大堤（Wales and Offa's Dyke）的线状工事为 270 千米的堤坝和深壕沟，远远比不上昔日的哈德良长城，但后来一度成为英格兰和威尔士的分界线。

第一章

金雀花开

维京之灾
龙头战舰阴影下的盎格鲁－撒克逊诸国

在盎格鲁－撒克逊诸国长达 400 年的关门恶斗接近完结时，龙头战舰的阴影突然出现在了寒冷的不列颠东北部沿海地区。英国史料中第一则关于北欧海盗的记载出现在 789 年。这一年，小股北欧人在多赛特郡（Dorset）沿海登陆，并因税赋问题与当地官员发生流血冲突。仅根据这则记录我们很难判断此事的性质，因为北欧沿海地区的居民劫掠成性，但偶尔也会经商。无论如何，此事都揭开了此后英国历史延绵两个世纪之久的"维京之灾"。

"维京"（Viking）一词来自一度盛行于北欧的卢恩文字，意为"来自海湾的人"，后逐渐成了欧洲大陆对斯堪的纳维亚及日德兰半岛居民的泛称。当然，并非所有来自该地区的民众都是海盗，大部分时候，这地区的人和欧洲其他地区的人一样，以农耕、渔猎和放牧为生，但北欧地区恶劣的自然环境令维京人常年为生存和温饱而奋战。

大文豪茅盾曾感慨："北欧神话是庄严而富有悲剧性的。这也是与自然斗争而仅得生活的北欧人所想象的必然结果。"常年的冰封、不时窜出丛林的猛兽、可怕的海侵和喷发的火山，共同构成了"诸神黄昏"般的末日记忆。冰霜巨人压垮了彩虹之桥，"魔狼"芬里厄吞噬了"众神之父"，巨大海蛇耶梦加得的血液淹死了雷神托尔，而"火云邪神"史尔特尔抛向天空的"胜利之剑"最终将整个奥丁神国化为灰烬。面对宛如炼狱般的故土，北欧男丁们只能选择以维京之名出海闯荡。

动身前往美丽的新世界后，维京人才发现诸神给予他们的是何等慷慨的馈赠：高大笔直的橡树可以轻松打造成

◎ 以现代工艺复原的维京战船

◎ 北欧海盗使用的武器复原图

灵活轻便又很耐风浪的战船，蕴藏丰富的铜铁矿石可以铸造出锋利坚固的剑斧甲胄，而严酷的自然环境更锤炼出了他们强健的体魄和骁勇无畏的精神。大约从6世纪开始，波罗的海沿海地区便成了维京人的天然猎场。但那里居住的同样是依赖于刀耕火种的原始部族，维京人很快便陷入了抢无可抢的窘境。现实的无奈促使他们建造更大的战舰，雕饰狰狞恐怖的龙头，秣兵厉马向着更辽阔的未知世界进发。

793年6月，维京人出现在英格兰东北海岸的林狄斯芬岛（Lindisfarne Island），袭击并掠夺该地的修道院，屠戮并掳走了大量教士。林狄斯芬岛修道院的损失不算惨重，但由于当时的修道院作为神学机构独立于世俗政权外，因此这一案例日后不断被基督教世界提及，作为维京人残暴无良的直接证据。此事更引起了与林狄斯芬岛一海之隔的诺森布里亚王国的高度警觉。一年后，维京人在袭扰芒克威尔茅斯修道院（Monkwearmouth - Jarrow Abbey）时，遭到诺森布里亚王国军队的迎头痛击。据说其头目之一就地被杀，余者逃上战舰才保住了性命。

客观来说，8世纪末维京人对欧洲各地的袭扰仍停留在部族甚至家庭的规模，

◎ 采取单舰行动的早期北欧海盗

往往只有一两艘战舰和几十人马出动，一抢到财物便迅速撤走。对不列颠的盎格鲁－撒克逊诸国而言，这不过是皮肤之疾。但随着丹麦、挪威和瑞典等地封建化程度的加剧，传统部族逐渐凝聚成了国家级的政治军事集团，最终在野心勃勃的国王和军事首领指挥下，吹响了维京人冲向整个欧洲大陆的号角。

836年，由35艘战舰组成的维京军团在威塞克斯沿海登陆。以每艘战舰荷载40人计算，这股维京人的总兵力约1400人。但就是这样一支规模并不惊人的部队，却在卡汉普顿（Battle of Carhampton）击败并屠戮了英格兰新一代霸主、威塞克斯国王埃格伯特的主力部队。之所以出现这种"维京不满千，满千不可敌"的局面，倒不是因为北欧海盗"特别能吃苦、特别能战斗"，而是因为自796年麦西亚国王奥法去世后，盎格鲁－撒克逊诸国之间开始了新一轮血腥的洗牌，导致其内耗过重。

实际上，麦西亚一家独大的局面早已令其余诸国贵族心存不满，但令奥法的继任者们没有想到的是，首先举起叛旗的竟然是积贫积弱的威塞克斯王国。威塞克斯地处不列颠西南部，自立国以来便不断遭到周边强国的压制。786年，威塞克斯国王驾崩前本欲传位于肯特国王子埃格伯特（Egbert of Wessex, 775—839年），不料麦西亚国王奥法横加干涉。

埃格伯特到手的王位不仅被人夺去，也无法在不列颠立足，被流放欧洲大陆长达13年。但正是在这13年里，埃格伯特傍上了查理曼大帝这棵大树，还迎娶了查理曼的小姨子丽特珮嘉（Redburga）。

一番秣兵厉马之后，埃格伯特于802年重返不列颠。他首先夺回了本应属于自己的威塞克斯王位，随后串联东盎格利亚，掀起了一场反抗麦西亚暴政的狂潮。至825年，埃格伯特已将东盎格利亚、苏塞克斯、埃塞克斯、肯特四国收入囊中，不列颠南部形成了威塞克斯与麦西亚王国及其附庸诺森布里亚两强对峙的局面。

825年，埃格伯特率军与麦西亚王国展开决战。829年，他逼迫麦西亚国王威格拉夫（Wiglaf of Mercia, ？—839年）承认自己的宗主地位。至此，威塞克斯取代麦西亚成了七国共主，但连年的激战也耗尽了诸国的气血。在盎格鲁 - 撒克逊

◎ 威尔士人与盎格鲁–撒克逊人的边境冲突

人忙于内斗的同时,威尔士人和皮克特人不断袭扰边境地区,令埃格伯特疲于奔命。830 年,麦西亚脱离埃格伯特的控制再度宣布独立,令埃格伯特短暂的统一局面结束。

因此, 在卡汉普顿的战场, 倦怠的威塞克斯军队面对气势汹汹的北欧海盗一败涂地也在情理之中, 尽管两年后埃格伯特在兴斯顿唐之战击败了维京人与威尔士人的联军, 但面对不断涌来的龙头战船, 盎格鲁 – 撒克逊诸国均很乏力。为了便于南下劫掠, 841 年, 北欧海盗在爱尔兰的东部海岸建立了著名的据点——都柏林(Dublin)。

851 年, 由 350 艘战舰组成的北欧海盗大军进攻坎特伯雷和伦敦, 击败了麦西亚国王布里特伍尔夫(Beorhtwulf of Mercia)。这一年, 北欧海盗们首次在泰晤士河口过冬。对这些宿敌的灾星, 散居于威尔士、爱尔兰和苏格兰的凯尔特后裔颇为欣赏, 在诗歌里恭维他们为 "性格爽朗、骁勇善战的北国先生"。面对山河残破的危局, 盎格鲁 – 撒克逊人翘首期盼着救世主的出现。鉴于民众有这样的心理需要, 战绩平平的威塞克斯国王阿尔弗雷德(Alfred the Great, 849—899 年)于是被供上神坛, 成为力挽狂澜的英雄人物。

阿尔弗雷德是威塞克斯"中兴明主"埃格伯特的幼孙,由于其父埃塞尔沃夫(Æthelwulf of Wessex, ? —858 年)膝下还有三个儿子,因此他长期不被看好,自幼便被送往罗马呆在教皇身边。如无意外,阿尔弗雷德很可能会成为一名合格的主教。但一次宫廷政变彻底颠覆了他的人生。855 年,埃塞尔沃夫的次子趁父亲前往罗马朝圣之际密谋篡位。这起阴谋虽然因得不到国内贵族的支持而流产,却令埃塞尔沃夫不再信任几个已经成年的儿子。他将阿尔弗雷德带回国内的同时,改立了遗嘱,声明在自己身后,威塞克斯王国将按照兄终弟及的继承制度由四个儿子继承。

◎ 阿尔弗雷德大帝的塑像

在头两位兄长执政时期，阿尔弗雷德表现得默默无闻，甚至一度以身体欠佳为由，前往爱尔兰疗养。由于当时的爱尔兰已处于维京人的控制下，因此阿尔弗雷德此行日后被赋予了孤身卧底的神化色彩。英格兰的很多民间传说都描述了阿尔弗雷德以吟游诗人的身份与维京海盗打成一片的故事。但客观来说，阿尔弗雷德在爱尔兰的行动未必只是刺探情报，从事一些秘密的外交活动当时也是在野王子的本分。阿尔弗雷德父兄执政时期，威塞克斯与各路维京人马可谓无岁不战。虽然双方旗鼓相当，各有胜负，但巨大的军费压力却令威塞克斯陷入国库空虚的窘境。因此，如何体面地结束战争成了君主面临的首要问题。

854年，声名狼藉的维京领主拉格纳·洛德布洛克（Ragnar Lothbrok，约810—865年）率领5000人围攻巴黎，查理曼大帝之子"秃头查理"（Charles le Chauve，823—877年）奉上了7000磅黄金"买平安"。当时，阿尔弗雷德恰在秃头查理的宫中做客。依葫芦画瓢，与盘踞在爱尔兰的维京人也和谈，阿尔弗雷德似乎还是有信心的。但双方还没来得及谈出个所以然来，一起意外的海难就令各路维京大军加紧了对盎格鲁－撒克逊诸国的攻势。

◎ 美剧《维京传奇》海报

◎ 854年，维京大军围攻巴黎

　　865 年，拉格纳·洛德布洛克在不列颠附近海域遭遇海难，漂流至诺森布里亚王国领地后被酷刑处死。诺森布里亚王国饱受维京海盗的袭扰，处决洛德布洛克也算明正典刑。但洛德布洛克的几个儿子皆是一世之雄，纷纷起兵前来复仇。其中闹得最凶的是他的三儿子——"无骨人"伊瓦尔（Ivar the Boneless，约 830—873 年）。伊瓦尔的骨骼自幼发育不健全，以至于无法独立行走，但他却引领了维京海盗策马冲锋的风潮。866 年，伊瓦尔统领的维京大军在诺森布里亚沿海登陆，随即沿着昔日的罗马大道快速推进，迅速合围了诺森布里亚王国首都约克，本就措手不及的诺森布里亚军队又中了伊瓦尔的诱敌之计，在约克城外全军覆灭。据说，伊瓦尔用维京的传统刑罚"血鹰"，从诺森布里亚国王的胸腔中掏出了对方还在悸动的肺，以告慰父亲的在天之灵。

　　覆灭了诺森布里亚的伊瓦尔并未就此满足，随后他又率领大军杀入麦西亚境内。此时，威塞克斯的王位已经落到了阿尔弗雷德的三哥艾塞尔雷德（Æthelred of Wessex，847—871年）手中。尽管麦西亚与威塞克斯昔日龃龉不断，但唇亡齿寒，因此艾塞尔雷德还是带着四弟阿尔弗雷德进入麦西亚境内抵御维京人的进攻。在诺丁汉地区（Nottingham）展开一段时间的对峙后，阿尔弗雷德终于斡旋成功，为盎格鲁－撒克逊诸国赢得了两年宝贵的和平时光。

870年，伊瓦尔卷土重来，率先拿东盎格利亚王国开刀。气势如虹的维京大军轻轻松松便毁灭了这个王国的军队，将其国王爱蒙德（Edmund the Martyr，？—870年，因其死法与耶稣十二门徒之一圣塞巴斯蒂安相仿，因此又被称为殉教王）乱箭射死。面对维京军队咄咄逼人的兵锋，艾塞尔雷德、阿尔弗雷德两兄弟不得不分头迎战。但在关键的梅雷顿战役，威塞克斯军队一败涂地，国王艾塞尔雷德身中枪伤，最终不治身亡。就在局面危如累卵之际，伊瓦尔突然撤回爱尔兰的巢穴——都柏林，并在一年后与世长辞。"无骨人"伊瓦尔及其父洛德布洛克在欧洲历史的长河中只能算籍籍无名的小人物，但在维京人的世界里却是传奇，是北欧诸神在人间的代言。随着他们的陨落，那个充满英雄主义的时代也渐行渐远。

871年，从哥哥手中接过王冠的阿尔弗雷德，迎来了自己人生中最为严峻的挑战。这一年，威塞克斯军队与来犯的各路维京人马恶斗连场，其中军团级的会战便有8次（一说9次）。从《盎格鲁－撒克逊编年史》（Anglo-Saxon Chronicle）记录的其中6场会战的结果来看，维京人四胜二负占据着明显优势。一些史料甚至宣称威塞克斯军队已经全军覆没。但力量的天平却在这样血腥的拉锯中逐渐向着对阿尔弗雷德有利的一方倾斜。

长期以来，维京人在不列颠横行无忌，除借助了龙头战船的机动性，很大程度还得益于盎格鲁－撒克逊诸国被称为刻尔的自耕农阶层的崩溃。随着贫富差距的日益加大，昔日有土地的刻尔逐渐沦为依附贵族的农奴。此举不仅导致各王国税赋收入的下降，更令可用于征募的兵源枯竭。这些问题，阿尔弗雷德之前的盎格鲁－撒克逊诸国的统治者并非没有觉察，但他们一味强调平均地权的努力收效甚微。

阿尔弗雷德则选择了因势利导，他首先承认各地贵族领有超额土地①的现状，并册封他们为"塞恩"（thegn，一般译为"领主"）。塞恩名下的土地和农奴均

---

① 盎格鲁–撒克逊习惯法中，每个家族不得拥有超过5海德的地产。

◎ "无骨人"伊瓦尔

◎ 阿尔弗雷德大帝、塞恩领主和武装修士正在修筑城墙

受国王的认可和保护，但他们也肩负着动员家族所有力量为王国而战的义务。

除了推行塞恩制度，强化威塞克斯王国的常备军建设外，阿尔弗雷德还将目光投向了教会。其父埃塞伍尔夫执政时期，威塞克斯王国为了赢得罗马教会的支持，允许教会向其治下各行各业征收原先只针对犹太人的"什一税"，甚至娼妓也不例外。此举虽然极大损害了普通盎格鲁－撒克逊人的利益，但曾在罗马定居多年的阿尔弗雷德深知教会绝不会轻易吐出这块到嘴的肥肉。与其强行取消什一税，不如要求教会力量也投身抵抗维京入侵的战争。事实上，早在奥法统治麦西亚的时期，盎格鲁－撒克逊各国便已颁发特许状给各地修道院，允许其自行组织武装来抵抗"海上异教徒"的袭扰，但当时维京入侵的形势没有后来那么严峻。随后，面对维京人所过之处被焚毁的修道院废墟，众多修士和神父也拿起武器，加入了阿尔弗雷德的军队。

借助新兴的塞恩阶层和教会两大势力的鼎力支持，威塞克斯国王阿尔弗雷德挺过了即位后的艰难岁月。针对维京人长于野战不善攻坚的战术短板，阿尔弗雷精密测量和勘察后，在国内各城镇修建了城墙。以温切斯特为例，鉴于每名

◎ 海战中，维京人的骁勇无从施展

士兵可以防守 4.23 英尺（约 1.3 米）的城墙，因此拥有 2400 户居民的温切斯特（Winchester）建造了一条周长为 9954 英尺（约 3000 米）的城墙。与此同时，阿尔弗雷德规定任何两个城市的距离不得超过 20 英里，这样行军途中部队就可以朝发夕至，不用担心在野外露营而遭受到维京人的突袭。

　　如果说修建城墙是阿尔弗雷德为了抵抗维京入侵所铸就的坚盾，那么，仿照维京人战船的样式打造的强大海军便是盎格鲁－撒克逊人刺向对手咽喉的利剑。维京人的战舰虽然大小不一，但一般不超过 40 只划桨，阿尔弗雷德所建造的战舰则统一拥有 60 只划桨。正是凭借战舰体积和载员上的优势，882 年，阿尔弗雷德首次率领舰队出海便取得了俘获 4 艘维京战船的战绩。此后，阿尔弗雷德再接再厉，

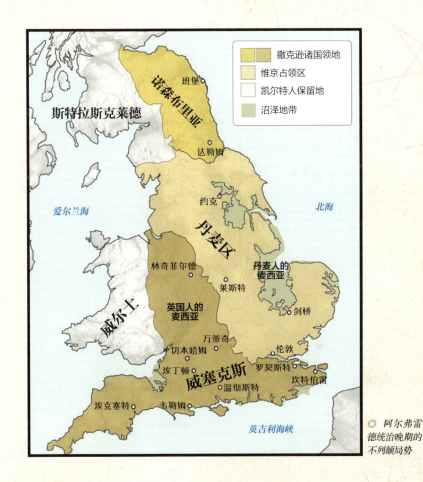

◎ 阿尔弗雷德统治晚期的不列颠局势

地图图例：
- 撒克逊诸国领地
- 维京占领区
- 凯尔特人保留地
- 沼泽地带

地图标注：斯特拉斯克莱德、诺森布里亚、班堡、达勒姆、约克、爱尔兰海、北海、丹麦区、林奇菲尔德、丹麦人的麦西亚、莱斯特、剑桥、威尔士、英国人的麦西亚、万蒂奇、切本哈姆、伦敦、埃丁顿、罗契斯特、威塞克斯、温彻斯特、坎特伯雷、埃克塞特、丰勒姆、英吉利海峡

不断在海上歼灭来犯的维京人舰队。

经过一番励精图治，阿尔弗雷德虽然收复了包括伦敦在内的大片失地，但也不得不在878年与维京国王古思伦签署合约，承认对方在诺森布里亚、麦西亚、东盎格利亚三个盎格鲁－撒克逊王国废墟的占领区，同时每年还奉上一笔不菲的"岁币"。维京方面付出的不过是空洞的和平承诺。阿尔弗雷德国王亲自为古思伦洗礼后，维京人宣布皈依天主教。

之所以出现这样的局面，除了盎格鲁－撒克逊诸王国无力支撑巨大的战争消耗，以及瘟疫、饥荒对威塞克斯王国的困扰外，更为重要的是，维京海盗此时改变了昔日盛夏乘船而来，在冬季来临之前返回北欧的劫掠模式。他们携家带口开始在不列颠群岛长期定居。对于那些几乎先天就是军营和堡垒的维京营地，盎格鲁－撒克逊人同样无力迅速攻克。在这种势均力敌的局面下，阿尔弗雷德只能选择屈辱的和平。

一纸和平协定当然无法挡住维京人扩张的欲望。纵观阿尔弗雷德执政时期，维京人的入侵从未真正停止过。但昔日盎格鲁－撒克逊诸国各自为战的局面得以改善，因此，阿尔弗雷德被视为第一个真正统一了英格兰的盎格鲁－撒克逊君王。他力挽狂澜的功绩成了英格兰历史的一盏明灯，照亮了那段盎格鲁－撒克逊人看不见未来的黯淡岁月。

899 年，阿尔弗雷德因病去世，享年 51 岁。其子"长者"爱德华（Edward the

◎ 反映维京人在英国定居的邮票

◎ 通过工艺复原的维京长屋

◎ 战场上的"麦西亚贵妇"

Elder，874—924 年）即位后，一度试图从北方打开收复失地的新局面。具体的执行者却是他的姐姐——"麦西亚贵妇"埃塞尔弗列塔（Lady of the Mercians，Æthelflæd，870—918 年）。利用定居的维京集团内部各派的勾心斗角，埃塞尔弗列塔一度在诺森布里亚的故土开疆拓土。可惜天不假年，918 年，埃塞尔弗列塔因病去世。她的死同时也宣告盎格鲁－撒克逊光复故土热情的熄灭。以"长者"爱德华为首的盎格鲁－撒克逊贵族开始习惯与维京人和平共处。

无独有偶，911 年，在与不列颠一衣带水的欧洲大陆，法兰克国王查理三世（Charles III le Simple，879—929 年）也与维京首领罗洛（Rollo，846—930 年）签署了《埃普特河畔圣克莱尔条约》（Treaty of Saint-Clair-sur-Epte），将塞纳河入海口一带交给维京人管理。至此，大批以海上劫掠为生的维京海盗成了拥有广袤土地的领主。他们自称"诺曼人"，在法兰克北部通过割据得来的大片领土因此得名为"诺曼底"。

在更为遥远的东欧平原，维京人逆第聂伯河南下，征服了当地的斯拉夫民族，

◎ 诺曼人
的开国领袖
罗洛

GVIL

CONC

DVC DE

ROI DA

NE

ROLLON

建立以基辅为中心的留里克王朝，在那里，他们被称为"瓦良格人"或"瓦兰吉亚人"。据称，907年，各路"瓦良格"贵族曾纠集2000艘战舰和80000人的大军试图从黑海方向进犯君士坦丁堡。但这支看似无可匹敌的大军，却最终在拜占庭王室的银弹攻势下瓦解，大批维京武士从此成为拜占庭帝国的雇佣兵。

◎ 拜占庭军中的维京雇佣兵

就在海峡对岸的诺曼底王国一片欣欣向荣之际，不列颠群岛的盎格鲁－撒克逊和维京海盗却陷入了决裂状态。面对日益衰弱的盎格鲁－撒克逊诸国，维京海盗以敲诈赎金为目的，展开周期性入侵。遇上这样贪婪无度的恶邻，阿尔弗雷德大帝的继承者们陷入了要么倾国决一死战，要么花钱消灾的两难抉择。在不到30年的时间里支付了相当于上千万英镑的丹麦金后，盎格鲁－撒克逊诸国试图在1009年孤注一掷，打造一支舰队与维京人决战海上。但这支舰队尚未与对手接触便败给了风暴和内讧。最后，在维京战斧的威胁下，阿尔弗雷德大帝的后裔让出了王位。

列王纷争
诺曼征服前围绕英格兰的政治博弈

被后世称为"征服者"的威廉降生时，以其父罗洛为首的诺曼人已经在法国北部定居了一个多世纪。作为欧洲大陆的外来户，龟缩一隅的诺曼人自身的力量不足以与地大物博的法兰克王国相抗。但9世纪以来，查理曼大帝后裔所代表的法兰克王权正统便不断遭到各地贵族的挑战，其中，盘踞巴黎的卡佩王朝（Capetian Dynasty，987—1328 年）和勃艮第公爵（Dukes of Burgundy）闹得最凶。

923 年，卡佩家族在与查理三世（绰号"胖子"、"傻瓜"）恶斗数场后，终于将查理曼大帝的直系后裔拉下了马，但却被勃艮第公爵鲁道夫（Rudolph of France，890—936 年）摘了桃子。尽管愤懑，卡佩家族也认识到自身的力量不足以统治法兰克。936 年，鲁道夫死后，卡佩家族请回了流亡英格兰的查理三世之子路易四世（Louis IV of France，920—954 年），试图通过"挟天子以令诸侯"完成取而代之的宏愿。

但被称为"海外归来者"的路易四世并不满足于橡皮图章的身份。在执政的 18 年，他与卡佩家族龃龉不断。利用法兰克王国深陷内斗的有利时机，诺曼人不仅在欧洲大陆站稳了脚跟，还开疆拓土。931 年，首任诺曼底公爵罗洛之子威廉（William，Count of Rouen，893—942 年）继承父位，随即便将科唐坦半岛、海峡群岛纳入了诺曼版图。

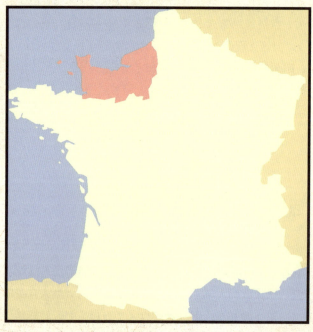

◎ 10世纪末诺曼底公国的疆域（红色部分）

◎ "长剑公爵"
威廉一世

GUILLAUME-LONGUE-ÉPÉE

诺曼人浑水摸鱼的行为引起了法兰克君王路易四世的警觉。945年，路易四世趁诺曼人内斗之际，挥兵诺曼底。不想被威廉打得一败涂地，本人也沦为了阶下囚。威廉之所以能在内忧外患的情况下力挽狂澜，得益于他此前开展的军事改革。后世将威廉推动的此次军事改革概括为：将昔日维京风格的短剑更换为法兰克风格的长剑，因此威廉又被称为"长剑公爵"（Longsword）。但正如国人熟悉的赵武灵王倡导"胡服骑射"，威廉的此番革新绝非形式变化那么简单。放弃昔日擅长的武器的同时，诺曼人的军事制度、战术都有了突飞猛进的发展。

维京人之所以长期奉行短兵相接的近距离搏杀战术，无非是受制于自身军工产能的孱弱。斯堪的纳维亚半岛虽然富藏铁矿，但以部落甚至家庭为单位的维京集团并没有能力铸造足够多的武器和防具。因此，短剑、长斧、木盾、标枪才成为每个维京男丁的标准配置。随着诺曼底公国的建立，通过一整套行之有效的经济运作体制，威廉有了足够的财富打造一支披坚执锐的强大部队。除了长剑外，几乎包裹全身的锁子甲也成了诺曼武士不同于其他维京部族的重要标志。

与耐寒抗病、体魄强壮但不善于冲刺的北欧马不同，当时遍布欧洲大陆的高

◎ 法兰克式长剑和披坚执锐的诺曼士兵

卢野马斗志昂扬、骠勇好斗。经过罗马、法兰克帝国历代育马师的调教，法国成为欧洲首屈一指的战马产地。借助马镫的传播和推广，本不擅长骑战的诺曼人也很快掌握了策马冲锋的技巧。

凭借军事改革的成果，威廉最终战胜了法兰克帝国的大军。从其后续的一些作为来看，这位"长剑公爵"政治上也摆脱了昔日维京贵族短视的弱点。威廉并未处决路易四世，而是将他交给了其死对头——卡佩家族。如此一来，威廉不仅避免了自己弑君的罪名，也令路易四世重振王权的努力归于破产。987年，路易四世的两位合法继承人——洛泰尔一世（Lothair of France，941—986年）和路易五世（Louis V of France，966—987年）相继去世后，长期屈居幕后的卡佩家族掌门人雨果（Hugh Capet，941—996年）终于按捺不住冲上前台。但一顶王冠并不能改变法兰克王国群雄并立的局面，反而令各地豪强皆产生了不臣之心。在这种情况下，诺曼底公国不仅从容保持着割据自立的局面，有时也找时机扮演勤王忠臣捞取实惠。

1027年，卡佩王朝爆发内战，国王亨利一世（Henry I of France，1008—1060年）

◎ 夹枪冲锋的诺曼武士

◎ 征服者威廉之
父罗贝尔的雕塑

ROBERT·LE·MAGNIFIQUE

被自己的弟弟赶出巴黎，不得不寻求时任诺曼底公爵的罗贝尔（Robert I, Duke of Normandy，1000—1035 年）庇护。尽管此时的罗贝尔也刚刚从自己的长兄——理查三世（Richard III, Duke of Normandy，997—1027 年）手中接过权柄，但仍全力帮助亨利一世夺回王位。当然，罗贝尔此举绝不是因为心存忠义，亨利一世重返巴黎之后，他便将巴黎与诺曼底之间的韦克森地区收入了囊中。对卡佩王朝的那些叛臣，他也没有兴趣赶尽杀绝。亨利一世执政时期，卡佩王朝内战的烽火便始终未曾熄灭过。与此同时，罗贝尔还积极介入海峡对岸的政治漩涡。

早在罗贝尔之父理查二世（Richard II, Duke of Normandy，963—1026 年）执政时期，诺曼人便已开始谋划介入盎格鲁 - 撒克逊诸国与维京人间的纷争。1002 年，理查二世将自己的妹妹埃玛（Emma of Normandy，985—1052 年）嫁给了盎格鲁 - 撒克逊国王"无能者"埃塞尔雷德（Æthelred the Unready，978—1013 年）。作为陪嫁的一部分，一批诺曼武士和文臣开始进出英格兰的宫廷。由于埃塞尔雷德鲁莽和无能，他被维京人赶出不列颠，带着老婆孩子栖身于诺曼底。为了巩固自身的权力，来自丹麦的维京首领克努特（Cnut the Great，995—1035 年）在选择将首都搬迁至伦敦的同时，于 1016 年迎娶了埃塞尔雷德的遗孀——埃玛。

头戴丹麦、挪威、英格兰三顶王冠，被称为"大帝"的克努特当然不是觊觎埃玛的美貌，而是渴望获得其身后所代表的诺曼底公国的支持。但诺曼人在这个问题上也首鼠两端，理查二世一方面首肯了克努特与埃玛的婚事，一方面却将埃玛与前夫埃塞尔雷德所生的两个儿子留在了诺曼底。如此一来，决定不列颠命运的，便不光是维京国王或雌伏的盎格鲁 - 撒克逊贵族，诺曼底公爵的站队也很关键。但是上帝并没有给握着满手好牌的罗贝尔更多时间。1035 年，罗贝尔在前往耶路撒冷朝圣的途中病逝。在没有其他合法继承人的情况下，其年仅 8 岁的私生子威廉（William the Conqueror，1028—1087 年）被推上了诺曼底公爵的宝座。

威廉之所以被认为是私生子，缘于诺曼贵族依然保持着"丹麦婚"的风俗，即贵族青年可以长期与一名身份未必相称的女子保持亲密关系，直到出于政治或经济原因这位贵族青年需要找到一位门当户对的合法妻子为止。丹麦婚的产物——贵族青年与女子诞下的子嗣不具有合法的继承权。威廉的母亲阿列特（Herleva，1003—1050 年）是一个鞋匠的女儿，因此她与罗贝尔的关系自然属于丹麦婚的范畴。由于罗贝尔和其他两个合法妻子养育的孩子都还在襁褓中，本无缘问鼎的威廉才脱颖而出。

　　由于得位不正，威廉的童年几乎笼罩在诺曼贵族的各种阴谋和暗杀的阴影中，直到其名义上的领导——法兰克国王亨利一世强势介入后才有所改观。当然，亨利一世之所以支持威廉，绝非是投桃报李，而是认定年幼的威廉执掌诺曼底公国对自己更有利。但自诩精明的亨利一世打错了算盘。经过十余年的勾心斗角后，威廉不仅成功夷平了国内的反对势力，更将触角深入了不列颠的国土。

　　1041 年，经过一系列复杂的权力争斗后，英格兰贵族最终决定迎回流亡诺曼底的盎格鲁－撒克逊王子爱德华（Edward the Confessor，1003—1066 年）。但一年后，爱德华从维京血统的兄弟手中接过王位时才发现自己在割据一方的豪强贵族眼中不过是一尊自身难保的"泥菩萨"。在诺曼底长大的他，对英格兰缺乏了解，甚至连英语都不会讲。为了能在一片波诡云谲的政治气氛中保全首级，爱德华以感谢罗马教廷支持自己为名，出资在泰晤士河北岸修建了著名的西敏寺大教堂（Westminster Abbey）。随后他便长期隐居于修道院，这份虔诚不仅令其获得了"忏悔者"的绰号，更在死后被封为不列颠的守护神。

◎ "征服者"威廉的早期绣像

◎ "忏悔者"爱德华的宗教画像

当然舍身教会的爱德华很清楚，罗马教廷对不列颠终究鞭长莫及。要保住王位和性命，还是要依赖海峡对岸的"娘家人"。1051 年，在暗中布局扳倒权倾朝野的国丈——威塞克斯伯爵高德温（Godwin, Earl of Wessex, 1001—1053 年）的同时，他邀请自己的外甥——诺曼底公爵威廉访问不列颠。在爱德华看来，威廉麾下的诺曼大军是自己唯一可以仰仗的武装力量，而此时威廉刚刚与近邻佛兰德斯伯爵之女玛蒂尔达（Matilda of Flanders, 1031—1083 年）成婚。这桩悄然改变了法兰克北部政治力量对比的婚姻，已经引起法王亨利一世的高度警觉，承受巨大压力的威廉不得不谋求爱德华这个舅舅的支持。

可惜的是，威廉前脚刚离开不列颠，国丈高德温便带着儿子哈罗德（Harold Godwinson, 1022—1066 年）打了回来。对爱德华一味宠信诺曼近臣本就心存不满的不列颠贵族，此刻更秉承着唇亡齿寒的心理站在了高德温一边。眼见大势已去的爱德华只好宣布恢复高德温家族的所有领地和头衔。尽管心满意足的国丈高德温在重返权力巅峰后不久便去世了，但国舅哈罗德也不是省油的灯。此后几年里，爱德华使出浑身解数都未能将其扳倒，反而令其日益做大。倍感绝望的爱德华只得宣布将传位于诺曼底公爵威廉，杜绝哈罗德篡夺王位的企图。

对于爱德华的这一安排，哈罗德虽然口头表示支持，但心中却另有算盘。在哈罗德看来，法王亨利一世此时已与威廉的死对头——安茹公爵杰弗里·马特（Geoffrey Martel, Count of Anjou, ？—1060 年）结盟，诺曼底朝不保夕，根本无力介入不列颠的政治事务。爱德华的这一安排可谓有百利而无一害，还帮自己团结了英格兰贵族。自己只需耐心等待"忏悔者"爱德华寿终正寝，便可戴上王冠。

可惜哈罗德猜中了故事的开头，却没有猜中结局。亨利一世伙同安茹公爵的确在 1054 年和 1057 年组织了两次针对诺曼底的攻势，但均无功而返。1060 年，亨利一世和安茹公爵杰弗里·马特先后去世，局势发生了天翻地覆的变化。亨利一世去世后，其合法继承人腓力（Philip I of France, 1052—1108 年）年仅 7 岁，法兰克王国的大权掌握在太后安娜（Anne of Kiev, 1024—1075 年）和摄政王——佛兰德斯伯爵鲍德温五世（Baldwin V, Count of Flanders, 1012—1067 年）的手中，而鲍德温是威廉的岳父。凭借这层关系，法国王室和诺曼底的敌对状态自然中止，安茹公国反倒成为了两者共同的敌人。法国王室逼迫其割让加蒂讷（Gatine），而威廉则顺手从新任安茹公爵手中夺取了领地曼恩（Miane）的控制权。自此，威廉在法兰克的领地可谓高枕无忧。与此同时，哈罗德虽然执掌英格兰的大权，却不得不等国王爱德华咽气。

1066 年 1 月，"忏悔者"爱德华终于在自己的卧室病逝。始终陪伴在其身边的王后及近侍随即宣布爱德华临终留下的口谕：传位于哈罗德。早已对王位望眼欲穿的哈罗德却没有太多时间进行一场登基大典。草草宣布加冕后，他便奔赴北方重镇约克。因为除了诺曼底公爵在南方虎视眈眈外，哈罗德还有另一个野心勃勃的竞争对手——挪威国王哈德拉德（Harald Hardrada, King of Norway, 1015—1066 年）。

哈德拉德身高 6 英尺 6 英寸（2.01 米），即便在向来人高马大的北欧也堪称巨人。据说，在 1047 年加冕为挪威国王之前，哈德拉德曾转战各地，一度因战功被拜占庭帝国任命为瓦兰吉卫队首领。虽然这些"吾王威武"的故事吓不了哈罗德，但云集于哈德拉德营建的新都奥斯陆城下的上万名维京海盗，还是令这位英格兰的新科国王倍感压力。通过一系列的政治交易争取到北方贵族的支持后，哈罗德认定自己可以同时应对南北两线的威胁并战而胜之。因为早在 1064 年，哈罗德便已着手进行战备，建造在多佛和克拉沃林的两座城堡，将成为泛海而来的诺曼骑兵的噩梦。克努特大帝留下那支以维京和盎格鲁 - 撒克逊人混编的精锐近卫军，加上各地贵族的支持，也将令哈罗德在对阵威廉和哈德拉德时，拥有兵力上的绝对优势。

哈罗德推测，首先向自己发起进攻的应该是海峡对面的诺曼底公爵。为此，他率先要求南方的肯特、苏塞克斯两地进入战争动员状态。但出人意料，一头撞进罗网的却是他的弟弟托斯蒂格（Tostig Godwinson, ？—1066 年）。不容分享的权力令托斯蒂格早年便与自己的哥哥分道扬镳，被剥夺了领地和官爵的他，在苏格兰、北欧各地寻找支持，最终跑到佛兰德

◎ 挪威国王哈德拉德

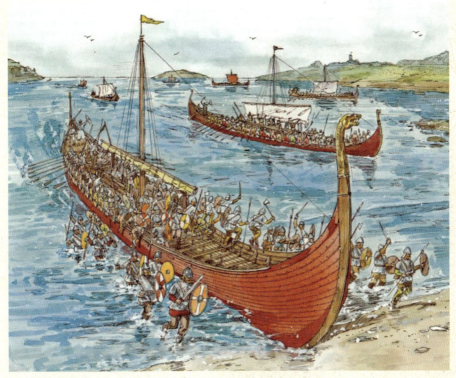

◎ 哈德拉德指挥的维京大军登陆不列颠

斯伯爵鲍德温五世的宫廷。鲍德温五世对哈罗德和托斯蒂格之间的兄弟阋墙并没有太大的兴趣，但为了支持的自己女婿威廉，还是组建了一支由43艘战船组成的小舰队交给托斯蒂格指挥。事实证明，托斯蒂格不过是一个志大才疏的纨绔子弟，成功洗劫了不列颠东部城市诺福克（Norfolk）后，他的军队便被各地赶来的贵族联军打得一败涂地。托斯蒂格不好意思再向鲍德温五世借兵，但他逃往苏格兰后仍不死心，不断鼓动挪威国王哈德拉德尽快出兵。

　　托斯蒂格入侵本身造成的损失对哈罗德而言微不足道。但由于担心诺曼底公爵威廉会紧随自己不成器的弟弟杀奔不列颠，哈罗德还是命令南部各地贵族整个夏天都保持警戒的动员令，但直到9月，英格兰南北两线均处于太平无事的状态。面对巨大的军备消耗和士兵们回乡收割作物准备过冬的呼声，哈罗德于1066年9月8日宣布解散部队。仅十天后，一支由300艘龙头战船组成的庞大舰队便出现在了英格兰北部的泰恩河口（Tyne River）。显然，哈罗德的对手始终绷紧了神经注视着他的一举一动。

在从苏格兰赶来会合的托斯蒂格的指引下，挪威国王哈德拉德放弃了在泰恩河口直接登陆的计划，移师南下进入水面更宽阔的亨伯河（Humber River），直逼重镇约克。英格兰北部贵族虽然出兵阻击，但面对上万名来势汹汹的维京海盗，约克的门户福尔佛德（Fulford）宣告失守。发展到这一步，只要趁势攻陷约克，哈德拉德便能牢牢掌握战场的主动权。但就在此时，这位维京之王选择了顿兵于约克城东的斯坦福桥（Stamford Bridge）一线。对这个令人匪夷所思的决定，一般认为，哈德拉德是考虑到约克曾是托斯蒂格的封地，不愿自己部下入城后的洗劫伤了两家和气，同时也希望约克守军可以审时度势主动开关献城。可恰恰就是这一等，令他和胜利失之交臂。

铁骑纵横
诺曼底公爵威廉对英格兰的征服之旅

1066 年 9 月 19 日左右，得到哈德拉德在亨伯河一线登陆的确切消息后，哈罗德火速从伦敦赶赴北方战场。由于大部分民兵此前已经被解散，因此哈罗德麾下仅有 2000 余人。正由于人数不多，哈罗德得以轻装突进，短短 5 天便行军了 190 英里（约 307 千米），并且沿途不断有增援部队加入。9 月 25 日清晨，哈罗德的部队穿越约克城，直扑挪威军队的营地。

尽管兵力上处于劣势，但哈罗德的部队多为精锐的王室近卫军，而来自挪威的维京海盗此时则因无从劫掠而士气低落。因此，双方一接触，挪威军队便呈土崩瓦解之势。哈德拉德虽然竭力想要稳住阵脚，甚至要求保护锚地的 1000 人作为最后的预备队投入战斗，但在敌方骑兵不断冲击下，昔日维京海盗赖以成名的盾墙很快崩溃。一场血腥的短兵相接之后，哈德拉德和"带路党"托斯蒂格双双战死沙场，挪威大军更是浮尸累累。残存者仅驾驭 24 艘战船在哈罗德的允许下撤离。

◎ 油画《斯坦福桥战役》

斯坦福桥战役对哈罗德而言无疑是一场辉煌的大胜，此战不仅一举清理了门户，干掉了自己不省心的弟弟，更彻底解除了来自北方的威胁。但此战哈罗德所部的伤亡也不在少数，特别是王室近卫军元气大伤。就在哈罗德绞尽脑汁筹划如何才能迅速增补损失之际，南方传来诺曼大军已于索姆河口（Somme River）出发的消息。

如果只是简单比较诺曼底与英格兰的国力，那么威廉能动员的力量自然远不如哈罗德。但如果将视野扩展至整个欧洲，答案就不同了。罗马教廷对哈罗德缺乏信任，却对威廉青眼相加。在教廷送来的圣战大旗下，威廉可以公然以"奉天主讨不臣"的名义纠集法兰克诸侯国武装，因此也有史学家将诺曼底公爵的此次行动称为"第一次十字军远征"。此时的欧洲大陆，大大小小雇佣兵组织早已遍地开花。威廉出兵不列颠的消息一经传播，各地的亡命之徒纷纷投效帐下。

除了岳父佛兰德斯伯爵鲍德温五世以法兰克摄政王的身份全力支持威廉的军事行动外，为了制衡可能鲸吞英格兰的挪威国王哈德拉德，丹麦国王埃斯特里特森（Sweyn II Estridsson，1019—1074 年）和统治德意志地区的神圣罗马帝国皇帝亨利四世（Henry IV, Holy Roman Emperor, 1050—1106 年）也向威廉伸出橄榄枝。因此，1066 年 8 月，威廉便已在诺曼底地区集结了不少于 7000 人的大军。但连续 6 周的北风极大延误威廉的行程。就在威廉焦虑得快要失去耐心时，9 月 27 日下午，南风终于吹起了诺曼舰队的风帆，这一天哈罗德刚刚结束了在斯坦福桥的厮杀。对威廉而言，不列颠南部几乎处于不设防的状态。

当天午夜时分，威廉乘坐着妻子赠送的旗舰"摩拉"号离开了欧洲大陆。诺曼底公爵夫人玛蒂尔达将坐镇后方，为大军源源不断筹措军备和补给。除了少数几艘战舰偏离航线之外，威廉大军横渡英吉利海峡的行动可谓波澜不惊。在佩文西（Pevensey）成功登陆后，威廉并不急着向不列颠的纵深挺进，而是在佩文西以东的渔港——黑斯廷斯（Hastings）构筑坚固的桥头堡。

表面上看，威廉此举是在重蹈挪威国王哈德拉德的覆辙。因为就在他"不思进取"驻守黑斯廷斯之际，哈罗德已于 10 月 1 日从北方的约克南下。在以每天 40 英里（64.3 千米）的速度赶赴伦敦的同时，哈罗德还在不断集结自己所能调动的一切军事力量。胜利女神的天平似乎朝哈罗德一侧倾斜了。

但仔细分析却不难发现，在哈罗德从约克经伦敦前往黑斯廷斯的近两周时间里，威廉并没有闲着，他不断出兵扫荡黑斯廷斯周边的不列颠

◎ 诺曼底公爵夫人玛蒂尔达

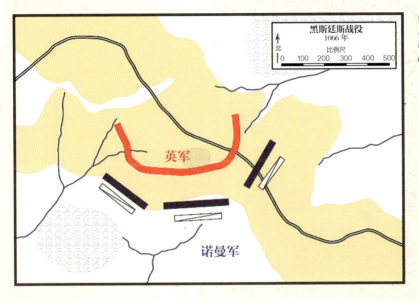

村庄。此举固然有激励士气、磨砺部队的作用，但更为重要的是威廉深知，对不列颠人而言诺曼人是不择不扣的"外来户"，要想在这片土地上扎下根来，必须以霹雳手段使不列颠人畏惧诺曼人。

　　诺曼军队的烧杀掠夺也客观上刺激了急于将对手赶下海的哈罗德。10月12日，在伦敦停留了一周等待各地勤王之师的哈罗德，终于按耐不住了。他统率约8500名士兵于第二天黄昏从伦敦出发，一夜急行军57英里（约92千米），抢在黎明前攻占了黑斯廷斯以北的森拉克山（Caldbec Hill）。哈罗德的计划是，部队在山顶短暂休息后便向诺曼人发动突袭，重演在斯坦福桥战役一举击溃挪威大军的奇迹。但哈罗德的计划没有瞒过广派哨骑的威廉。得知对手已经抢占制高点的消息后，威廉随即命令全军出动，以诺曼军队为中心，布列塔尼军团在左翼，佛兰德斯及其他法兰克军团在右翼，对森拉克山展开围攻。

　　威廉虽然在战略上打乱了哈罗德的奇袭计划，但英格兰军队在战术方面占据了居高临下的地形优势。为了不给对手骑兵上马冲锋的机会，威廉决定抢先进攻。10月14日上午9时，在威廉的御用吟游诗人和骑士爱乌泰勒佛的带领下，诺曼骑兵纷涌着冲上森拉克山，但他们夹枪冲锋的气势并未吓倒对手。维京人多年来对不列颠的渗透，令大斧和盾墙也成了英格兰军队的标配。因此，诺曼军队的首

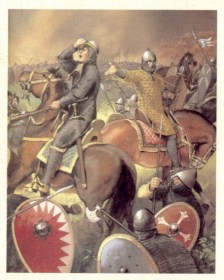

◎ 仰攻不利，布署在诺曼军队左翼的布列塔尼军团陷入崩溃的边缘

◎ 为了证明自己还活着，威廉不得不打开面甲

◎ 毛毯上的黑斯廷斯之战

◎ 诺曼人在英格兰修筑的城堡

轮冲锋除了留下满地的人马尸骸外没有取得更大辉煌的战绩。带头冲锋的爱乌泰勒佛据说也在砍翻几名英格兰步兵后不幸战死。

　　由于爱乌泰勒佛常年陪侍在威廉身边，他的阵亡很快便被讹传为威廉已经战死，本就仰攻不利的诺曼军队随即军心浮动，左翼的布列塔尼军团更是被英格兰人打得节节败退，陷入了崩溃的边缘。无奈之下，威廉只能打开保护头部的面甲，在随军主教奥多的陪伴下四处奔走鼓舞士气。在左翼的战场，威廉看到了胜利女神的微笑。为了追击布列塔尼军团而冲下山来的部分英格兰人队形凌乱，给了诺曼人策马冲击的绝佳机会。

　　将主力骑兵调往左翼屠戮脱离阵线保护的英格兰步兵的同时，威廉命令阵中的弓箭手以大仰角发射箭矢。漫天的箭雨越过哈罗德军队的盾墙，成了一场死亡之雨。无法承受这种不对称打击的英格兰军队只能主动进攻，但一旦冲下山来，其步兵便瞬间成了诺曼铁骑的猎物。战斗进行到午后，英格兰军队的士气随着哈

◎ 威廉二世之死

罗德的中箭身亡而彻底崩溃。据说，克努特大帝组建的王室近卫军战至最后一兵一卒，尸体在哈罗德身旁围成了一个圆圈。但这份忠诚和英勇既未能改变战局，也不能阻止日后的文人给威廉戴上"王师一到、众望所归"的光环。

战至黄昏，在诺曼骑兵肆无忌惮的追杀下，英格兰军队非死即降。但威廉的"征服者"之路才刚刚开始。以血腥的屠戮震慑了伦敦后，威廉如愿以偿戴上了英格兰的王冠。威廉大肆分封麾下的骑士，稳定了不列颠南部后，于1069年挥师北上，将约克和切斯特（Chester）纳入版图。

作为一位马上天子，威廉的一生可谓战功赫赫，但是和所有的征服者一样，马上治天下的难题同样困扰着他。"征服者"威廉为了有效巩固自己的统治而大兴土木，英伦后世著名的建筑如伦敦塔（Tower of London）、温莎城堡（Windsor Castle）皆出自他手。但他麾下的诺曼骑士也在各地垒城堡，逐渐成了割据一方的不安定因素。

1075年，不满威廉设下诸多限制的诺曼骑士在各地发动了叛乱，海峡对岸一心想早日即位的王长子罗伯特（Robert Curthose，1051—1106年）也暗中勾结已经亲政的法王腓力。这些叛乱虽然最终都被威廉镇压，但尾大不掉的现状也促使他努力寻找解决之道。1086年，威廉下令对全国所有封疆大吏的财产进行普查，在此之前，他已经念叨"我附庸的附庸也是我的附庸"多年了。被调查者无不如履薄冰，称这份《最终税册》为《末日审判书》（Domesday Book），尽管威廉一年后便与世长辞。但是，一个封建采邑制的王国却在他生后不断发展壮大。

"征服者"威廉生前曾对自己横跨英吉利海峡两岸的领土做了如下安排：骁勇善战但头脑简单的长子罗伯特执掌诺曼底，抠门的次子"红脸"威廉（William

II of England，1056—1100 年）管理不列颠，幼子亨利（Henry I of England，1068—1135 年）却只得到了 5000 磅的白银和一句"有朝一日汝将一统天下"的口头祝福。但事实证明，亨利王子并非省油的灯。1100 年，"红脸"威廉在行猎过程中被暗杀，一个月后，亨利又囚禁了前来奔丧的长兄罗伯特。

至此，英格兰和诺曼底又重新统一。"凡动用刀剑者，必死于刀剑之下"，以阴谋夺取王位的亨利最终也受到了应有的报应。1120 年，亨利寄予厚望的长子在从诺曼底返回不列颠的途中遭遇海难，史称"白舟号事件"。亨利一世虽然私生子众多，但最终迫于压力传位于自己的外甥斯蒂芬（Stephen, King of England，1096—1154 年）。就在英格兰的贵族各怀鬼胎之际，亨利国王的次女玛蒂尔达（Empress

◎ 欧洲历史著名的阿基坦女公爵埃莉诺

Matilda，1102—1167 年）带着老公安茹伯爵（Geoffrey Plantagenet，Count of Anjou，1113—1151 年）的军队打上门来了。

诺曼王朝的连番内斗使英格兰各派势力蠢蠢欲动，心灰意冷的斯蒂芬选择了与堂姐家族达成和解，在自己死后将王位传于亨利国王的外孙。这位与自己外公同名的亨利二世（Henry II of England，1133—1189 年）的运气实在不能只用"好"来形容。斯蒂芬做出这一表示不到一年，就莫名其妙一命呜呼了！在接手英格兰两年前，1152 年，19 岁的亨利二世迎娶了被法国国王路易七世（Louis VII of France，1120—1180 年）逐出宫廷的阿基坦女公爵埃莉诺（Eleanor of Aquitaine，1122—1204 年），轻松获得了法国西南部大片领土。至此，选用金雀花（Plantagenet）的小枝为纹章的安茹伯爵一夜之间成了坐拥大半个法兰西和英格兰的欧洲豪强。

但亨利二世并没有就此满足，1157 年，他怂恿英格兰籍教皇阿德里安四世（Adrian IV，1110—1159 年）签署文件，将爱尔兰归属于安茹王朝的治下。随后他又将自己的几个女儿嫁给了散布于意大利南部的诺曼人首领和德意志王侯。一时间亨利二世在基督教世界的影响直逼神圣罗马帝国诨号"巴巴罗萨"（Barbarossa）

的皇帝腓特烈一世（Friedrich I，1122—1190 年）。罗马教廷甚至对他刺杀大主教的行为装聋作哑，只要求他通过发动对耶稣撒冷的十字军远征来"赎罪"。

上帝之名
十字军东征和"红颜祸水"埃莉诺

对于教会的征召，亨利二世并不是很感冒。但他的继任者，有着"狮心王"美誉的理查一世（Richard I of England，1157—1199 年）却成为英国诸王与十字军东征关系最深的一位。借助脍炙人口的童话，中世纪的欧洲被王子和公主们的爱情故事披上了一层浪漫的外衣。事实上，无论是在诺曼人征服后的英格兰，还是在法兰克贵族相互争雄的西欧大陆，骑士的本职工作都是替封赏土地的贵族冲锋陷阵，而不是在宫廷里与佳人翩翩起舞。

随着罗马帝国的崩溃，历史悠久的地中海贸易网络因蛮族的入侵而急剧萎缩。在食用香料都依赖进口的欧洲，土地很快成为唯一的财富来源。因此，封地既是上位者笼络人心的最好方法，也是有效管理辽阔疆土的必然选择。为了迎战驾大船的维京人和来去如风的马扎尔人（Magyars，匈牙利人的祖先），欧洲的大小豪强必须使自己的武装力量处于机动状态。因此，可以动员多少骑兵很快成为衡量一个贵族乃至国王实力的标尺。在面对可以迅速大量补充有生力量的游牧民族和穆斯林军团时，欧洲骑兵往往在数量上处于劣势，在无法供应更多军队的情况下，提升个体骑兵的装备便成了谋取胜利的唯一选择。

为了保存更多的有生力量，骑士们装备了越来越厚重的铠甲。为了保障战马能在战斗中长期负重，并在关键时刻高速冲击，几乎每一个采邑的马厩都在努力改善马种。但即便是最强壮的战马也无法应对长时间的作战，所以骑士还需要有另一匹马来帮他驮运越来越多的辎重——长矛、长剑、头盔、甲胄。此外，他还需要一名随从替他管理甲胄，一名轻装的骑兵担负搜索与侦察，两三名步兵负责宿营时护卫。因此，"骑士"在战场上并非只代表重装骑兵，而是一个合成作战单位。

在身着重铠的高大战马上挥舞兵器需要长时间的训练和投入，组建一个骑士战斗组更是耗资不菲。因此在当时，只有采邑才能保证每一位骑士的各种开销。而为了保护自己的土地和家庭，骑士们修筑了高大的城堡。这些城堡通常坐落在道路附近，其中一座主楼供家属居住，侧楼供随从居住，周围有高高的围墙，有城垛防止侵犯者架梯，城堡四周筑有护城河。可以说，城堡就是欧洲中世纪社会稳定的支柱和楔子。

强大的外敌依旧徘徊在基督教世界边缘，天主教会明确反对欧洲领主乃至国王之间发动战争。当然，倘若真的爆发战争，教皇也不过深表痛惜，双手一摊表示无力制止。但通行的游戏规则却是交战双方都必须遵守的，骑士与骑士之间的私斗应尽可能避免社会财富受损——骑士可以杀死他的仇敌，但不能烧掉或剥夺其家族的财产。如果是国与国的战争，则战胜国可从俘虏身上勒索赎金，战败国的财产也是战胜国的战利品，胜方还可以按当地农民的人数来征收贡物。不过原则上，教士和土地耕种者可不交税。

◎ 早期的欧洲骑士

正是在这些战争规则的作用下，中世纪欧洲的战争呈现出一种文明趋势：在战场上，骑士总是避免将对手赶尽杀绝，因为每一个俘虏都代表巨额赎金；败者一旦进入教会的领地，追兵就只能在修道院外驻足叫骂，因为如果得罪了天主教会将身败名裂，往后再难得到罗马教廷道义和经济上的支持。当然，城堡高大坚固的城墙也常是交战双方的终点，因为无论是围困还是强攻，夺取一座设防城堡的代价都足以令战争演变成入不敷出的"双输"局面。

固化的阶层、稳定的边界加上天主教对文化教育的垄断，共同构成了相对稳定的政治生态圈。但新的问题也随之产生，来自骑士阶层的大批新生儿迫切需要土地和财富。在基督教世界的内战几乎没有油水可捞的情况下，这些愣头青开始聚集在诺曼人的旗下，跟随"征服者"威廉远征不列颠和西西里岛。其后，他们又出现在西班牙的战场，参与驱逐穆斯林势力的"收复失地运动"（Reconquista）。但这些小打小闹显然无法转移欧洲巨大人口的压力，于是同样迫切渴望权势、荣耀、金钱和土地的罗马教廷决定发动一场全欧洲都能参与的"圣战"——十字军东征（Crusades）。

1071 年，拜占庭帝国军在曼齐刻尔特战役中一败涂地，连皇帝罗曼努斯四世（Romanos IV Diogenes，1030—1172 年）都成了俘虏。曾经与波斯、阿拉伯帝国恶斗连场不落下风的东罗马后裔这次栽在了突厥分支塞尔柱人的手上。为了苟全性命，他不得不割让小亚细亚的大片土地，但忍辱偷生的他返回君士坦丁堡时，却发现皇帝的宝座早已被自己的养子窃取，等待他的是双眼被刺瞎、流放荒岛的命运。

罗曼努斯四世被废黜，并未给拜占庭国内严峻的通货膨胀和此起伏彼的叛乱画上句号，更大的危机接踵而至。1081 年，盘踞西西里岛的诺曼贵族罗伯特·吉斯卡尔德（Robert Guiscard，1015—1085 年）纠集了一支不足 2 万人的远征军冲入了拜占庭帝国的后院——巴尔干半岛。与"征服者"威廉不同，罗伯特·吉斯卡尔德及其麾下的诺曼骑士原本是拜占庭帝国的雇佣兵，因为劳资纠纷才霸占了从属于君士坦丁堡的西西里岛，顺手又席卷了整个意大利南部。眼见昔日的雇主麻烦缠身，罗伯特秉承着"趁他病，要他命"的原则，不顾自己 66 岁的高龄准备鲸吞拜占庭。

面对诺曼人的入侵，急需一场胜利重塑信心的拜占庭帝国一边从盟友塞尔维亚和曾经的敌人——塞尔柱那里大量招募雇佣军，一边集合能够收集的全部东方残兵，准备与吉斯卡尔德一决雌雄。1081 年 10 月 18 日，用商业利益换取威尼斯海军突袭诺曼舰队后，拜占庭帝国以倾国之兵在底拉西乌姆城下（Battle of Dyrrhachium）迎战吉斯卡尔德。

此时，拜占庭的大军可谓精锐云集，既有维京人组成的瓦兰吉卫队，也有以贵族子弟为主力的精锐骑兵，塞尔维亚和突厥雇佣兵组成两翼掩护有重甲骑兵保护的中军。但战斗打响后，拜占庭人很快便发现以箭射刀砍为主要手段的东方战法在西欧骑士的重铠长枪面前毫无用武之处，仅靠 1300 名夹枪冲锋的诺曼骑士，罗伯特便击溃了拜占庭人的整个军阵。尽管底拉西乌姆战役后不久，罗伯特便为罗马教皇格列高利七世（Gregory Ⅶ，1020—1085 年）所召唤，返回意大利去对抗与教廷决裂的神圣罗马帝国皇帝亨利四世，但此战也令拜占庭对西欧的军事优势有了深刻的印象。

1095 年，面对塞尔柱人新的一轮攻势，拜占庭皇帝阿历克塞一世（Alexios I Komnenos，1056—1118 年）遣使向罗马教皇乌尔班二世（Pope Urban Ⅱ，1035—1099 年）求援。客观说，以"圣战"为名拉起一支忠于教会的武装是历代教皇的心愿，何况如果能让长期信奉东正教的拜占庭帝国改宗，还将增强罗马教廷的权威。

◎ 底拉西乌姆战役的拜占庭军队

◎ 罗伯特·吉斯卡尔德及其麾下的诺曼佣兵

因此，罗马教皇乌尔班二世爽快地答应了拜占庭的求援，随后前往自己的故乡——法兰西招募远征军。

教皇乌尔班二世宛如巡回演唱会般的战争演讲，在法兰西中部城市克莱芒（Clermont）达到了顶峰。他站在高台向与会的善男信女大谈拜占庭帝国所遭受的屈辱和威胁，言及塞尔柱人占领"圣地"——耶路撒冷之后的行径更是声泪俱下，尽管他从未到过那座城市。最后，教皇宣布突破异教徒的封锁前往东方的"武装朝圣"不是一场战争，而是一件可在天堂受到嘉奖、洗清罪恶的丰功伟业。

乌尔班二世的演讲虽然精彩，但为其言辞所鼓动的无非是一些村妇愚夫。真正要打造一支百战精锐，除了动员法兰克的骑士外，乌尔班二世还必须请出罗马教廷的老朋友——诺曼雇佣兵。不过此时罗伯特·吉斯卡尔德已经病死，盘踞于意大利南部的诺曼骑士以罗伯特之子博希蒙德（Bohemond I of Antioch，1054—1111 年）马首是瞻。

博希蒙德曾跟随父亲转战巴尔干半岛，听说有机会重返东方，随即表示乐于从行。除了博希蒙德外，参与第一次十字军东征的主要将领还有来自神圣罗马帝国的戈弗雷公爵（Godfrey of Bouillon，1060—1100 年）及其兄弟鲍德温（Baldwin

◎ 乌尔班二世在克莱芒演讲

I of Jerusalem，1058—1118 年），法国国王腓力一世的兄弟韦尔芒杜瓦伯爵于格一世（Hugh, Count of Vermandois，1057—1101 年）。如前文所说，"征服者"威廉的长子罗伯特也欣然加入其中。

由贵族和骑士组成的远征军还未动身，一个自称"隐士彼得"（Peter the Hermit，1050—1115 年）的神棍就纠集了大批乌合之众绝尘而去。讽刺的是，这一支"平民十字军"竟在没有任何后勤补给的情况下来到了小亚细亚，甚至还和塞尔柱军队正面交锋。快全军覆没时，"隐士彼得"成功脱险。平民十字军虽然没有在战场上取得成功，却无形中向整个欧洲做出了表率——前往东方的道路并不坎坷，只要拥有一颗虔诚的心，谁都可以是圣战骑士。

1096 年 8 月，来自意大利、德国、法国和英国的四路十字远征军分头开拔向君士坦丁堡前进。但内部的纷争却使此次东征格外坎坷，直到 1099 年 6 月 7 日，经过一连串争吵和决裂后，十字军才抵达耶路撒冷城下。起初，来自西欧的各路诸侯缺乏协同，攻坚战进行得很不顺利。但在城内财富的感召下，十字军骑士们同仇敌忾，于 7 月 15 日攻入了城。

大肆屠戮穆斯林和犹太人后，关于耶路撒冷统治权的问题终于浮出水面。起初，来自法兰西的雷蒙德四世（Raymond IV, Count of Toulouse，1041—1105 年）兵力最强，成了众望所归。但过于自

◎ 隐士彼得今天的形象和相对写实的画作

信的雷蒙德大玩三辞而受的把戏，厌倦了这种虚伪把戏的骑士转而公推来自神圣罗马帝国的戈弗雷。戈弗雷虽然在自己的尊号上颇为扭捏，不敢公然称王而代之以"圣墓守护者"（advocatus sancti sepulchri）的封号，但对部下却不含糊，他按照传统的西欧封建制度制订了《耶路撒冷条例》，对十字军骑士论功行赏，而原耶路撒冷的当地居民，无论是信仰伊斯兰教的阿拉伯人、突厥人，还是信仰基督教的叙利亚人和希腊人，都被沦为十字军骑士的私家农奴。面对这样慷慨的领导，骑士们自然拥戴。

◎ 描述十字军围攻耶路撒冷的宗教壁画

　　有了充沛的封地和领民，原本只是抱着"朝（劫）圣（掠）"心理的十字军骑士纷纷选择在东方定居。作为军队统帅的贵族也无心再返回自己的故乡，干脆在耶路撒冷建立起了埃德萨伯国（County of Edessa）、安条克公国（Principality of Antionch）、耶路撒冷王国（Kingdom of Jerusalem）和的黎波里伯国（The County of Tripoli）四大十字军政权。随着十字军的捷报传回欧洲，更多的年轻骑士纷至沓来。但土地和人口等资源很快被瓜分殆尽，这些未能分到一杯羹的后来者只能另辟蹊径，他们打破国别、种族等藩篱，逐渐形成军政合一的武装组织——圣骑士团（Paladins）。

　　最早出现在耶路撒冷的骑士团是1099年成立于圣若望教堂军医院的"医院骑士团"（Knights Hospitaller）。成立后的21年里，"医院骑士团"都只是一个慈善组织。真正开创武装骑士团先河的是以阿克萨清真寺为据点的"圣殿骑士团"。十字军攻占圣地耶路撒冷后，众多欧洲基督徒遂长途跋涉前来"朝（投）圣（机）"，但朝圣的路途凶险，朝圣者经常遭到各种强盗团体的洗劫和屠戮。因此，1119年，法国骑士雨果·德·帕英（Hugues de Payens）和格弗雷·德·圣欧莫（Godfrey de Saint-Omer）提议组建"基督和所罗门圣殿的贫苦骑士团"（Poor Fellow-Soldiers of Christ and of the Temple of Solomon）。他们最初只有9名成员，仅仅依靠捐助维持。但其规模很快便扩大，成为耶路撒冷最具战斗力的武装组织。

圣殿骑士团（Knights Templar）的扩张和医院骑士团的武装化，不得不都归功于伊斯兰世界的反击。特别是 1144 年，穆斯林军团仅用一个月时间就攻陷了四大十字军政权之一的埃德萨伯国，圣地北藩失守的消息传到欧洲。口才卓越的修道士圣伯尔纳铎（Bernard of Clairvaux，1091—1153 年）随即四处游说，鼓动法国国王路易七世和神圣罗马帝国皇帝康拉德三世（Konrad III，1093—1152 年）联手出兵，发动第二次十字军东征。

1147 年春，神圣罗马帝国的 6 万名十字军出发。但还没有抵达战场，这支远征军便败给了连绵大雨及败坏的军纪。至于在尼西亚（Nicaea）陷入塞尔柱骑兵

◎ 第一次东征后形成的四大十字军政权

围攻而伤亡惨重，皇帝康拉德三世的中箭负伤，不过是压倒骆驼的最后一根稻草。神圣罗马帝国的惨败虽然一度成了法国国王路易七世的笑柄，但事实证明法国人也强不到哪去。1148 年春，法国十字军也在小亚细亚被塞尔柱人打得一败涂地。无奈之下路易七世只好撤回君士坦丁堡。与康拉德三世商量后，他决定由海路绕过塞尔柱人的地盘，经安条克公国前往耶路撒冷。

面对远道而来的援军，耶路撒冷国王鲍德温三世（Baldwin III of Jerusalem, 1130—116 年）派医院骑士团和圣殿骑士团前往迎接。不过十字军的目标是迅速发家致富，因此，路易七世和康拉德三世一致认为应暂缓用兵埃德萨，而应先攻击塞尔柱人的首都大马士革（Damascus）。这显然是一个十分愚蠢的错误决定，塞尔柱人在大马士革经营多年，早已将其变成了固若金汤的要塞，而十字军长途跋涉已成强弩之末。因此对大马士革的围困仓促开始，草草结束。

第二次十字军东征后，耶路撒冷王国与伊斯兰世界维持了数十年的和平。不过伊斯兰世界之所以没有急于发起进攻，并非是觉得耶路撒冷王国强大，而是因为此时出生于库尔德族的一代雄主萨拉丁（Salah ad-Din Yusuf, 1137—1193 年）正推动穆斯林世界的内部整合。1187 年，一统埃及、叙利亚、两河流域以及阿拉伯半岛的萨拉丁终于对耶路撒冷王国发动了攻势。随着高举耶稣殉难的圣物"真十字架"的耶路撒冷王国军在哈丁战役（Battle of Hattin）被萨拉丁全歼，昙花一现的耶路撒冷王国也随着圣城的易手而灭亡。

消息传到欧洲，教皇格列高列八世（Pope Gregory XII, 1100—1187 年）随即宣布耶路撒冷的沦陷是上帝对欧洲基督徒的惩罚。在开征"萨拉丁什一税"筹措军费的同时，新一轮十字军东征也拉开了序幕。人过中年的神圣罗马帝国皇帝腓特烈一世首先率军出征。1189 年 5 月，号称有十万人的德意志诸邦军浩浩荡荡地开赴东方。不过，此时拜占庭人早已看穿了十字军的本质，非但不像前两次那样箪食壶浆迎接外号为"巴巴罗萨"的腓特烈一世，反而暗中与萨拉丁缔结了秘密联盟。

1190 年春，在拜占庭人的挑唆下，德意志诸邦与塞尔柱人恶战连场。腓特烈一世虽然成功洗劫了塞尔柱人的首都以哥（Konya），但他却在得意忘形之余溺毙于萨列法河（Saleph River）。急于回国参与皇帝大选的德意志诸邦大军一时星散回国。只有不到 5000 名德意志骑士继续南下，加入了随后抵达战场的英、法两国联军的战斗序列，第三次十字军指挥权落入英国国王理查一世手中。

理查一世是金雀花王朝的"开国太祖"亨利二世和王后埃莉诺之子。其母埃

◎ 圣殿骑士的装备

莉诺可谓不守妇道，坊间更一度将她周旋于英、法两国君王之间的故事与男儿美髯联系在一起。传说埃莉诺的前夫——法王路易七世有一副漂亮的胡子，埃莉诺非常喜欢。但路易七世自第二次十字军远征后就剃掉了胡子，并且不愿再留。埃莉诺认为没有胡子的国王不如以前漂亮了，夫妻关系逐渐冷淡，最终离婚。由于日后的英法百年战争与此事有关，因此，百年战争又被称为"胡子引发的战争"。

这则脍炙人口的故事虽然不乏趣味，但与真实的历史有很大出入。阿基坦公爵虽然名义上效忠统治法国的卡佩王朝，但在政治、经济、军事等领域高度独立。埃莉诺的父亲威廉十世（William X, Duke of Aquitaine, 1099—1137 年）甚至在临终前留下遗言，要求女儿决不能让阿基坦被法国王室并吞。但继承爵位时仅 18 岁的埃莉诺，面对周边强敌环侍的局面，只有嫁给刚刚登基的法国国王路易七世才能保障自己的安全。

尽管后世对路易七世和埃莉诺的夫妻生活有诸多恶意的猜测，但总体来说婚后头十年两人感情并没有太大的问题。第二次十字军东征时，埃莉诺甚至陪伴丈

◎ 抵达耶路撒冷的路易七世

夫一同踏上了前往耶路撒冷的漫漫长路。虽然许多八卦史料都宣称埃莉诺在十字军抵达安条克公国后，一度与公爵雷蒙德出双入对，关系亲密，但作为一个公众人物，埃莉诺似乎没有必要在丈夫和诸多十字军骑士面前公然偷情。

埃莉诺和雷蒙德公爵之间的互动，更多的还是出于政治利益的考虑。自嫁入法国王室以来，埃莉诺便期望能摆脱卡佩家族的阴影，突出阿基坦公国的存在。正因如此，埃莉诺才独立组建了"阿基坦骑士团"，而抵达安条克公国后，面对上上代阿基坦公爵威廉九世（William IX, Duke of Aquitaine, 1071—1127 年）之子、亲叔叔雷蒙德，埃莉诺热情洋溢的表现中既是亲人相见的本能反应，更是为了彰显阿基坦公国在十字军运动中的贡献。

可惜法国军队的抵达并没有改变安条克公国面临的恶劣局面。在路易七世围攻大马士革不克，率军撤回欧洲后不久，安条克公国东部国土宣告沦陷，雷蒙德公爵亦战死沙场。此事显然大大影响了路易七世与埃莉诺的夫妻感情，以至于罗马教皇都不得不出面频繁规劝两人要相敬如宾。硬说埃莉诺怨恨自己的丈夫用兵无方，其实很片面。路易七世与埃莉诺之间的主要问题是，多年以来他们只生育了两个女儿，未生有可以开枝散叶的男性继承人。基于王朝传承的考虑，1152 年路易七世单方面向教廷申请离婚。离婚短短 6 周后，埃莉诺便成了英国国王亨利二世的新娘。

埃莉诺与亨利二世年龄相差悬殊，此前几乎没有社交，闪婚似乎有些危险。但政治地位的门当户对和相互扶植是夫妻之间最好的粘合剂。对埃莉诺来说，亨

◎ 亨利·安茹和埃莉诺

利·安茹手握英格兰、诺曼底、安茹三地麾下数万雄兵，足以保障阿基坦的安全。而在亨利二世看来，埃莉诺的丰厚嫁妆能使自己金雀花王朝的版图翻番，与路易七世分庭抗礼。

正所谓"成也萧何，败也萧何"，金雀花王朝事业的成功起始于亨利·安茹与埃莉诺的婚姻，却也几乎被这段"忘年恋"彻底葬送。虽然年龄相差 11 岁，但亨利和埃莉诺一度如胶似漆，14 年间连续生下了五子三女。身为一名高龄产妇，埃莉诺热衷于"造人"。除了和前夫赌气外，自然还有更为深层的政治考量。嫁给亨利二世后，阿基坦公国虽然名义上是英国王室的领地，但在政治上仍保持着独立。按照埃莉诺的计划，自己众多儿子中的一人继承王位，统治英格兰、诺曼底、安茹足矣，另一人可以继承阿基坦公爵之位，实现父亲保住祖业不坠的遗言。

埃莉诺的计划进展得很顺利，虽然长子威廉早夭。次子亨利于 1170 年加冕为英国国王。老国王还健在就给其子加冕的做法在法国早已成为惯例，但在英格兰却属首次。因此，不列颠人称亨利为"幼王"。埃莉诺的第三个儿子理查则继承了阿基坦公国。

"幼王"亨利（Henry the Young King，1155—1183 年）虽然头戴王冠，但他老子亨利二世却丝毫没有放权的意思。百无聊赖的他便在各地举办"骑士比武"来消磨时间。"骑士比武"对中世纪贵族来说，不仅是一场充满刺激和荣誉的派对，更是往来交际的重要平台。"幼王"亨利不惜为此大撒金钱，自然不是为了收获所谓"在举起过盾牌的国王中他是最好的，是马上比武者中最勇敢、最出色的"的虚名。1173 年，"幼王"亨利为了封地和父亲闹翻时，亨利·安茹才发现除了英格兰，几乎西欧的主要贵族都站在了自己的对立面。

这场旷日持久的内战缘何而起？史学家给出了诸多有趣的答案。一种说法是随着埃莉诺人老色衰，正值壮年的亨利二世勾搭上了一个名为罗莎蒙德（Rosamund Clifford，1150—1176 年）的贵妇。面对老公的出轨，埃莉诺醋意大发，不仅打上门去，还逼迫罗莎蒙德当场自杀。痛失所爱的亨利二世随即向罗马教廷提出离婚，但教皇在贵族婚姻问题上向来扮演着"和事老"的角色。在一番"回去再想想"的忽悠之后，亨利二世和埃莉诺的关系迅速走向决裂。几位王子为老妈打抱不平，便揭竿而起了。

另一种更为常见的说法是，1167 年，埃莉诺生下了幼子约翰（John，King of England，1167—1216 年）。由于此时金雀花王朝的领地已被"幼王"亨利和阿基

◎ 亨利·安茹的情妇罗莎蒙德

坦公爵理查瓜分殆尽，舐犊情深的亨利二世不忍小儿子成为"无地王"，便试图重新调整分封体系。但被动了奶酪的"幼王"亨利和理查岂肯答应。早已觊觎金雀花王朝辽阔疆域的法国国王路易七世之子腓力二世（Philip II of France，1165—1223年）、苏格兰国王威廉（King William the Lion，1142—1214年）等人则抱着"看热闹事大"的心理跟着煽风点火，并站在了亨利二世的儿子们这边。

客观来说，亨利二世晚年的家庭纷争在欧洲的贵族豪门中早已司空见惯。之所以会演变成一场惨烈的内战，与其归咎于王后埃莉诺是"红颜祸水"，生下了几个"乱世灾星"，不如说是亨利·安茹投机取巧建立的金雀花王朝本身不稳固，风吹草动一打破其内部脆弱的平衡，便会引来滔天祸事。

狮心兄弟
理查一世和约翰治下的金雀花王朝

凭借英吉利海峡的天堑以及埃莉诺这个"人质"，亨利二世和几个不孝子打打停停折腾了十余年。亨利二世虽然不以武略见长，但运气着实不错。在他的诸多敌人中，最具威胁的莫过于人称"粗鲁王"的苏格兰国王威廉一世——骁勇善战，临阵之际高喊一声"有胆来战"便带头冲锋。由其率领的苏格兰军队加入战团后很快便攻占了金雀花王朝的北方重镇纽卡斯尔（Newcastle）。亨利二世无奈之下一度想割地求和。但"粗鲁王"威廉却拒绝和谈执意进军，结果在战场上遭伏被俘。

面对沦为了阶下囚的对手，亨利二世自然不会客气，不仅敲了"粗鲁王"威廉一大笔赎金，还逼迫其签署了丧权辱国的《法莱斯条约》。此后相当长一段时间，"粗鲁王"威廉都忙于镇压苏格兰北部的反对派，金雀花王朝北部的威胁暂时算是解除了。

从法理上来讲，"幼王"亨利已经是英格兰的合法君主，如其坚持造反，亨利二世的政治地位可谓岌岌可危。但"幼王"亨利并没有太大的政治野心，在得知苏格兰人兵败的消息后，他选择了与自己老爹和谈。亨利·安茹以每年多给点零花钱的方法便成功安抚了他，但父子从此形同路人。

1183 年，"幼王"亨利洗劫了一所修道院后死于痢疾。临终时，"幼王"亨利请求再与自己的父亲见一面，但亨利二世认为是他这个不孝子在要花招，拒绝了。6 月 11 日，年仅 28 岁的"幼王"亨利去世，手中始终紧攥着父亲给他的一枚戒指，据说那是亨利二世原谅他的象征。这个噩耗让亨利二世不无动情地说："他让我费了很多心，但我宁可他活着让我费更多的心。"

"幼王"亨利去世后不久，亨利二世的三儿子——布列塔尼公爵若弗鲁瓦（Geoffrey II, Duke of Brittany，1158—1186 年）也死于法王腓力二世的宫廷。由于生前经常劫掠修道院和教堂来筹集军费，因此隶属于教会的编年史作者对他的评价极其刻薄，认为"（他）在任何事中都是伪君子，是一个欺骗者和伪善者"。对金雀花王朝而言，若弗鲁瓦也算是乱世祸首，因为他常年居住在巴黎与腓力二世狼狈为奸，并不断怂恿自己的兄弟与父亲作对。但客观来说，金雀花王朝从未合法拥有过布列塔尼，若弗鲁瓦的政治地位来自于"倒插门"迎娶了布列塔尼女公爵康斯坦丝（Constance, Duchess of Brittany，1161—1201 年）。从这个角度看，若弗鲁瓦站在腓力二世的立场反对自己父亲，也算是忠于王事。难怪他死后，腓力表现得异常悲痛，甚至上演了一出意图跳进棺材的行为艺术。

连续失去了两位王子后，阿基坦公爵理查成了金雀花王朝的第一顺位继承人。在亨利二世看来，困扰自己多年的幼子约翰的封地问题似乎可以解决了。但身为阿基坦公爵的理查却无心和自己的弟弟分享家产，于是父子再度刀兵相见。就在亨利二世被难缠的家庭问题搞得一病不起之际，又传来了幼子约翰投靠哥哥理查与自己作对的消息。

本就病入膏肓的亨利二世干脆放弃治疗并开始绝食，只求速死。1189 年 7 月6 日，这位金雀花王朝的奠基人含恨而终。据说在临死前，亨利二世命画匠作了一幅画挂在威斯敏斯特宫（Palace of Westminster）的大厅上，画的内容是四只小鹰和一只老鹰互相撕咬，其中最小的鹰停在老鹰的肩膀上，利嘴正在啄老鹰的眼睛。这幅画表达了亨利对自己几个儿子反叛的事情失望和痛心。不久，理查在英格兰继承王位，史称理查一世。

亨利二世的人生通过一场惊世骇俗的联姻走向了巅峰，却在一幕幕人伦尽丧的悲剧中落幕。世人对其家庭生活津津乐道，大多却忽视了他的治国才能。事实上，他对英国历史的贡献不仅仅是金雀花王朝的辽阔疆土，他倡导的司法改革确

◎ 中世纪欧洲最常见的"神裁法"是决斗

立了地方—中央法庭的二审裁定体制，以陪审团的意见取代原先荒谬的"神裁法"，使他成了西方法律之父。

作为亨利二世最为疼爱的幼子，"无地王"约翰在最后关头对父亲的背叛令人不齿。但从政治博弈的角度看，约翰此举也算高明：在亨利二世的有生之年，自己不可能消灭理查及背后支持他的法王腓力二世，与其最终沦为亨利二世的陪葬品，不如趁早改换门庭。正式登基后的理查也没有亏待弟弟，虽然名义上约翰只是摩坦伯爵，但是通过迎娶格洛斯特女伯爵伊莎贝尔（Isabella, Countess of Gloucester，1173—1217 年），约翰在英格兰地区还是拥有了庞大的财富和采邑。不过，理查一世同时也要求约翰三年之内不前往英格兰。

理查一世之所以做出这样的决定，主要是因为他正在积极筹措十字军东征。多年来与父亲兄弟之间的争斗，令他早已习惯了戎马生涯。在他眼中与其耗费时日去治国理政，不如纵马驰骋来得逍遥快活。何况对金雀花王朝而言，通往耶路撒冷的路途远没有想象中的那么遥远。第二次十字军东征，法王路易七世已经证明可经海路抵达耶路撒冷。1190 年 7 月，理查一世率领由英、法两国骑士组成的联军在马赛港上船，乘坐从热那亚等意大利城邦租用的船只，开启了穿越地中海波涛的征途。

◎ 理查一世的妹夫古列尔莫二世

以当时的航海技术，一次性完成这样的远航自然是不可能的，而理查一世的妹妹琼纳（Joan of England, Queen of Sicily, 1165—1199 年）此前恰好嫁给了西西里国王古列尔莫二世（Guglielmo II, 1153—1189 年），因此位于亚平宁半岛南部的西西里便成为了英、法联军的中转站。不过，理查一世抵达西西里时，他的妹夫古列尔莫二世已然驾崩，这座岛屿的实权掌握在一个名为坦克蒙德（Tancredi, 1139—1194 年）的军阀手中。在得知自己的妹妹被坦克蒙德监禁于牢房后，理查一世率领十字军攻破了西西里的首府墨西拿（Messina）。理查一世虽然救出了妹妹，却无力维持对西西里的长期占领。于是 1191 年 4 月，理查一世放弃西西里，夺取了原属于拜占庭帝国的塞浦路斯岛（Cyprus）。

塞浦路斯扼守着东地中海的咽喉要道，可谓是十字军理想的前进基地。但在这座岛上，理查一世与纳瓦拉王国公主贝伦加丽亚（Berengaria of Navarre, 1165—1230 年）的亲密举动，令他和法国国王腓力二世的政治蜜月期宣告终结。表面上看，腓力二世的愤怒缘于理查一世与他的妹妹有婚约在先，但仔细分析不难看出，理查一世这桩婚事背后的政治算计。纳瓦拉王国位于法国南部，与阿基坦公国接壤。理查一世与其公主成婚后，金雀花王朝将解除南部的后顾之忧，形成对巴黎的合围之势。同时，以筹备和举行婚礼为借口，理查一世大大放慢了进军的脚步。任由法国人在耶路撒冷北部登陆后，慢慢围攻要塞阿卡（Acre）。

早在英、法联军抵达之前，十字军已经对阿卡展开了长达一个冬季的围困。期间战斗减员和各种瘟疫、热病夺走了诸多贵族、骑士的生命。法国军队的抵达也没令局势有太大的好转，毕竟腓力二世麾下只有 650 名骑士和 1300 名步兵。

1191年6月8日，坐拥4000名骑兵、4000名步兵的理查一世终于抵达了阿卡前线。以生力军姿态投入战斗的英国十字军虽然最终攻占了阿卡，但理查一世这种摘桃子的做法不免令友军侧目。战斗中，理查一世将代表神圣罗马帝国的军旗从阿卡城头拔下的举动更令双方形同水火。

攻占阿卡不过是十字军收复耶路撒冷的起点，但各路人马却在此时展开关于未来光复圣地后的国王人选问题的争论。一番唇枪舌剑后，原本就对理查一世满腹牢骚的腓力二世率军离开。独自面对周边虎视眈眈的穆斯林大军，理查一世只能命令麾下的十字军沿着海岸行军，与自己的舰队平行，以便部队补给不出问题。同时，他还严令士兵绝对不可以打乱队形去追击敌人，以免落入萨拉丁布下的圈套。

理查一世的谨慎小心最终为其赢得了阿尔苏夫战役（Battle of Arsuf）的辉煌胜利。借助圣殿骑士团、医院骑士团的帮助，理查一世击退了萨拉丁麾下穆斯林大军的围攻，并宣称阵斩对手7000人以上，己方的损失仅为对手的十分之一。但随着萨拉丁在通往耶路撒冷的道路上实行"焦土政策"，理查一世及其麾下的十字军最终败给了饥饿和酷热。在两次组织对耶路撒冷的远征均无功而返后，理查一世选择与萨拉丁媾和。由于双方此前均屠杀过大批战俘，且均认为自己胜利在望，因此最终达成的停火协议，不仅未能进一步推高理查一世和萨拉丁的声望，反而令两人成了众矢之的。

◎ 向耶路撒冷进军的理查一世

◎ 耶路撒冷周边的沙漠令十字军苦不堪言

1192 年秋，理查一世假扮成商人回国，但还是在维也纳附近被识破，成了利奥波德五世（Leopold V the Virtuous，1157—1194 年）的俘虏，被囚禁在杜伦施坦（Durnstein）的城堡。萨拉丁则在 1193 年死于黄热病。由于他的子嗣们因继承权陷入分裂，穆斯林相对统一的状态再度被打破。

发动第三次十字军东征，在耶路撒冷与萨拉丁兵戎相见的传奇事迹令理查一世在欧洲享有盛誉，甚至一度成为骑士精神的代名词。但事实上，理查一生虽然颇多辉煌，但以执政者和统帅的标准来衡量却只能算不及格。在亨利·安茹的统治下，王朝一度欣欣向荣，以至于法国国王腓力二世只能龟缩于以巴黎和奥尔良为中心的"法兰西岛"。但由于"狮心王"理查对自己父亲的战争以及耗资巨大的十字军远征，金雀花王朝的经济陷入了破产边缘。

为了筹措战争费用，理查一世在英格兰卖官鬻爵，包括主教职位。他还出售城堡和村庄，甚至公然宣布只要有适当买主，他愿将伦敦卖掉。随着理查一世被俘，一心想要取代哥哥的约翰更与腓力二世狼狈为奸，不仅在英格兰发动叛乱，还出资要求神圣罗马帝国将自己的哥哥关押到天荒地老。

在付出相当于安茹王室两年收入的巨额赎金后，"狮心王"理查终于重获自由。但他显然没有从这场牢狱之灾中吸取任何教训，他原谅了居心叵测的弟弟约翰，并全力投入对腓力二世的复仇之战。为防御法军对诺曼底的进攻，从 1196 年开始，理查一世不惜巨资在塞纳河上修建雄伟险峻的盖亚尔城堡，但巨大的营造费用激

◎ 盖亚尔城堡遗址

起了伦敦人民的抗税暴动。

1199 年，在岳父纳瓦拉国王桑乔六世（Sancho VI of Navarre，1132—1194 年）等亲戚的帮助下，理查一世几乎将腓力二世逼入绝境，但巨大的军费压力令金雀花王朝不堪重负。理查一世只好与腓力二世达成了一个为期 5 年的停战协议。据说此后，为了军费争夺一处宝藏，理查一世在攻打一个城堡时不幸中箭身亡。

理查一世身后无子，因此围绕王位继承权的纷争再起。约翰继承了王位，但此前理查一世曾立早逝的三哥若弗鲁瓦的遗腹子亚瑟为储君。大部分英格兰和诺曼贵族根据诺曼底的继承法支持"无地王"约翰，而布列塔尼、曼恩和安茹的贵族则根据安茹的继承法支持亚瑟。在英格兰深陷继承权争夺的时候，腓力二世展开了空前的攻势。草草继位的约翰深陷内忧外患的漩涡，自然无力抵抗。至 1214 年，金雀花王朝先后丢失了龙兴之地：安茹和诺曼底。在欧洲大陆，约翰只剩下母亲的嫁妆——阿基坦公国在苦苦支撑。

经过一番明争暗斗，约翰虽然击败了亚瑟，但对外战争的失败很快便引发了一系列的内部矛盾。面对来势汹汹的叛乱诸侯和教会势力，"无地王"约翰只能委托与自己关系复杂的大主教郎顿（Stephen Langton，1150—1228 年）出面调停。1215 年 6 月 15 日，在温莎城堡附近的一片草坪上，约翰与叛军首领签署了一个包含 61 项条款的改革方案。这次会谈的纪要在几天后被整理成了著名的法令——《大宪章》（*Magna Carta*）。

"狮心王"理查的雕像

RICHARD·I·
CŒUR·DE·LION·
1189-1199

◎ "无地王"约翰签署《大宪章》

　　客观来说，《大宪章》只是"无地王"约翰与叛军之间妥协的产物，它并未真正推动金雀花王朝的改革。《大宪章》墨迹未干，敌对的双方便再度兵戎相见，史称"第一次男爵战争"。"无地王"约翰虽然被史学家揶揄为"软剑"，但在被逼到墙角后，他也全力迎战。1216 年 10 月，四面受敌的约翰因痢疾死于纽瓦克城堡。在岁月的涂抹下，《大宪章》和"无地王"约翰逐渐面目全非，前者在两百多年后成了英式民主的滥觞，后者则成为英国神话故事中"狼人"的始祖。①

✿

　　① 传说"无地王"约翰是被一名修士毒死的，毒药包含一味名为狼头草的药。因此，约翰下葬后，他的墓穴传出各种各样的嚎叫声，更有人声称看见化为狼人的约翰在森林游走。

第二章

百年纷争

少主中兴

"最伟大的骑士"威廉·马歇尔和亨利三世的人生

"无地王"约翰突然病故，他的家人无疑是悲哀的，但对纷乱的金雀花王朝而言却是一个转机。在约翰统治末期，与其离心离德的英格兰贵族拥戴法王腓力二世之子路易八世（Louis VIII of France，1187—1226年）入主英格兰。除了卡佩王朝的鼎力支持，路易八世同时还是约翰的外甥女婿，因此，他也算是英国王位顺位继承人之一。

面对来势汹汹的入侵者，约翰集中兵力与路易八世连场恶斗。但内外交困的局面令战局每况愈下。约翰病故之前，路易八世已牢牢掌握英格兰东南部地区，并与从北方不断蚕食金雀花王朝的苏格兰国王亚历山大二世（Alexander II of Scotland，1198—1249年，"粗鲁王"威廉之子）会盟。一度被金雀花王朝压制的苏格兰王国之所以能反客为主，很大程度上得益于理查一世和"无地王"约翰两兄弟的瞎折腾。

当初为了筹措第三次十字军东征的费用，理查一世广开财源，甚至售卖金雀花王朝对苏格兰的"宗主权"。面对这个千载难逢的机会，"粗鲁王"威廉岂能错过。

◎ 苏格兰国王
亚历山大二世

以一万银马克买回自由和尊严后，"粗鲁王"威廉卧薪尝胆、励精图治。约翰执政之初，曾意识到苏格兰的威胁。1209 年 8 月，他纠集了一支庞大的军队向苏格兰进军，但和其他几次军事行动一样，对苏格兰的讨伐也虎头蛇尾。年事已高的"粗鲁王"威廉摆出一副恭顺的样子，便轻松消弭了战祸。

1215 年，"粗鲁王"威廉病逝，亚历山大二世接掌苏格兰后随即率军南下，加入了对"无地王"约翰的围攻。1216 年 9 月，苏格兰军队横扫英格兰东部，在南部海港多佛与路易八世会合。在不列颠南北贵族的共同推举下，盘踞伦敦的路易八世虽未加冕，但业已称孤道寡。但就在金雀花王朝危如累卵之际，约翰的死讯传来，同床异梦的各路人马瞬间陷入分裂。英格兰各地的叛乱贵族谋求自身权力的最大化，拥戴路易八世不过是为了制衡约翰而已，既然约翰已死，继续将路易八世推上王位，便会将不列颠笼罩在法国卡佩王朝的阴影下。

跟随着利益的指挥棒，英格兰的大小贵族背弃了路易八世，团结到了约翰年仅 9 岁的长子亨利三世（Henry III of England, 1207—1272 年）及其监护人威廉·马歇尔（William Marshal, 1st Earl of Pembroke, 1146—1219 年）的周围。威廉·马歇尔是金雀花王朝的开国元勋、五朝老臣。作为一位来自诺曼底的骑士，威廉·马歇尔早在亨利二世统治时期便已为其家族南征北战。不过，威廉·马歇尔的政治地位并非缘于军功，事实上，早年小规模的军事行动中，他的表现拙劣，常常沦为同僚的笑柄。

威廉·马歇尔的声名鹊起及在英、法两国广泛的人脉，来自于他频繁参加骑士比武（Tournament）所取得的成绩。当时的骑士比武虽然没有详尽的规则，但风险终究小于实战，且胜利者有权要求赎金并支配对手的战马、盔甲等战利品。初次参赛尝到了甜头后，威廉·马歇尔一发而不可收拾，频繁现身于各大赛事。鉴于他在比武场的佳绩，亨利二世任命他为"幼王"亨利的马术教练。威廉·马歇尔就此平步青云，步入了金雀花王朝宫廷。

在威廉·马歇尔的影响下，"幼王"亨利热衷于举办各种骑士比武大赛。作为少主的"金牌打手"，威廉·马歇尔也在这些比赛中续写和扩大自己的传奇。根据"幼王"亨利的一位厨师的统计，威廉·马歇尔曾在十个月的时间里俘虏过 103 个骑士。从 100 多个骑士手上抢来的战利品和索要的赎金，必然是一笔惊人的财富，但这也只是其比武生涯的一小部分。据说临终前，他曾回忆道："在比武大赛的场地上总共俘虏过 500 多个骑士。"

◎ 12世纪的骑士比武

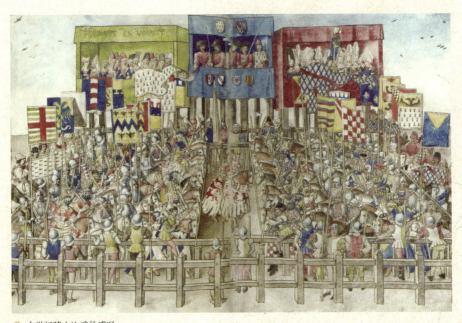

◎ 中世纪骑士比武的盛况

　　"幼王"亨利死后，威廉·马歇尔曾一度效忠亨利二世与时任阿基坦公爵的理查一世交战。但对并不热衷骑士比武的亨利二世而言，威廉·马歇尔只是一个寻常武将。反倒在理查一世即位后，威廉·马歇尔重新受到重用，并在其参与十字军远征期间，以大内总管的身份留守英格兰。"无地王"约翰统治时期，威廉·马歇尔受封彭布罗克伯爵（Earl of Pembroke），由此步入了大贵族行列。

　　事实上，威廉·马歇尔并不擅长治理封地，也不是一个合格的统军人才，但是通过赛事建立的威名，令其成了约翰与英格兰各贵族谈判时无可替代的代表。不过，在金雀花王朝最为危难的时刻，威廉·马歇尔同样首鼠两端。当他效忠约翰时，他的儿子们却投效在路易八世的帐下。直到"无地王"约翰死后，身为首席摄政王的威廉·马歇尔才登高一呼，以其人望集结英格兰的骑士向路易八世展开进攻。

　　1217 年 5 月 20 日，在威廉·马歇尔的率领下，高呼着"保护国土"的英格兰骑士在林肯郡击溃了路易八世的主力。随后，英国海军又在桑德维奇海域击败了法国舰队。被朝秦暮楚的英格兰贵族涮了一把的路易八世只能宣布放弃英国王冠。1219 年，威廉·马歇尔去世，年幼的亨利三世摆脱了这个如芒刺在背的摄政王，金雀花王朝由此转危为安。

　　亨利三世在位长达 56 年，在这半个多世纪里，金雀花王朝经历了一场痛苦的浴火重生。尽管收复诺曼底的两次军事行动皆以失败告终，但代表各方贵族利益的大评议会却随着王权的削弱而逐步兴起。在议会的废立问题上，王室和贵族依旧屡有龃龉，但是尊重各利益集团诉求的议会制度最终令英格兰完成了内部力量的整合。

　　在外交领域，亨利三世也竭力摆脱父亲约翰时代四面受敌的局面。1221 年 6 月，亨利三世将自己的妹妹乔安（Joan of

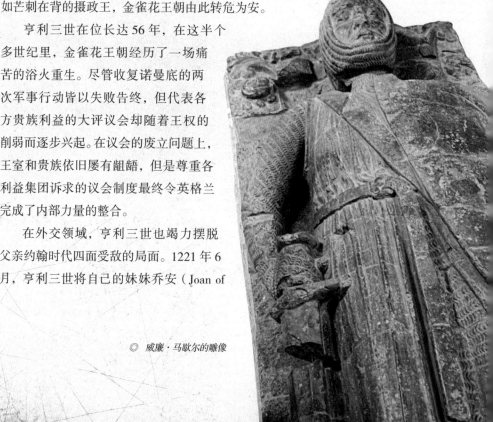

◎ 威廉·马歇尔的雕像

England, Queen of Scotland, 1210—1238 年）嫁给苏格兰国王亚历山大二世。作为交换条件，苏格兰归还此前占据的英格兰北部地区。

1237 年，两国签订《约克和约》解决了领土争端问题，和约规定两个王国之间的永久边界在索尔韦湾（Solway Firth）和特威德河（Tweed River）之间。尽管在 1238 年亨利三世的妹妹乔安去世后，金雀花王朝与苏格兰的关系有所恶化，但通过将自己的女儿玛格丽特（Margaret of England，1240—1275 年）下嫁给苏格兰王子亚历山大三世（Alexander III of Scotland，1241—1286 年），亨利三世维持了北部边境相对和平的局面。

全力维持与罗马教廷的关系，也是亨利三世执政时期，金雀花王朝的外交重点。一方面，在失去欧洲大陆绝大多数领地的情况下，教会的支持是金雀花王朝统治的唯一依仗。亨利三世曾说："过去，当我们是孤儿和小孩的时候，当我们的臣民同我们疏远且组织起来反对我们的时候，是我们的母亲——罗马教会——再次把这个王国置于我们的权威下，为我们戴上王冠，把我们扶上王位。"另一方面，此时罗马教廷的权势在欧洲如日中天，不仅神圣罗马帝国皇帝腓特烈二世（Frederick II, Holy Roman Emperor, 1194—1250 年）幼年由教皇英诺森三世（Innocent III，1161—1216 年）监护，并在教皇的扶持下登基，法国的卡佩王朝也为了铲除滋生南部的"阿尔比派"（Albigenses），仰着教廷的鼻息。

所谓的"阿尔比派"，其实是罗马帝国时代便存在的基督教和摩尼教的混合体。如果仅是教义之争，罗马教廷似乎还能姑息"阿尔比派"，但"阿尔比派"到处宣扬罗马教廷与世俗王权同流合污，并公然反对教会阶级制度和神职人员拥有财产，如此一来自然成了教皇的眼中钉。1209 年，教皇诺森三世宣布对"阿尔比派"发动武力征讨，史称"阿尔比十字军"。

一个著名的故事足以说明阿尔比十字军的本质：

有一位想要减少杀戮的骑士询问教廷特派员："如果异端跟一个正统的天主教信徒恰好是邻居，我怎么区分他们呢？"教廷特派员则回答说："区分他们是天主的事，你只要把他们都送去见天主，这样就行了。"不用千里迢迢远征耶路撒冷，便能在家门口杀人越货，令大批法国北部贵族和骑士欣然加入阿尔比十字军。

从老爹腓力二世手中接过王位的路易八世分身乏术，最终病故于征讨阿尔比派的军事行动。亨利三世对这场席卷法国南部、长达二十年的战乱始终抱着冷眼旁观的态度。不过路易八世死后，亨利三世秉承"来而不往非礼也"，给自己的远房表妹——摄政太后布兰卡（Blanche of Castile，1188—1252年）及其幼子路易九世（Louis IX of France，1214—1270年）制造了一些小麻烦。

　　讨伐阿尔比派的军事行动可谓体现了罗马教廷威权的巅峰。但正所谓"日中则昃，月满则亏"，随着神圣罗马帝国皇帝腓特烈二世日益长大，其摆脱罗马教廷控制的意愿和举措也日益明显。腓特烈二世深知自己没有祖父"巴巴罗萨"腓特烈一世那般的军事才能，与其陷入与德意志诸侯的纷争，不如管好教皇囚禁他的牢笼——西西里岛。通过对监护人——教皇英诺森三世的近距离观察，腓特烈二世很快便找到了罗马教廷的软肋所在。

　　缺乏世俗武力支持的罗马教廷之所以能令各国王室马首是瞻，无非是掌握了发动十字军征讨的决定权。除了讨伐阿尔比派，英诺森三世在任内还两度组织了对耶路撒冷的远征，但均铩羽而回，未能恢复圣地寸土。大批投身"圣战"的德意志骑士只能困守当年理查一世打下的桥头堡——阿卡，并成立了三大骑士团中的条顿骑士团（Teutonic Knights）。根据教皇英诺森三世颁布的训令，条顿骑士身披与圣殿骑士相同的白色披风（绣有红色十字和宝剑），以黑色铁十字徽章为标记，同时执行与医院骑士团相同的团规。

　　但仅仅给予一个番号并不能真正令条顿骑士团为教皇所用。腓特烈二世敏锐

◎ 路易九世

◎ 困守阿卡的条顿骑士团成员

地捕捉到了这一良机。1226年，他授予条
顿骑士团团长赫尔曼·冯·萨尔扎（Hermann
von Salza，1165—1239年）一纸特许状，
以当时神圣罗马帝国的蛮荒之地——普鲁
士（Prussia）换取了条顿骑士团对自己的
效忠。有了这支精锐武装的支撑，他开始
摆脱罗马教廷的控制。

眼见腓特烈二世呈现尾大不掉态势，
罗马教廷只能要求其率领条顿骑士团发动
第六次十字军东征。不想腓特烈二世竟然
通过外交手段，不费一兵一卒便从穆斯林
手中赎回了耶路撒冷。教皇格列高利九世

◎ 晚年的亨利三世

（Pope Gregory IX，约1145—1241年）无计可施，只能以腓特烈二世公然与异教
徒签约为借口向其发动征讨。理由如此牵强，以至于教廷组织的军队在腓特烈二
世所部面前一触即溃，教皇本人也不得不逃去了法国里昂（Lyon）。

教廷的北迁对亨利三世而言可谓是天大的机会，因为帮助教皇收复罗马不仅
意味着政治荣耀，更可趁势将西西里岛等亚平宁南部地区收入囊中。面对教皇英
诺森四世（Innocent IV，1195—1254年）开出的任命其次子埃德蒙德（Edmund
Crouchback，1245—1296年）为西西里国王的条件，亨利三世同意拿出9万英镑
的巨款支持教廷的战争开支。但亨利三世的许诺，以莱切斯特伯爵西蒙·德·孟
福尔（Simon de Montfort, 6th Earl of Leicester, 1208—1265年）为首的英格兰贵族
们却不买账。他们公然提出重立《大宪章》，亨利三世应将权力交给一个以国王
提名12人及贵族们推选12人所组成的委员会来领导政府。

亨利三世万万没有想到尚未替教皇平定罗马，自己的后院竟起了火。在一番
毫无帮助的争吵后，内战再度开锣。英国史学家将其称为"第二次男爵战争"。
经过两年多的征战，一度沦为贵族联军阶下囚的亨利三世最终在长子爱德华
（Edward I of England，1239—1307年）的帮助下成功复辟，但他逐渐对政治失去
了兴趣。就在亨利三世准备将王位让给功勋卓著的长子之际，爱德华却踏上了跟
随法国国王路易九世的十字军东征之路。

勇敢的心

"长腿"爱德华和华莱士之间的江湖恩怨

在英国史学家的描述中，亨利三世的长子爱德华可谓文武全才。他身材匀称，比常人高出一头，气宇轩昂，五官端正，美中不足的是，他与父亲一样左眼睑下垂。他尽管口吃却长于雄辩，因为他的手势潜藏着丰富的台词，他有着武士的强健双臂，两条长腿能紧夹马鞍，因而有"长腿"之名。爱德华一生钟情于战争和比武，尤其酷爱打猎，追逐牡鹿时甚至不用猎狗，也不投枪，而是纵马疾驰亲手砍死那不幸的动物。这些溢美之词有多少水分，世人不得而知。但从爱德华在继承王位过程中的表现便可知他的政治智慧，远非同样好勇斗狠的理查一世可比。

在第二次男爵战争中，爱德华手刃英格兰贵族领袖西蒙·德·孟福尔，虽然一举镇压了金雀花王朝的反对派，但为各派贵族势力所忌恨。如果他真按照亨利三世的计划接管王国，可能会被暗箭所伤。因此，爱德华离开英格兰加入第八次十字军，表面上与"狮心王"理查一样，是为追逐荣誉而置王国于不顾的莽夫行径，但实则却是"重耳在外而安"的避祸举动。何况按照罗马教廷最近的解释，参与十字军者无论是否到达耶路撒冷，其所犯下的罪行都将得到上帝宽恕。因此，爱

◎ 西蒙·德·孟福尔战死沙场

◎ 第八次十字军东征导致路易九世病逝军中

德华也是借机表示自己后悔杀死西蒙·德·孟福尔一事，想收买人心。

爱德华投身的第八次十字军东征由法国国王路易九世主导，因此爱德华以个人名义参加，未对金雀花王朝的财政造成太大困扰。此次东征，路易九世并没有以遥远的耶路撒冷为目标，而是打算征服地中海对岸的突尼斯王国（Tunisia）。可惜圣战大军刚刚登陆，营中便爆发了瘟疫，路易九世和大批士兵不治而亡。身为法国王储的腓力三世（Philip III of France，1245—1285 年）只好与突尼斯签署和约，撤军回国。

1272 年，爱德华跟随法国军队在突尼斯武装游行的时候，亨利三世病逝。按照常理，爱德华应该火速回国接掌政权，但他却继续逗留在西西里等地，直到英格兰贵族再三请求他返回英格兰，他才在两年后抵达伦敦举行加冕典礼。可以说，爱德华以这种以退为进的手法夷平了自"大宪章"运动以来英格兰贵族的反王权运动。

登基为王后，爱德华着手进行了一系列改革。他的宗旨自然是加强王权，但其手法却非常隐僻。他立法，表面上实现了贵族们孜孜以求的"有法可依"，实则却是将一条条法律的绳索套在了各个阶层头上。如 1278 年通过的《格洛斯特法规》明确了，最高法院的法官可持调查令调查贵族在自己领地执行法律的权利。1279 年颁布的《莫特美因法规》则禁止贵族向教会馈赠土地，但如有国王的许可例外。

在国内以迂回的方式强化王权的同时，爱德华也以类似手段为金雀花王朝开疆拓土。1279 年，爱德华与法国国王腓力三世签署《亚眠条约》，暂时放弃海峡对岸的诺曼底等领地，却让卡佩王朝吐出了此前吞并的阿基坦公国的部分领地，保障了金雀花王朝在欧洲大陆核心领土阿基坦的安全。腓力三世与罗马教廷争权夺利之际，他又向不列颠岛的威尔士和苏格兰大举用兵。

自 5 世纪盎格鲁－撒克逊人入侵不列颠以来，威尔士便成了凯尔特人在南部地区的保留地。当地的群山既是抵御外部入侵的屏障，也是当地部族统一的障碍。直到亨利三世统治时期，威尔士的凯尔特人首领罗埃林（Llywelyn the Great，1172—1240 年）才统一诸部，建立了格温内斯王国。

对强盛的金雀花王朝而言，征服威尔士似乎并非难事，但此前历代国王都着眼于与卡佩王朝争夺法兰西主导权，对贫瘠的威尔士不屑一顾。直到爱德华执政时期，从欧洲事务脱身的英格兰人才正式将扩张的矛头对准了威尔士。

◎ 格温内斯王国的遗址

◎ 金雀花王朝征服威尔士

　　英格兰骑士外战、内战多年，征服威尔士本不是难事，但收拾人心却不容易。从 1277 年用兵威尔士，爱德华历时 7 年才征服威尔士全境。关于爱德华此后颁布的《威尔士法》，有一个流传甚广的故事：爱德华曾接受威尔士人的要求，同意由一位在威尔士出生、不会讲英语、人生第一句话说的是威尔士语的亲王来管理威尔士。他把即将分娩的王后接到了威尔士，让自己呱呱坠地的长子成为首任"威尔士亲王"。这个故事无非是说爱德华以诈术得国。但不可否认，正是此后历代英格兰国王任命王储为"威尔士亲王"的做法，保障了两个王国之间长久的精神纽带。

　　完成了对威尔士的征服后，爱德华又将目光投向了北邻的苏格兰。自亨利三世与苏格兰国王亚历山大二世划定两国边境后，两国之间相安无事。但苏格兰北部的海岸线频繁遭到挪威王国的袭扰。作为维京海盗的直系后裔，挪威王国的哈康四世（Haakon IV of Norway，1204—1263 年）占领了苏格兰西北部的赫布里底群岛（Hebrides），不时登陆劫掠。

　　1266 年，亚历山大三世夺回沿海岛屿的控制权，代价是将爱女玛格丽特

（Margaret of Scotland, Queen of Norway, 1261—1283 年）嫁到挪威。此举引发了挪威人对苏格兰王位的觊觎。1286 年，亚历山大三世病逝。由于他的几个儿子均在其身前过世，因此亚历山大三世去世前曾召集苏格兰的主要贵族，明确表示将传位给自己的外孙女——挪威公主玛格丽特（Margaret Maid of Norway, 1283—1290 年）。

但年仅 3 岁的苏格兰女王在前往苏格兰的途中神秘死亡，群龙无首的苏格兰随即陷入诸侯混战的纷争中。其中，巴里奥（House of Balliol）和布鲁斯（House of Bruce）两大家族最具竞争力。但讽刺的是，他们均非土生土长的苏格兰豪门，巴里奥家族混杂着盎格鲁－撒克逊和法兰克血统，而布鲁斯家族则是维京人的后裔。

苏格兰各派势力围绕空虚的王位纷争不休之际，虎视眈眈的爱德华也从未停止过动作。早在挪威公主玛格丽特准备动身前往苏格兰前，他便通过罗马教廷与挪威确定了玛格丽特与儿子爱德华二世的婚事。如果挪威公主入主苏格兰，那么爱德华二世将顺利戴上威尔士和苏格兰两顶王冠。玛格丽特死亡后，他又与巴里奥和布鲁斯两大家族秘密接触。

1292 年，关于苏格兰国王的竞选正式开锣，爱德华表面上是以仲裁者的身份参加，其实早就接受了布鲁斯等苏格兰贵族豪门的效忠。巴里奥家族的首领约翰虽然最终胜出，但随即便发现自己早已沦为爱德华的傀儡。不甘受制的约翰·巴里奥（John Balliol, 1249—1314 年）寻求法国的支持。此时的法国国王腓力四世正试图从金雀花王朝手中夺取阿基坦，于是与约翰·巴里奥结为儿女亲家，以示对其的支持。

1295 年 10 月 23 日，苏格兰与法兰西在巴黎签署协议共同对付英格兰，开始了历史上著名的长达两百多年的"老同盟"（Auld Alliance）。[①]条约的签署等同于苏格兰向英格兰宣战。面对两线作战的不利局面，爱德华一改执政之初开明的姿态，向英格兰各个阶层课以重税，用这笔钱武装了一支精锐部队开赴苏格兰。在布鲁斯家族领袖罗伯特（Robert the Bruce, 1274—1329 年）的协助下，爱德华轻松地血洗了苏格兰首都，将约翰·巴里奥赶下王座送入了伦敦塔监禁起来。就

※

① 法国与苏格兰的同盟关系直到1560年才中止，持续时间265年。它被认为是世界历史上存在时间最长的外交同盟，也曾被戴高乐称为世界上最古老的同盟。

在爱德华认为苏格兰已为囊中之物时，一个不起眼的小人物——威廉·华莱士（William Wallace，？—1305 年）挡了他的路。

后世关于威廉·华莱士的文艺作品，特别是好莱坞电影《勇敢的心》，大体都将其设定为一个出身民间的草莽英雄。但事实上，华莱士来自于苏格兰西部一个富裕的骑士世家。1296 年，华莱士因攻杀爱德华派往当地的征税官，成了金雀花王朝的敌人。这位征税官和华莱士有"夺妻之恨"的故事当然只是传说，但爱德华在苏格兰各阶层征收的高额税收，却无异于"杀父之仇"。因此，华莱士登高一呼便立即得到了苏格兰各地的呼应。

忙于对付法王腓力四世的爱德华，起初对华莱士领导的起义并不在意，只派两位伯爵纠集了一支 7000 余人的英格兰、苏格兰贵族联军前往镇压。两军在横跨福斯河（River Forth）的斯特灵桥（Stirling Bridge）两畔形成对峙之势。当时的斯特灵桥是一座仅能两马并辔而过的小桥。因此，英格兰军队面对河北岸居高临下布阵的华莱士所部，不应主动进攻，但长期对峙形成的巨大财政压力，最终令英军统帅决定于 1297 年 9 月 11 日清晨发动正面进攻。

◎ 斯特灵桥战役

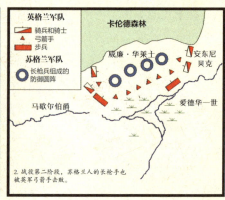

1. 战役第一阶段，英格兰骑兵击退了苏格兰人的骑兵和弓箭手，但无法撼动对手的长枪兵方阵。

2. 战役第二阶段，苏格兰人的长枪手也被英军弓箭手击败。

◎ 福尔柯克战役过程-1　　◎ 福尔柯克战役过程-2

借助英格兰、威尔士长弓手的掩护，金雀花王朝的正规军很快便突破了华莱士的桥头防线，但后续部队在拥挤的小桥上进展缓慢。华莱士抓住战机，命令阵中的苏格兰长矛手从高地向斯特灵桥头发动冲锋。就在已经过河的英国骑兵陷入对手的长矛冲击，伤亡惨重之际，不堪重负的斯特灵桥突然断裂，进退失据的英军陷入"人为刀俎，我为鱼肉"的窘境。

歼灭了斯特灵桥头的金雀花王朝主力后，华莱士随即挥师杀入英格兰北部，攻占并洗劫了约克郡。这时，爱德华才意识到问题的严重性，于是抽调英格兰、威尔士各地诸侯北上迎战华莱士。面对金雀花王朝的倾国之兵，华莱士理智地撤回苏格兰纠集了很多援军在中部城市福尔柯克（Falkirk）严阵以待。客观来说，华莱士对战场的选择并无太大的问题，但面对爱德华两翼包抄的骑兵，华莱士命令麾下的长枪兵结成圆阵进行防御。

完成了对华莱士所部的包抄后，

◎ 英格兰长弓手

爱德华才亮出自己的王牌。大批长弓手向华莱士的军阵射出了致命弓矢。缺乏远程武器的苏格兰军队成了密集的靶子。

◎ 福尔柯克战役中的英格兰骑兵

箭雨纷飞之下，苏格兰人死伤过半，英格兰的骑兵踏着尸体打入了缺口。苏格兰人的阵线一旦被冲破，长矛兵便立刻遭到砍杀。华莱士及其追随者不得不各自奔逃以躲避追捕。苏格兰人作为一个整体或许是不可能被征服的，但兵败后的华莱士被部下出卖，1305 年被押往威斯敏斯特宫，在庄严的气氛中受审，最终被吊死在绞刑架上。为以儆效尤，爱德华残忍将其剖腹分尸。但是，苏格兰战争却像一位编年史家说的那样："冬去春来，周而复始。"

消长之间
百年战争前的英、法两国政治困局

"长腿"爱德华是一位纵横疆场的君王，更是一位用情专一的丈夫。他早年迎娶了西班牙卡斯蒂利亚王国的公主埃莉诺（Eleanor of Castile，1241—1290 年），夫妻俩不仅在政治上相互扶持，甚至参加十字军东征都并肩而行。1290 年埃莉诺于威尔士去世后，伤心欲绝的爱德华在她遗体回伦敦后，建立起 12 座顶端为十字架的纪念碑。

其中一座纪念碑坐落于伦敦城西郊的查令村内，因而被称作"查令十字"。查令村的埃莉诺十字在 1647 年英国内战中被革命派的议会政府下令拆毁，直至王室复辟后的 1675 年，一座被保皇党保护下来的查理一世骑马铜像被放置在原来埃莉诺十字的位置上，直至今日。

而伦敦著名的书店街查令十字路，因通往查令十字火车站而得名，但并不连接查令十字本身，且街上的书店离查令十字火车站有相当距离，实际位于毗邻的莱斯特广场地区以及以北路段。

为了结束英法之间漫长的战争，"长腿"爱德华于 1308 年为儿子爱德华二世（Edward II of England，1284—1327 年）订下了法国公主伊莎贝拉（Isabella of France，1295—1358 年）这门亲事。后世的文艺作品习惯将伊莎贝拉与威廉·华莱士扯上关系，其实这位法国公主抵达英国时，威廉·华莱士已于四年前在伦敦授首。历史上的爱德华二世及其王后伊莎贝拉都不是省油的灯，更为可怕的是，这段婚姻将英法两国卷入了长达 116 年的战争。

作为一代枭雄"长腿"爱德华之子，爱德华二世的执政生涯似乎始终笼罩在那些关于其性取向的八卦传闻中。但从他婚前便有私生子，婚后孕育了两子两女可见，他并不是对女人没兴趣。后世之所以认为他宠幸嬖臣，很大程度上是因为一个名为皮尔斯·加弗斯顿（Piers Gaveston, 1st Earl of Cornwall，1284—1312 年）的法国骑士。

加弗斯顿与爱德华二世在少年时代便已相识，但这种所谓"青梅竹马"的关系，其实不过是欧洲王室选调贵族子弟陪伴、保护继承人的惯常做法。加弗斯顿的家族为金雀花王朝效力多年，其父更跟随"长腿"爱德华转战威尔士、苏格兰等地，战死于围剿威廉·华莱士的行动。因此也有史学家认为，皮尔斯·加弗斯顿进入金雀花王朝的宫廷，实为被"长腿"爱德华收养。但这种"纯洁"的关系，最终在王权和贵族的斗争中被彻底污名化了。

自从失去诺曼底、安茹等领地后，金雀花王朝便处于强枝弱干的态势。"长腿"爱德华虽然以文治武功一度压制了两次男爵战争以来英格兰贵族离心离德的态势，但其晚年，《大宪章》的阴影却卷土重来。1301 年 2 月，面对贵族阶层在国会的反对声浪，"长腿"爱德华签署了两条《大宪章》的补充条款：国王无权调动任何一个地区的贵族军队，国王未经同意不得以"紧急需要"为名征收赋税。可以说，正是这两项条款极其苛刻的束缚，使失去了兵员和税赋优势的金雀花王朝无力对苏格兰、爱尔兰等占领区继续保持高压态势。

1306 年，长期效忠于"长腿"爱德华的苏格兰贵族罗伯特·布鲁斯自封苏格兰国王。自威廉·华莱士举义以来，苏格兰各路人马无不蠢蠢欲动，作为布鲁斯家族的掌门人，罗伯特曾多次试图叛乱，但均在金雀花王朝的物资优势和苏格兰贵族的争权夺利中半途而废，直到亲手刺死前来会盟的巴里奥家族代理人约翰·康明，他才抢到"苏格兰独立运动"的牛耳，正式向金雀花王朝宣战。

◎ 罗伯特亲手刺死了前来会盟的巴里奥家族代理人约翰·康明

　　面对反复无常的布鲁斯家族，年近古稀的"长腿"爱德华仍坚持御驾亲征，并一度迫使罗伯特逃离苏格兰流窜到沿海岛屿。但"长腿"爱德华的这次堪称完美的人生谢幕却最终败给时间。1307 年 7 月 7 日，"长腿"爱德华病逝军中，金雀花王朝由此中止对苏格兰叛军的征讨。罗伯特·布鲁斯得以重返故土，以游击战的方式不断扩大自己的地盘和声望。

　　"长腿"爱德华死后，其子爱德华二世所面临的政治局面自然更为凶险。面对野心勃勃的各路诸侯，他只能信任和依仗皮尔斯·加弗斯顿等少数亲信。因此登基后不久，他便册封加弗斯顿为康沃尔伯爵，并撮合其与格洛斯特伯爵的妹妹成婚。爱德华二世对加弗斯顿如此恩典，无非是希望能加强他的政治地位。但自古"火箭提拔"的干部都遭人嫉恨，加弗斯顿也不例外。面对各路诸侯"身无寸功，岂能封伯"的质问，爱德华二世只好收回成命，将加弗斯顿派往爱尔兰前线。

　　作为不列颠群岛的一部分，爱尔兰的历史与英格兰并无太大不同，盎格鲁 – 撒克逊人、维京海盗的纷至沓来，彻底终结了当地凯尔特部族的统治地位。1169 年，效忠于"征服者"威廉的诺曼贵族——彭布罗克伯爵理查德·德·克莱尔（Richard de Clare, 2nd Earl of Pembroke，1130—1176 年）率部征服爱尔兰，此后金雀花王朝对爱尔兰的统治权得到了罗马教廷的认可。

　　但凯尔特人很快汲取了入侵者的军事优势，并大量招揽苏格兰的同胞群起反抗。被称为"盖洛格拉斯"的北欧雇佣兵更成了爱尔兰抵抗运动的核心。但如丘吉尔吐槽的那样："酋长们为凯尔特人夺回了爱尔兰的大片土地，如果他们不发

◎ 金雀花王朝征服爱尔兰

生内讧，收复的失地可能会更多。"此后一个多世纪，每当金雀花王朝强大，其在爱尔兰的统治就会得到加强，反之各凯尔特部族便会据地争雄。

"长腿"爱德华虽然没有到过爱尔兰，但其统治期间，金雀花王朝对爱尔兰的统治很稳固。随着他去世，爱尔兰人很快在苏格兰同胞的鼓舞下举起了义旗。因此，爱德华二世才将包括加弗斯顿在内的大批骑士派往爱尔兰。加弗斯顿不负所托，不仅成功镇压了当地多起武装暴动，还强化了爱尔兰首府都柏林的城防体系。加弗斯顿被召回英格兰，正要重得康沃尔伯爵的贵族头衔时，却被政敌赶去苏格兰对抗罗伯特·布鲁斯。面对飘忽不定的对手，加弗斯顿劳而无功。被指控玩敌纵寇后，加弗斯顿被爱德华二世流放。1312 年，加弗斯顿回国探望妻儿时，被敌视他的英格兰贵族俘虏和处决。

加弗斯顿的境遇与其说是个人悲剧，不如说是爱德华二世尴尬政治地位的体现。在童年挚友死后，爱德华二世不得不御驾亲征苏格兰。经历了长达 8 年的拉锯战后，罗伯特·布鲁斯率军来到了昔日威廉·华莱士取得辉煌胜利的斯特灵桥附近，围攻金雀花王朝在苏格兰最为坚固的要塞——斯特灵城堡。但装备简陋的苏格兰军队想要夺取三面峭壁的斯特灵城堡并非易事。被围困 3 个月后，斯特灵

◎ 加弗斯顿被私刑处决

　　城堡的守军终于支撑不住与罗伯特达成协议，如果 1314 年 6 月 24 日仲夏节之前仍没有援军到达的话，他们将开城投降。

　　就在罗伯特自认胜券在握时，前方却传来了"长腿"爱德华的继承人——爱德华二世率一支由 3000 名骑兵和 16000 名步兵组成的大军，于 6 月 17 日越过英格兰与苏格兰传统边界线，正向斯特灵城堡急进的消息。兵力不及对手一半的罗伯特首先想到的自然是撤退，但考虑到一旦后撤，自己好不容易纠集起来的大军必将在对手的追击下溃散，最终决定在斯特灵城堡以南的班诺克本布阵待敌。

　　6 月 23 日，金雀花王朝的先头骑兵抵达战场，但并未起到袭扰对手的目的。

◎ 易守难攻的斯特灵城堡

据说为了鼓舞士气，罗伯特带头迎击，用战斧砍翻了渴望建功立业的英格兰骑士亨利·德·博亨（Henry de Bohun，？—1314年）。消息传出后，苏格兰军队随即士气大振。除了损兵折将，败归本阵的先头骑兵似乎并未带回关于战场地形的真实情报，以至于第二天主力会战时，金雀花王朝的大军一头撞进了苏格兰人设置的陷阱。

罗伯特之所以选择在班诺克本与敌人决战，主要是因为那里的地形对装备简陋的苏格兰人很有利。当地茂密的丛林可以帮助苏格兰步兵躲避敌人长弓手的侵袭，正对爱德华二世进攻路线的低洼河网地带又将成为金雀花王朝骑兵的地狱。对罗伯特的种种布署，爱德华二世似乎一无所知，他仍天真地认为凭借兵力优势便能一举冲垮对手。因此，战前他看到苏格兰大军全部下跪祈祷，很吃惊地问身边的骑士："他们在祈求宽恕？"但得到的回答令他颇为失望："是。不过是向上帝，不是向你。"

战斗正式开始后，集群冲锋的金雀花王朝军队很快便陷在了难行的低洼地带，

◎ 决战前夜的苏格兰军队

人员太集中，很难组织阵型迎战。如此一来，苏格兰军队中为数很少的弓箭手便对高度密集的敌军造成了极大杀伤力。甚至不小心摔倒都很容易被自己人踩死。面对如此不利的局面，英格兰军中的骑士率先掉头撤退，自相践踏的步兵紧随其后，爱德华二世倒是相当勇敢，仍希望坚持作战，但最终被护卫强拖上马。

◎ 伊莎贝拉与罗杰·莫蒂默的一拍即合

关于罗伯特的另一个故事也极具传奇性，尽管故事主角成了华莱士。据说，因为自己曾为家族利益反复无常，排斥异己、利用盟友，在教堂手染鲜血，罗伯特决心发动十字军以洗脱罪孽。但他本人已病重无法随军远征，即嘱咐忠诚的部下詹姆斯·道格拉斯（James Douglas，1286—1330 年）领导队伍，并要求他在自己死后取出自己的心脏保存在盒子，让他带着这个盒子远征。

罗伯特死后，忠实的道格拉斯遵守了诺言。他在 1330 年春离开苏格兰，脖子上戴着用链子绑住的银制琉璃骨灰盒，骨灰盒里放着罗伯特·布鲁斯的心脏。后来，道格拉斯在西班牙与摩尔人的战斗中了埋伏。战死前，他取出盒中的心脏用力扔向前方，放声呼喊："勇敢的心啊，现在向前冲吧！就像以往你做的那样，道格拉斯或追随你，或战死。"这才是"勇敢的心"典故的真实源头。

班诺克本战役不仅使金雀花王朝损兵折将，也令爱德华二世从此一蹶不振，再难在英格兰贵族面前重塑威权。以其堂兄兰开斯特公爵托马斯（Thomas, 2nd Earl of Lancaster，1278—1322 年）为首的反对派长期把持国政。直到 1322 年，爱德华二世才通过一场宫廷政变将其铲除，但由于处死和囚禁了大批能征惯战的贵族骑士，爱德华二世不得不在第二年与罗伯特·布鲁斯议和，承认对方的国王身份和苏格兰的独立地位。

就在爱德华二世自认大权在握之际，一个新兴的威胁却在海峡对岸悄然萌芽。常年在爱尔兰为金雀花王朝利益征战的贵族骑士罗杰·莫蒂默（Roger Mortimer，

晚年的
爱德华二世

1287—1330 年），作为兰开斯特公爵托马斯一党的成员被囚禁了两年后，成功逃出伦敦塔监狱，在法国纠集了一支规模不小的武装力量。罗杰·莫蒂默是否得到了卡佩王朝的支持，史学家们众说纷纭。但爱德华二世的王后伊莎贝拉于 1325 年返回法国操持女儿婚事时，与其一拍即合却是不争的事实。

1326 年，莫蒂默与伊莎贝拉率军在英格兰登陆。大批痛恨国王的贵族和平民百姓很快便加入他们的行列。面对众叛亲离的局面，爱德华二世只得宣布退位，被流放到南威尔士。但已经勾搭成奸的莫蒂默和伊莎贝拉仍视其为威胁，最终于 1327 年在巴克利城堡（Berkeley Castle）将其暗杀。

为了平息贵族的反对声浪，莫蒂默与伊莎贝拉不得不拥立爱德华二世之子爱德华三世（Edward III of England，1312—1377 年）为王位继承人。以摄政王身份把持国政的两人在此后数年仍操控着英格兰的政治，但这也令他们成了众矢之的。为了保持与法国和苏格兰之间的和平，莫蒂默和伊莎贝拉签署了一系列割地赔款的协议。不满利益受损的金雀花王朝贵族们最终选择团结在爱德华三世的周围。通过一场宫廷政变，莫蒂默和伊莎贝拉被人从卧室拖出，前者上了绞刑架，后者则开始了长达 33 年的幽禁生活。

对爱德华三世而言，剪除了"垂帘听政"的母后及其面首真是一件好事，但经历了班诺克本战役和内斗后，金雀花王朝的疆域仅剩下英格兰、威尔士以及半个阿基坦公国。年轻的爱德华三世深知如果自己不能带领拥戴他的贵族骑士们夺取更多的土地，那么他随时可能步父母的后尘，沦为宫廷政变的牺牲品。好在此时邻邦法兰西纷乱的政局悄然为他打开了一扇新世界的大门。

骑士挽歌
大视野下的英法百年战争（上）

自腓力二世以高明的政治手腕令金雀花王朝一蹶不振以来，卡佩王朝历经数代国王的东征西讨，早已不是昔日龟缩于塞纳河和卢瓦尔河中游狭长地带的岛国，其版图东至洛林、西达大海，诸多昔日强横一时的公国、伯国不是沦为卡佩王室的直属领地，便是通过一系列复杂的政治联姻被其旁系分支控制着。

1297年，趁"长腿"爱德华的主力兵团驻守在苏格兰占领区，腓力四世（Philip IV of France，1268—1314年）将扩张的矛头对准了法兰西东北部的佛兰德斯伯国（County of Flanders）。凭借压倒性的军事力量，腓力四世成功鲸吞了佛兰德斯伯国。但是卡佩王朝在当地的统治并不得人心，除了贵族不满法国人前来"跑马圈地"，靠与英格兰羊毛贸易为生的佛兰德斯市民也渴望驱逐巴黎派来的征税官。在不满逐渐累积到一定程度后，1302年3月18日，佛兰德斯中心城市——布鲁日（Brugge）的居民揭竿而起，屠杀了当地的法国移民。

布鲁日的叛乱和屠杀极大刺激了好大喜功的腓力四世。他派出一支由2500名贵族骑兵、1000名弩兵、1000名矛兵和部分其他轻步兵组成的大军奔赴战场。虽然这支法国军队总兵力不到7000人，叛军有9000人，但按当时的军事理论，1名骑士的战斗力至少相当于10名步兵。因此，法国人对此战可谓信心满满。

法国军队赶到战场时，各路佛兰德斯叛军正围攻法军坚守的要塞城市科特赖克。见法国大军抵达了战场，佛兰德斯叛军立即调整布署，在科特赖克城外迎战对手。客观来说，当地遍布小溪和沟壑的战场环境并不利于骑兵冲锋，因此战役

◎ 使用短矛对抗骑兵的佛兰德斯叛军

◎ 佛兰德斯叛军屠杀法国骑士

开始时法国军队只能以轻步兵冲击敌人的阵线。这样的短兵相接尽管效率不高，但法国的职业士兵面对以市民和工匠为主的对手还是逐渐占据了上风。在战局逐渐明朗的情况下，法军统帅下令步兵后撤以便骑兵出击。

后世对此举的解释大多是，贵族骑兵不愿战功被步兵抢走因而贸然出击。但是，步兵还在战斗骑兵就冲锋很可能会践踏友军，因此法军统帅的决策本身并没有太大问题。导致法军骑兵这次冲锋沦为一场灾难的，是佛兰德斯叛军广泛装备的一种名为"短矛"（geldon）的武器。很多史料都称短矛兼具长枪和钩斧的功能，但事实上由市民组成的佛兰德斯叛军并没有能力装备大量专业武器，短矛只是一种临时打造的武器。就是这种短矛，给了缺乏训练的步兵对抗贵族骑士的能力。

地形的限制加上佛兰德斯叛军大量使用短矛，法军骑兵冲击的威力被大大削弱，被对手步兵围攻。佛兰德斯叛军战前明确要求在战斗未分胜负前不得留俘虏[①]，因此一场恶战后上千法国骑士尸横战场。打扫战场时，佛兰德斯叛军缴获了五百副法国贵族重骑兵所使用的黄金马刺，因为这场战役又被称为"金马刺之战"（The Battle of the Golden Spurs）。

"金马刺之战"的损失，对强大的卡佩王朝而言虽然谈不上伤筋动骨，但却预示贵族骑兵在战场无敌的时代即将落幕。然而，此时的腓力四世仍沉浸在法兰西良马、重甲赋予本国骑士的优势上，丝毫没有意识到军事改革的必要性。"金马刺之战"第二年，精锐的法国骑兵在意大利反教皇势力的配合下奔袭罗马，逮捕了教皇博义八世（Pope Boniface VIII，1230—1303年）。尽管博义八世中途逃脱，没被腓力四世送上审判台，但迫于卡佩王朝强大的威慑力，1309年，罗马教廷还是从意大利迁到了法国的阿维农（Avignon），此后数代教皇都沦为了卡佩王朝的"御用主教"。

通过操纵教廷，口含天宪的腓力四世以各种手段横征暴敛。1306年，他驱逐法国境内犹太人并没收他们的财产；1312年，又宣布曾经在耶路撒冷与穆斯林浴血奋战的"圣殿骑士团"为异端，大肆捕杀其成员之余，将其积累的巨额财富也纳为己有。就在卡佩王朝在法兰西的势力如日中天之际，1314年11月29日，年仅46岁的腓力四世因中风而病故于枫丹白露宫（Palace of Fontainebleau）。

❈

[①] 此举主要是防止士兵把他们的俘虏带到防线后面，从而打乱阵形。

◎ 腓力四世以火刑处决"圣殿骑士团"成员

腓力四世虽然人称"美男子",但却相当专情。与纳瓦拉女王胡安娜（Joan I of Navarre，1273—1305 年）成婚后，便专心为王国培养接班人。因此他去世时，膝下三位王子及公主伊莎贝拉均已成年，卡佩王朝似乎不会绝嗣。但腓力四世病逝后的短短 14 年，他的三位男性继承人就先后英年早逝。腓力四世费尽心思打下的江山最终只落得为他人做嫁衣的可悲下场。

1328 年 2 月 1 日，腓力四世最后一个儿子查理四世（Charles IV of France，1294—1328 年）于巴黎病逝，按照法兰克人制定的萨利克法，没有男性继承人的卡佩王朝至此绝嗣，空悬的法兰西国王宝座一时引来了各方豪杰的瞩目。一番明争暗斗后，查理四世的堂兄——瓦卢瓦和安茹伯爵腓力脱颖而出，史称腓力六世（Philip VI of France，1293—1350 年）。腓力之所以问鼎成功，并不是他的血缘与卡佩王朝有多么近，而是因为他的领地恰好扼守了巴黎的东西两翼，符合"先入关中者为王"。

腓力六世虽然拔得头筹，但在法兰西王国的内外诸侯眼中，他不过是个"关门天子"。要争取到更多支持，他首先要做的是开疆拓土。鉴于自己的封地瓦卢瓦与佛兰德斯接壤，即位伊始他便出兵攻占长期被武装市民占据的布鲁日，为"金马刺之战"雪耻。尽管腓力六世吸取此前的教训，并未将佛兰德斯纳入王国的版图，而是扶植当地的亲法贵族作为代理人，但此举依旧令金雀花王朝在当地的利益受损。

佛兰德斯地区的利益争夺，爱德华三世还能暂时隐忍，从长计议，但腓力六世一再要求明确双方君臣关系的各种外交照会，爱德华三世实在难以接受。自"征服者"威廉以来，历代英国国王因为在法国有封地，或明或暗都会向法国国王宣誓效忠。但这一历史惯例，对迫切需要巩固王权的爱德华三世来说却不敢效仿。

打了连串的口水仗和文字游戏后，失去耐心的腓力六世想在佛兰德斯驱逐英国商人和没收金雀花王朝在阿基坦的领地，迫使爱德华三世让步。爱德华三世则以禁止英国羊毛出口佛兰德斯和自封法国国王来还击。事态进展到这一步，原本的义气之争终于转换成了战争。不过战争的头几年，双方都非常克制，军事行动的范畴仅限于苏格兰王位之争。

1329 年，苏格兰国王罗伯特·布鲁斯病逝。爱德华三世虽然早年便将妹妹了嫁给罗伯特年仅 5 岁的幼子大卫（David II of Scotland，1324—1371 年），但权衡利弊后，他决定抛弃妹夫，另立苏格兰豪门巴里奥家族的后人爱德华（Edward Balliol，1283—1367 年）为王。在金雀花王朝大军的支援下，爱德华·巴里奥于 1334 年在苏格兰成功登基。大卫·布鲁斯只能流亡法国，寻求腓力六世的帮助。于是乎，在巴里奥和布鲁斯两大家族之间，一场名为"第二次苏格兰独立运动"的代理人战争在不列颠北部全面展开。

法国不与苏格兰直接接壤，但凭借与热那亚等意大利城邦的同盟关系，法国王室自卡佩王朝以来都拥有一支强大的海军力量。为了封锁法国与苏格兰之间的

◎ 卡佩王朝的造船工业一度独步欧洲其他国家

联系,也为了夺取英吉利海峡的制海权,爱德华三世冒着破产的危险大力发展海军,终于在斯勒伊斯海战中重创法国海军。

斯勒伊斯是佛兰德斯中部的一座港口城市。1340 年 6 月,为了阻击试图在佛兰德斯登陆的爱德华三世,腓力六世在此集结了一支由 190 艘战船组成的庞大舰队。这支舰队无疑凝聚了卡佩王朝苦心经营多年的心血,其中大多数舰艇来自腓力四世在鲁昂(Rouen)塞纳河上兴建的克洛·德加来斯造船厂,另外一些则属于热那亚的雇佣兵头目巴巴内罗(Pietro Barbavera)。与之相比,爱德华三世的舰队规模虽然略胜于对手,但舰队中有许多临时征调的商船。因此,看到自己面前如林的樯橹,爱德华三世有些犹豫了。

就在金雀花王朝舰队在斯勒伊斯港外进退两难之际,20 余艘法国战舰突然冲出港区。这场小规模的前哨战令爱德华三世发现了对手致命的弱点:大多数法国战舰均在斯勒伊斯港内下锚,摆成首尾相连的防御阵营。少数冲入港区的战舰并非是法国人主动进攻的前哨,而是不满这种愚蠢决定的热那亚佣兵想要脱离战场。

既然法国人将战场主动权拱手相让,爱德华三世只好"却之不恭"。6 月 24 日清晨,分成左右两翼的金雀花王朝舰队突入斯勒伊斯港。利用上午己方舰队背靠太阳且顺风的优势,大批精锐的英格兰长弓手不断向对手展开齐射。擅长白刃近战的法国舰队对金雀花王朝的战术非常不适应。一位英国的编年史作家曾这样描述当时的战况:"从弓、弩射出的箭似一片铁云袭来,纷纷落在法国人身上,成千上万人瞬间死于非命。就连那些胆子大或好奇心强的人,一旦被近在身边的矛、剑、投枪包围,也开始喘息起来,从船上堡垒里掷下的石头也杀死了许多人。总而言之,这是一场重要又严酷的战斗,惨烈得让一个懦夫都不敢从远处观看。"

战至日暮,集结在斯勒伊斯港的法国舰队有 166 艘战舰被击沉或缴获,并损失了包括主帅在内的近 2 万人。很多西方史学家均将斯勒伊斯之战视为英国海权的崛起,欧洲海战从近距离的冲撞战、接舷战迈向远距离火力战的分野。但对爱德华三世而言,此战最大的意义在于,金雀花王朝终于夺取了英吉利海峡的控制权,佛兰德斯乃至整个法国的大门从此为他敞开。

斯勒伊斯海战后,成功登陆的英国远征军成功与他们声援的佛兰德斯起义军会师。但接下来战局的发展却没有爱德华三世想象的那么美好,在圣奥梅尔(Saint-Omer)和图尔奈(Tournai),金雀花王朝均顿兵于坚城下。由于佛罗伦萨财团提供的贷款已经用尽,英格兰的战车最终在中途抛锚。爱德华三世只能通过自己在布列塔尼公国的政治盟友给对手制造麻烦。

1346 年，好不容易筹足了军费的爱德华三世再次出征，年仅 16 岁的"黑太子"爱德华（Edward the Black Prince，1330—1376 年）都披挂上阵了，金雀花王朝的孤注一掷可见一斑。英国远征军首先在诺曼底登陆，随后攻占重镇卡昂（Caen）。但就在爱德华三世父子满心欢喜准备直捣巴黎时，斥候带来了腓力六世亲率数万大军集结于塞纳河畔的消息。

面对强敌，爱德华三世失去了决战的勇气，总兵力不足 15000 人的英军向索姆河方向撤退。但很快爱德华三世便发现，一片沼泽的索姆河对岸早已遍布对手的军旗。为了避免覆灭于索姆河、大海和法国大军之间的三角地带，英国远征军只能拼死杀出一条血路。英军刚刚强渡索姆河，腓力六世麾下超过 30000 人的大军便尾随而至。此时，战场的主动权已完全易手，爱德华三世选择了两侧有森林

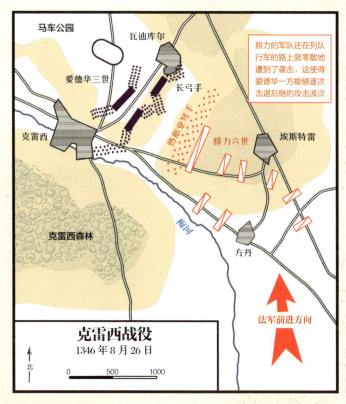

◎ 克雷西战役开始前的英法双方态势

（地图标注文字：）
马车公园
瓦迪库尔
爱德华三世
长弓手
热那亚弩手
腓力六世
埃斯特雷
克雷西
克雷西森林
梅河
方丹
法军前进方向

腓力的军队还在列队行军的路上就零散地遭到了袭击，这使得爱德华一方能够逐次击退后继的攻击波次

克雷西战役
1346 年 8 月 26 日
北
0   500   1000

◎ 装备有巨盾硬弩的热那亚弩兵是中世纪阵地战的中坚力量

和村庄掩护的克雷西（Battle of Crécy）丘陵张网以待，而一心想要聚歼对手的法国军队早已人倦马疲。战斗尚未打响，胜负却已见分晓。

战斗开始前，爱德华三世策马缓行视察全军，让士兵们饱食战饭后再列成阵势。因此，当法军到达战场前，来自英格兰各地的骑士和士兵均精神饱满、士气高昂。8月26日下午6时左右，排成冗长纵队的法兰西大军才到达战场。在没有任何侦察和警戒的情况下，骑士们乱哄哄要求马上开始进攻。腓力六世倒算冷静，将来自热那亚的5000名十字弩手雇佣军调到了前线，装备有巨盾硬弩的热那亚弩兵是中世纪阵地战的中坚力量，腓力六世此举显然是针对爱德华三世麾下的英格兰长弓手——通过对射削弱敌人后再展开骑兵冲锋。

但此时的热那亚雇佣兵带着沉重的巨盾和弩箭强行军了一天，疲惫不堪，纷纷提出休整后再作战。骑战马的法国骑士们对此揶揄道："雇佣这些无赖就是这么个下场，一旦要用他们，他们就变节退缩。"在职业操守的驱使下，热那亚人只能向前挺进。他们就要接近对手的阵地前时，乌云遮住了太阳，一阵雨倾泻下来，淋湿了所有人。更为可怕的是大雨突然停止后，夕阳又从英格兰人背后放出光辉，刺得热那亚人睁不开眼。即便如此，热那亚人还是发起了进攻，他们组成整齐的方阵，以盾牌为掩护交叉前进，每前进三次便对敌阵进行一次射击。

面对热那亚人的射击，英格兰军一直保持着沉默，直到爱德华三世发出射击的指令，布署在两翼的近7000名长弓手才整齐向前迈步。他们将弓弦拉到耳边，一会便把可怕的箭雨撒向了战场。热那亚佣兵顷刻间伤亡惨重，满地皆是插着羽箭的尸体。幸存者也被打得晕头转向，只能向后溃退。此刻，交战双方在远程火力上的差距已经昭然若揭。但身披重甲的法兰西骑士自认坚不可摧，在热那亚人退下来之后策马冲向敌阵。

在可怕的箭雨下，法国人冲击了16次后抛下大量尸体铩羽而去。根据记载，战后排成横列的法国贵族和骑士尸体是1542具，法军骑士的实际损失可能超过2000人，剩余的骑兵、热那亚弩兵和步兵的伤亡数字未有确切统计，但可以确信数量极大。后世很多战史研究者都将这场战役一边倒的结局归功于英格兰长弓手的出色表现。但事实上，法国骑士之所以无法突破金雀花王朝的战阵，爱德华三世此前设置的路障也同样功不可没。对部下在克雷西战役中的表现，爱德华三世总体上很满意。但来自威尔士的轻装步兵只顾一时痛快，在战场上斩杀了许多本可以换取大量赎金的伯爵、男爵和骑士。

尽管战后英国史学家众口一词，由于占据了天时地利人和，己方损失轻微。但大胜的英军并没有按原计划挺近巴黎，而是对加来展开了漫长的围困。在坚守了 11 个月后，走投无路的加来市民选出六位德高望重的代表，他们冒着生命危险向爱德华三世献上了城门的钥匙。这一瞬间在 5 个多世纪后，借雕塑大师罗丹（Auguste Rodin，1840—1917 年）之手得以重现。至今，名为《加来义民》的铜像依旧矗立在这座英法百年战争中第一座沦陷的城市街头。

法国重甲骑兵在金马刺之战和克雷西战役的巨大伤亡，表面上看是受制于地形、对手装备的短矛和英格兰长弓，但背后却折射出法兰克人创立的封建采邑制度正逐步走向分崩离析。生产力和贸易的飞速发展，使得以城镇为中心的市民阶层和职业雇佣兵的崛起。正是这股新兴的力量，颠覆了传统骑士在战场上的主导地位。但可惜的是，作为两次战役中的失败者，法兰西王国并没有认识到这一点，最终导致类似的悲剧一再重演。

暴政肆虐
大视野下的英法百年战争（下）

克雷西战役的一败涂地，令卡佩王朝数十年的积累毁于一旦，困守巴黎的腓力六世几乎陷入了无可用之兵的窘境，只能怂恿正在苏格兰争夺王位的大卫·布鲁斯率军奔袭英格兰。腓力六世的这一招"围魏救赵"可谓高明，毕竟金雀花王朝的主力均在法国，不列颠岛内空虚。大卫·布鲁斯挥师南下，即便不能夺取伦敦，至少也能逼爱德华三世抽兵回救。

但可惜的是，苏格兰军队纪律涣散，为了逼迫沿途的英格兰城镇缴纳保护费，大卫·布鲁斯行进得非常缓慢。遭遇由约克大主教威廉·佐奇（William Zouche，？—1352 年）率领的英格兰军阻击后，苏格兰人在内维尔十字高地（Battle of Neville's Cross）更是一触即溃，大卫·布鲁斯的外甥罗伯特·斯图亚特（Robert II of Scotland，1316—1390 年）等贵族临阵脱逃，只留下负伤的大卫·布

◎ 黑死病肆虐下的欧洲

鲁斯沦为英格兰军队的俘虏。

内维尔十字战役使深陷重围的腓力六世得不偿失，苏格兰军队的贸然南下不仅未能分担他的压力，反而令爱德华三世解除了后顾之忧，从本土调集了更多的力量围攻巴黎。幸运的是，就在英格兰的援军和重型装备源源不断的经加来渡过海峡，腓力六世只能屈膝求和之际，一场突如其来的瘟疫令英法不得不暂停战事——被认为是腺鼠疫的黑死病，由往来于克里米亚和西西里岛的商船带入了西欧。

由于当时蒙古军队正在围攻热那亚于黑海沿岸的殖民据点——卡法（Kaffa），因此这场来势汹汹的传染病又被赋予了生化武器袭击的色彩。尽管意大利各城邦采取了一系列隔离措施，但病毒还是于1348年传入法国，随后又席卷了英伦诸岛。这场疾病给英法两国造成的直接损失没有相关的统计数据可以衡量，但1356年"黑太子"爱德华从波尔多再度出兵时，英国仅能动员数千人马。

"黑太子"爱德华原本的计划是从法兰西南部阿基坦公国出发，向北进入卢瓦尔河流域，与另一支从布列塔尼出击的金雀花王朝军队会师。但黑死病的肆虐加上连日的阴雨，极大延缓了其进军速度。面对孤军深入的"黑太子"爱德华，继承父位的法国国王约翰二世（John II of France，1319—1364 年）纠集了数万大军对其围追堵截。1356 年 8 月 8 日，法国军队终于在厄尔河附近的普瓦捷（Poitiers）地区赶上了对手。

为了提升部队的机动性，约翰二世一路遣散了近 2 万名老弱民兵，但其麾下仍有 26 个公爵和伯爵统率的 8000 名重装铁骑和数千精锐步兵。飘荡在厄尔河两岸超过 120 面的旗徽，足以令中世纪的任何军队望而生畏。为了达到"不战而屈人之兵"的最佳效果，约翰二世决定在战前与"黑太子"爱德华进行外交斡旋。不过，已杀红眼的英法早已没有了和平的诚意，诚如"黑太子"爱德华的私人顾问若弗鲁瓦·德·夏尼所言："上帝，既然和平让我们没有更多的选择，那么唯有一战，如果非要给这场战争划上一个时间界限的话，我希望是一百年。"①

气冲斗牛的话并不能改变"黑太子"爱德华所处的不利局面。面对排成四列，两翼有弓箭手掩护的法军铁骑，兵力上处于明显劣势的英国人不得不减少自己的战列。除了中间为长枪步兵，左右两翼为长弓手的第一战列外，"黑太子"将所有的骑兵都进行了后置。此举日后被视为英军转败为胜的高招，但客观来说，"黑太子"爱德华这么做更多考虑的是如果战局不利，能用步兵拖住对手，给骑兵创造逃脱的机会。

随着英军的辎重和骑兵部队后撤，误认为对手要撤退的法军随即发起了冲锋。面对英国长弓手密集的箭雨，吸取了十年前克雷西战役的教训，法国骑士们决定下马步战。因为按照当时一些编年史作家的说法：法国骑士的盔甲无懈可击，被英军射中后，箭头不是滑脱就是破碎。但马的盔甲在两侧和背部防护较弱，因此弓箭手通常通过射击马匹来阻止骑兵的冲锋。下马的骑士不过是重甲步兵，随即陷入与英军长矛手的白刃战。

法国军队杂乱无章的指挥，更令进攻变成了一场闹剧。保持策马冲锋状态的骑兵因为顶不住英国长弓手而选择后撤，结果冲入后面步行骑士的队列。面对英军正面由长枪组成的防线，法国人前赴后继的冲击最终只令前线变得拥挤不堪。

---

① 以上为笔者的翻译，原文为：since so it is that this treaty pleases you no more, I make offer that we fight you, a hundred against a hundred.

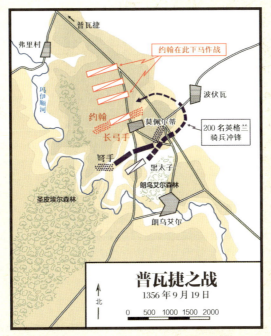

◎ 普瓦捷战役地图

在长达两个小时的混战后，"黑太子"爱德华终于看到了胜利女神对自己的微笑。他命令隐藏在树林中的英国骑兵上马冲锋，绕过混乱不堪的正面战场直扑对手虚弱的侧翼，致使整个法国军队崩溃。

在昔日法兰克骑兵重创阿拉伯远征军的地方，"黑太子"爱德华成功使法国国王约翰二世成了自己的战俘。客观来讲，这场辉煌的胜利靠的不是英格兰长弓手的出色表现，而是法国王室的分崩离析，约翰二世的两个儿子查理（Charles V of France，1338—1380 年）和路易（Louis I, Duke of Anjou，1339—1384 年）都在战场上丢下老爸逃之夭夭。

与此同时，法国的贵族阶层也在战争中堕落了。中世纪的法国史学家曾生动地描述了这一时期法国的混乱情况："整个王国都乱了，国家败坏，小偷和强盗无处不在。贵族鄙视和憎恨其他所有人，没有去思考相互有益的事以及上帝和人民的利益。他们统治并洗劫了农民和农村。不要指望他们能保卫国家、抵抗敌人。他们抢劫和掠夺农民，将其踩在脚下。"

◎ 法国军队
镇压扎克雷
暴动

为了救出国王，法国曾以王子路易换回了约翰二世，但路易却在法国政府筹措赎金时越狱。为了避免战争，约翰二世只好返回英国继续做俘虏，最终病死于囹圄。但是约翰二世的死并非毫无价值，他不仅身体力行提倡"泱泱大国要讲诚信"的精神，更为自己不孝的长子查理五世赢得了重振旗鼓的时间。利用爱德华三世晚年迷恋女色，查理五世掀起了法国在百年战争中第一轮收复失地的高潮。

查理五世的继位得益于一场名为"扎克雷暴动"的农民起义。对这场席卷巴黎北部瓦兹河谷的血腥骚乱的起因，欧洲史学家们讳莫如深。事后很多对参与者的调查卷宗都称，农民袭击贵族阶层不过出于从众心理——别人这么干了，所以我也要干。显然，法国民众饱受战争和瘟疫的困扰多年，他们的不满已到了爆发的临界点。但如此大规模烧杀掳掠的背后必然存在推手，从最终受益者的角度出发，我们有理由怀疑卡佩王室的后裔——纳瓦拉国王"恶棍"查理（Charles II of Navarre，1332—1387年）是真凶。

"恶棍"查理是卡佩王朝路易十世的外孙。他的母亲是路易十世唯一的女儿让娜（Joan II of Navarre，1312—1349年），父亲则是前任纳瓦拉国王菲利普三世（Philip III of Navarre，1306—1343年）。因为有高贵的血统和雄厚的资本，"恶棍"查理早有不臣之心。约翰二世虽然招其为婿，但对其仍处处防范。1354年，"恶棍"查理与英格兰国王爱德华三世接触，图谋共讨其岳父，但约翰二世先发制人将其逮捕。随着约翰二世自己沦为阶下囚，"恶棍"查理重获自由。

"恶棍"查理与巴黎市民领袖艾蒂安·马赛（Étienne Marcel，？—1358 年）长期关系密切。显然，在约翰二世家族陷入内外交困的危机时，一场农民起义有助于"恶棍"查理夺权。但点燃了扎克雷暴动的导火索后，"恶棍"查理又选择站在贵族一边。他统帅皮卡第、诺曼底及纳瓦拉各公国的军队杀入巴黎，将一干闹事者送上了绞刑架。

这一手翻云覆雨虽然高明，却令其在巴黎地区失尽民心。利用各个阶层对战乱的恐惧，查理五世重新掌握了政权。1360 年，当爱德华三世逼近巴黎，查理五世又明智地与其签订了《布雷蒂尼和约》。和约虽然对法国不利，但它却使查理五世有时间来进行改革。他与小贵族、市民结为同盟，强化税收制度，加强王权，并用部分雇佣军代替作战不力的民军。1369 年，查理五世向英格兰开战。战争进行得很顺利：1372 年，收复普瓦图和布列塔尼；1373 年，击溃了南下波尔多的英军。到 1374 年，英格兰人手中只剩下五个港口：加来、布雷斯特、瑟堡、波尔多和巴巴约讷。查理五世于这年与英格兰缔结 3 年停战和约，将大部分收复的失地划归王室。

在民众的不满和指手画脚中，爱德华三世走完了人生的最后十年。1377 年离世时，他寄予厚望的"黑太子"爱德华已经先他而去三年了。无奈之下，爱德华三世传位于年仅 10 岁的爱孙理查二世（Richard II of England，1367—1400 年）。所幸的是，1381 年，法国也是由 12 岁的查理六世（Charles VI of France，1368—1422 年）继承大宝。在同样幼主暗弱的情况下，英法两国进入休战期，各派诸侯暂时收敛了开疆拓土的热情，专注于角逐本国的王冠。

爆发于 1381 年的瓦特·泰勒农民起义正是金雀花王朝这一时期内部纷争的折射。作为英国历史上最大规模农民起义的领导者，瓦特·泰勒生平没有太多可信的资料，甚至连名字都被认定是以讹传讹。[①]这样的匹夫登高一呼竟能掀起一场滔天巨浪，足见当时英格兰民众生活的水深火热。

自诺曼征服以来，英格兰地区便进入了领主驾驭农奴的庄园经济时代。自 13

---

① 一般认为瓦特·泰勒的本名为沃尔特（Walter），其姓应该是来自其职业，即铺瓦工（tiler）。16世纪的文献称农民起义的发起人不是瓦特，而是一个名叫约翰·泰勒（John Tyler）的人，因为女儿被收税者侵犯一怒之下起义。

○ 金雀花王朝
的末代统治者
理查二世

世纪开始，随着城乡商品经济的发展，为了满足奢侈生活与适应市场的需要，封建领主开始让农奴缴纳货币地租，有的甚至让农奴缴纳一笔钱来买人身自由，由此开启了"农奴解放"。大批重获自由的自耕农支撑起了金雀花王朝的全盛时代。但随着黑死病的肆虐，英国自耕农平静的生活被彻底打破了。

1348 年 8 月，黑死病首先在英格兰地区爆发，两年后传入苏格兰和爱尔兰。这场致命的瘟疫令英格兰的人口几乎减少一半。劳动力的巨大缺口令农业生产陷入崩溃。由于没有播种和收割，粮食价格迅速上扬。这种情况下，佃农普遍希望提高工资，而封建领主力图将已经获得自由的农民重新套上农奴制的锁链。最终代表贵族阶层利益的爱德华三世颁布了"60 岁以下健康无产者必须有工作，否则将被判入狱"的《劳动法令》，由此开启了"第二次农奴化"的历史倒车，在肯特、埃塞克斯、赫特福德和苏福克地区，由于劳动力缺乏，上述现象格外严重，而四个郡也是"瓦特·泰勒农民起义"的重灾区。

农村有敲骨吸髓的领主，大批农民不得不涌入城镇。但外出打工的农民和工匠想要有工作，得接受苛刻的雇佣条件，生活也十分贫困。接踵而来的苛重税收，更将下层民众逼上了绝境。于是，农奴的大规模逃亡和城镇居民的秘密结社运动，构成了黑死病时期英国农民起义的前奏。

面对查理五世的大举反攻，为了筹措战争费用，解决严重的财政危机，理查二世便在 1377 年、1379 年和 1381 年通过议会决定征收新的人头税，规定 14 岁以上的人都要交纳人头税。人头税的税额最初为每人 4 便士，1381 年却增加到每人 1 先令①。

沉重的税赋不仅令普通民众生活困苦，拥有大批农奴的贵族阶层也倍感压力。于是隐瞒人口、截留税赋之风逐渐弥漫开来。1377 年，英国第一次征收此税时，全国注册档案的人数为 1355201 人，而在 1381 年的第三次征收时，注册人数却为896841 人，比第一次少了约三分之一。无奈之下，金雀花王朝决定向贵族和商人征收动产税。事情发展到这一步，理查二世可谓动了大多数英格兰人的钱包，各阶层联合的反弹随即展开。1377 年，英国各地出现对所有权法律的重新解读，史称"大谣言"。农奴翻出益格鲁 – 撒克逊诸国时代的旧账，宣称自己是自由民。

---

① 英格兰币制，1先令等于12便士。

昔日"征服者"威廉颁发的《末日审判书》——《土地赋役调查簿》一时成了颠覆人头税的利器。

此时被称为肯特的"疯修士"的约翰·保尔（John Ball）等一批下层教士，在城镇、乡村到处布道，尖锐抨击封建制度的不平等，要求取消徭役、地租、捐税和财产差别，实现社会各阶层的平等。其名言："亚当耕田、夏娃织布时，谁是贵族？"与国人所熟知的"王侯将相宁有种乎"可谓异曲同工。英法百年战争也令英国的诸多农民掌握了一定的军事技能。在战场上射翻法国骑士的长弓手，也可以将箭头射入英国贵族的心脏。恰如那个时代的英国文人所说："在这个国家，每个人都是自己的士兵。"

1381 年 5 月底，为反对征收人头税，大规模的起义在埃塞克斯郡爆发，旋即得到各地农民、工匠的呼应波及 25 个郡。起义者杀死税官和领主，捣毁修道院、法庭与监狱，烧毁司法档案。据《西敏寺编年史》记载："在肯特，他们像一群疯狗，将郡里许多地主的庄园、房屋夷为平地，将一些人斩首，强迫他们遇见的每个人发誓，与他们一道保卫国王理查，因为他们宣称是国王和王国福祉的斗士，反对那些叛卖的人。"起义者进而摧毁了大主教和王国中书令在拉姆伯斯的庄园，放火烧掉里面的书籍、衣服和亚麻布织品，痛饮酒室的酒，剩下的则倒掉，并将厨房洗劫一空。

6 月初，肯特起义者占领了达特福德和梅德斯通，推举瓦特·泰勒为领袖；6 月 10 日进抵坎特伯雷，从监狱中救出被捕的约翰·保尔。6 月 12 日，肯特和埃塞克斯等地的 10 万余名起义者于布莱克希思（Blackheath）会合，进军伦敦。

6 月 13 日，起义者在伦敦平民的帮助下进入城内。次日，瓦特·泰勒率众在迈尔恩德与国王谈判，迫使理查二世暂时承诺：在全国废除农奴制，农奴成为自由佃农，每亩每年只交 4 便士给领主；消除市场垄断，准许自由交易；大赦起义者，赐给在场起义者的各郡代表一面王家旗帜，以作为他们受国王保护的标志。同时，理查二世还当场让 30 名吏员草拟让起义民众获得自由的《解放敕令》。诸多起义者由此而纷纷返家，但仍有大约 2 万人留下跟泰勒坚持斗争。

6 月 14 日，泰勒率众与国王在斯密茨菲尔德谈判，提出更激进的要求，如废除王国法律、领主权和主教区，没收教会地产分配给俗人，所有人都拥有自由，法律面前，人人平等……理查二世的回答含混敷衍，引起泰勒不满。英国王室方面的说法是，谈判时，泰勒要了一壶水，"在国王面前极其粗鲁地漱口"。当时，

◎ 起义军进入伦敦

国王的随从约翰·纽顿爵士（John Newton）斥责其无礼，伦敦市长威廉·沃尔沃斯（William Walworth，？—1385年）则开始逮捕叛军。泰勒掏出一把匕首袭击市长，因市长穿着盔甲而未成功，反被市长的剑砍到脖子和头部。国王的另一个随从约翰·卡文迪什（John Cavendish）最后给了泰勒一击。泰勒受伤后骑马跑了大约三十码，但因体力不支最终被拖下马斩首示众，他的首级被插在伦敦桥一个杆子上供民众观看。

瓦特·泰勒死后，伦敦市长召集贵族、市民组织武装清剿伦敦及周围的起义者，

◎ 瓦特·泰勒之死

逮捕并斩首了相当一批人。旋即国王声称仍旧维护农奴制，并下令军队与各地贵族官员追杀起义者。在埃塞克斯等地，王军击败抵抗的起义者，杀死约500人，缴获800匹马。在圣·阿班斯，起义的发动者约翰·保尔遭到审判并被吊死、分尸。在其他地区，遇害的起义民众也不在少数。据编年史家佛罗依萨特估计，约有1500名起义者被吊死或斩首。埃佛山的僧侣粗略估计，大约有7000名起义者丧生，这一数字也被当代史家采信。这些数字不一定准确，但状况之惨烈从中可见一斑。此外，还有诸多的起义者被处以监禁和高额罚金。

起义失败后，理查二世抛弃了让农奴获得人身解放的承诺，宣称凡是在起义中获得自由的农民必须归附领主："他们是农奴，他们必须仍然保留农奴身份。"议会也宣布《解放赦令》无效。

在残酷的镇压下，这次农民起义虽然最终失败，但它有力扫荡了封建统治秩序，推动了英国历史的发展。在起义的冲击下，英国各地有不少庄园和法庭的档案被烧毁，封建领主的权势被严重削弱。在此情况下，越来越多封建领主抛弃了陈旧的奴役方式，让农奴赎买人身自由，恢复其在庄园法庭和郡法庭中的申诉权利，并将土地出租，以货币地租取代劳役地租。农奴制向自耕农制的转化与社会商品经济的发展密切相关，但这次农民起义无疑促进了这一转化。故有人指出："正式的胜利在土地占有者阶级那里，但真正的成功却在农民那里。"

此外，这次起义还加深了统治集团的内部矛盾，促使金雀花王朝走向衰亡。镇压起义后，贵族们总结经验教训并由此而引发的权力斗争，在英国的统治集团渐次展开。在 1381 年 11 月的议会上，曾经起义调查委员发言人苏福克的骑士瓦尔德格拉维就坦言，内府的奢侈、沉重的税收、孱弱的行政权力和国家防守的缺失，致使"残酷的压迫遍及国家"、"正义和法律几乎没有对任何人实施"，导致起义的爆发。

在 1381 年 11 月的议会上，下议院开始攻击王室内府，抱怨"内府过多的臣仆"及其导致的巨大耗费。由此，国王只得同意组建委员会"考察国王个人的财产和统治，安排一个有效的整顿"。下议院还要求委员会任命"忠耿有为之人"来辅佐君主，确保国王的内府规模合理，且让国王能够"忠实地依靠他的收入生活"。因此，这次议会以及接下来的 1382 年 5 月和 1383 年 2 月的议会，不管政府面临了何种程度的财政压力都拒绝批准征税。人头税等税收的废止，使王权陷入严重的财政危机，王权与贵族的冲突也随之加剧，最终，理查二世在 1399 年被贵族反叛废黜，金雀花王朝也随即宣告终结。

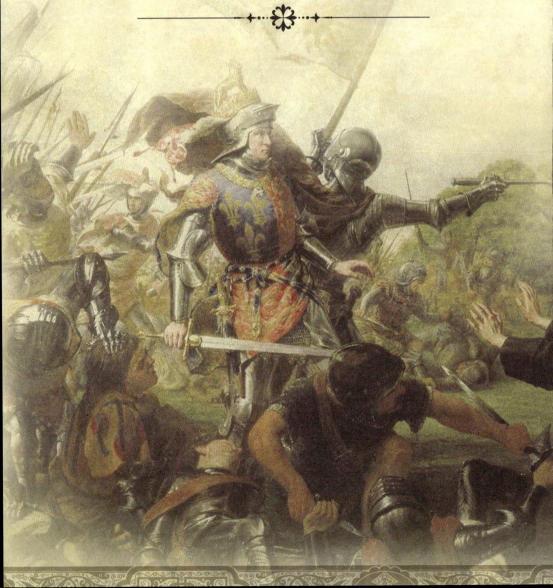

第三章

都铎王朝

圣女之谜

圣女贞德的传说与英法百年战争的终结

　　1399 年，逐渐成年的理查二世试图从把持政权的几位叔叔手中收回权力，却遭遇了一场"陈桥兵变"。理查二世的堂弟亨利（Henry IV of England，1367—1413 年）借口远征爱尔兰集结军队，在约克郡突然举起叛旗，猝不及防的理查二世被迫退位，不久便离奇死亡。尽管亨利和理查系出同宗，但英国史学家还是以其家族封地称之为"兰开斯特王朝"（House of Lancaster）。和所有得位不正的君王一样，亨利四世一生都致力于巩固统治，除了对敢于挑战自己的贵族痛下杀手

亨利四世的画像

外，他还小心翼翼与议会保持着良性互动。因此，亨利四世在对外征战中并没有彪炳的功勋，却为自己的儿子亨利五世（Henry V of England，1386—1422 年）打下了一个牢固的江山。

英法百年战争真正的高潮出现在亨利五世短暂的执政生涯中。通过与野心勃勃的法国贵族——勃艮第公爵约翰（John I of Burgundy，1371—1419 年）结盟，1415 年，英国远征军再度在诺曼底登陆。在索姆河畔的阿金库尔（Agincourt），英格兰的长弓手们第三次对上了法兰西的重甲骑兵。由于战场痢疾肆虐，亨利五世的部队至少有 6000 名士兵不得不从加来返回英国本土就医。因此，一般的观点认为，英军总兵力大约为 5900 人，其中 900 人为装备较好的骑士，剩余 5000 人为长弓手。而法国方面调集了一支 36000 人左右的大军，其中 11000 人为骑兵，18000 人为徒步参战的重装骑士，剩余 7000 人为热那亚雇佣弩手。

鉴于兵力上的绝对优势，法国人拒绝了亨利五世的求和。1415 年10 月 25 日，分为中央、两翼和后卫的法国军队由南向北展开进攻，但是前两次的失败并未给法国人的战术带来实质性改变。法国人依旧按照

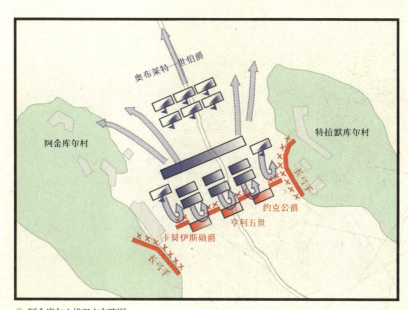

◎ 阿金库尔之战双方布阵图

普瓦捷之战时的部署令大批重甲骑士下马步战，试图在热那亚弩手的掩护下从中央突破英军的方向。唯一不同的是，这一次，他们的两翼分别部署了约1600、800名重骑兵准备冲锋，另有9000名骑兵为预备队。英国依旧利用树林掩护，向北排开自己的军阵，英国骑士下马之后分为3个部分布置在前方，弓箭手则按照锲形分布。

两军从早上7时起对峙大约4小时后，亨利五世命令英军主动向前推进，此时弓箭手改为前锋，其余步兵留在背后。弓箭手们使用事先准备的木桩就地组成了一道简易屏障。此时，法国人也失去耐心开始进攻，两侧骑兵首先发动冲击，但在狭窄的战场，他们未来得及接触对手便被英军的射击打散，即使少数来到英军面前的士兵也不能突破木桩屏障。随后，正面的法国军队也开始接近，但由于战前下了大雨，土地异常泥泞，再加上缺乏纪律和队形，法国人在英军的密集射击中损失惨重。

当法军终于到达英军面前时，他们遭遇了负责掩护弓箭手的英军步兵们的反击，虽然法军依靠人数优势一度迫使对手后退，但恶劣且混乱的战场令他们精疲力尽，身上的重盔甲完全成了累赘，手里的长戟在这拥挤的环境又发挥不了作用。当英国的长弓手们停止射击，使用各种短武器加入战斗后，情势迅速向英军倾斜，很多法国人被屠杀或被俘。法国弩手们无法射击，实际上，很多人整场战役一箭未发，第三线的步兵们早已和第一线的士兵挤在一起而失去了战斗力。就在战斗

◎ 法国步行骑士与英国轻步兵的恶斗

◎ 阿金库尔战场上的亨利五世

进行到最关键的时刻，作为预备队的法国骑兵却逃离了战场，最后只有 600 名骑兵发动了数次冲锋，但已无力改变战局。

法军在这场战役唯一的胜利是袭击了英军的后卫军营，夺得了相当可观的战利品，并且可能令亨利五世怀疑自己的军队已经被对手包围。为避免意外，他下令处死了几乎所有法国战俘。阿金库尔战役，法军伤亡过万，其中大大小小的贵族就损失了 5000 多名，其中包括 3 位公爵、5 位伯爵和 90 位男爵。英军死亡人数没有具体记载，但从约克公爵、萨福克伯爵等显要人物都战死的情况来看，伤亡数目也不会太少。另外，根据比较新的研究，约克公爵所部（约 400 人）战死至少 94 人，因此有研究者推算，英军阵亡的人可能在 500 人到 1500 人之间。可以说，亨利五世成功复制了曾祖父爱德华三世在战场上的辉煌，而法国重甲骑兵与其说又一次败在了英格兰长弓手的箭下，不如说又一次成了内部不和的牺牲品。

随后几年，英国军队不断在法国攻城略地，法国国王查理六世亦在战场被俘，被迫于 1420 年与英国签署《特鲁瓦条约》。他承认"英国人保有一切征服之地，直到卢瓦尔河"，同时废黜自己儿子的王位继承权，宣布自己的女婿亨利五世将是下一任法国国王。

1422 年，对百年战争中的英法两国来说都是历史转折年。8 月 31 日，英格兰国王亨利五世因痢疾死在了征服法国南部的军旅中。数日后，英国国王和法国公主凯瑟琳所生的唯一一个儿子继位，是为亨利六世（Henry VI of England，1421—1471 年）。虽然亨利六世只有 9 个月大，但由于他的外祖父法王查理六世也在 10 月份去世，根据《特鲁瓦条约》，他成为历史上唯一一位既是英格兰国王，又是法兰西国王的国王。

让 9 个月大的婴儿成为自己的国王，法国人显然不乐意，他们甚至不愿意承认《特鲁瓦条约》有关法国王位继承的条款，尤其是查理六世的儿子——查理七世（Charles VII of France，1403—1461 年）。但在强大的英军面前，法国人只能眼睁睁看着 9 个月大的亨利六世在 10 月 21 日继承法兰西大统。战场上接二连三的惨败使法国人根本无法表达自己的愤怒。

亨利六世治下的欧陆领土并存着三个法国。一个是英国人的法国，其疆界从吉埃内到加来，包括诺曼底、韦克森、曼恩、皮尔卡迪、香槟和大巴黎地区。另一个是重要盟友勃艮第公爵的法国，在英法两国鏖战的这些年，勃艮第公爵约翰将今日的比利时与荷兰大部收入囊中。值得一提的是，1419 年，约翰公爵曾有心拉法国王室一把，但与查理七世会晤时，他被政敌暗杀。此事彻底葬送了法国贵族可能组建的抗英同盟，因此，有人说"亨利五世是通过勃艮第公爵头盖骨的伤口进入巴黎的"。至于正统的法国，则只剩下以布日尔（Bourges）为中心的南部地区。令查理七世聊以自慰的是，在被金雀花王朝控制了长达半个世纪后，苏格兰又重新加入了抗英同盟。

内维尔十字战役后，苏格兰国王大卫·布鲁斯在伦敦被软禁了 11 年之久，1357 年获释后，苏格兰依旧只能跟随伦敦的指挥棒起舞。1371 年 2 月，大卫·布鲁斯去世。因为他膝下无子，王位传给了外甥罗伯特·斯图亚特，至此，苏格兰进入斯图亚特王朝时代。斯图亚特王朝表面继续对英格兰表示恭顺，暗中却在积蓄力量。1406 年初，随着苏格兰王储詹姆斯在前往法国途中被英格兰军队逮捕，苏格兰再度站到了英格兰的对立面。

虽然苏格兰人斗志昂扬，在战场上表现得比法国人更英勇，但英格兰长弓手的箭雨却一再将希望埋葬。1428 年，英国军队开始围攻奥尔良（Orléans），一时之间布日尔人心惶惶——这座位于卢瓦尔河北岸的要塞一旦失守，整个法国南部将再无险关。此时，两个扭转乾坤的女人先后登上了历史的舞台。她们分别是埃诺女伯爵杰奎琳（Jacqueline, Countess of Hainaut, 1401—1436 年）和"圣女"贞德（Joan of Arc, 1412—1431 年），相比贞德这位声名显赫的"村姑"，埃诺女伯爵杰奎琳在后世眼中反倒默默无闻，但由于她的感情纠葛，英格兰与勃艮第之间的蜜月期走到了尽头。

作为勃艮第的附庸，杰奎琳本应嫁给比邻的布拉邦特公爵约翰（John IV, Duke of Brabant, 1403—1427 年）。但面对年仅 15 岁且身体孱弱的丈夫，不甘屈服于命运的杰奎琳远走英伦，傍上了位高权重的英格兰摄政格洛斯特公爵汉弗莱（Humphrey, Duke of Gloucester, 1390—1447 年）。身为王叔的汉弗莱等不及教皇批准离婚，便公然将杰奎琳娶进了门。曾一手撮合杰奎琳婚事的勃艮第公爵菲利普（Philip the Good, 1396—1467 年）不仅脸上无光，英国王室通过联姻介入自己地盘的举动更引起了他的警觉。就在勃艮第军队擅自撤出奥尔良战区时，4000 名法军在一位高举战旗的 17 岁少女引领下逼近了英国人的包围圈，这位少女就是被法国人视为民族英雄的圣女贞德。

关于圣女贞德的出现，西方历史学家曾给出过这样的解释："战场上一年接一年的可耻失败，使法国政府名声败坏，军队和人民的士气低落。当查理王储同

© 相貌并不出众的埃诺
女伯爵杰奎琳

意由贞德来领导他的军队并准备战争时，他一定是试过了所有正规、理性的策略选择。只有一个已经到存亡关头又无计可施的政府，才会在绝望下让一个自称受到上帝指示的农村文盲女孩指挥国家的军队。"但真相并非如此简单。

首先，贞德不是一个普通的农家女，他的父亲在著名的阿登森林附近拥有 50 英亩土地，同时还是当地的税收官。有趣的是，在周遭地区都落入敌手的情况下，贞德的家族不仅依旧忠于法国王室，而且多次击退了勃艮第军队的进攻。在当地驻军指挥官博垂科特的护送和引荐下，贞德穿越辽阔的敌占区来到了查理七世的城堡。此时，针对奥尔良的解围战正如火如荼的展开，没有了勃艮第军队的支持，英国人在奥尔良地区的兵力可谓捉襟见肘，甚至不能完全封锁所有的城门。最初，法国军队希望通过打击对手虚弱的补给线瓦解英军的围困，1429 年 2 月 12 日法军以 3 倍兵力拦截一支英军补给队，仍以失败告终。

根据相关史料的记载，这支英军补给队由约翰·法斯特尔夫爵士护送，从巴黎出发前往奥尔良战场。运送了约 300 车弓弩、加农炮、炮弹以及数桶鲱鱼，最终不起眼的鲱鱼成为这场战斗的标志。法国人在一片开阔地截住了对手。面对 3 倍于己的对手，英国人只能依托补给车辆组成临时的防御工事。客观来说，法军只要拿出阿金库尔等战役十分之一的孟浪，便可凭借兵力优势冲垮英军的防线，但此时他们偏偏相当珍惜士兵生命。

400 名苏格兰步兵被命令发起先锋，法国人则试图用刚刚装备的火炮从远处提供火力支援。装备简陋的苏格兰人没有良好的铠甲保护，面对英军长弓手与弩兵从货车堡垒上射出的箭矢，几乎毫无抵抗能力。法军并不擅长使用火炮这种新型武器，射出的炮弹不是落在了苏格兰步兵的阵列便是偏离了战场。法国与苏格兰联军白白损失了包含苏格兰指挥官斯图亚特在内的 400 人。最后，面对英国人的反击，法军狼狈逃窜。这场被称为"鲱鱼之战"的小规模遭遇战令法国军队士气空前低落。此时，抱着"天下兴亡，匹夫有责"心理出现在查理七世面前的贞德无疑于一剂强心剂。

在法国王室的授意和包装下，贞德出现在奥尔良前线。在所谓"神谕"的感召下，法军放弃了继续打击英军补给线的计划，气势如虹扑向敌人的堡垒。在进攻英军的防御核心——土列尔堡时，贞德不慎中箭。但事实证明，法国王室为这位胜利女神准备的铠甲"简约而不简单"，被抬下火线后不久，贞德又再度活跃在战场上。随着奥尔良的解围，集结了优势兵力的法军又趁势扫荡了英军在卢瓦尔河沿岸的

◎ 法国的民族英雄圣女贞德　　　　　　　◎ 奥尔良城下的圣女贞德

据点。英军虽然组织了一系列反击但均以失败告终。在贞德的带领下，法国重甲骑兵终于在帕提等来了扬眉吐气的一天。英格兰的长弓手还没有完成布阵，法国人就展开了风卷残云般的冲锋。不到一个小时，5000 名英军就损失过半，2 名指挥官被俘。

圣女贞德的事业在此时达到了巅峰，短短四个月的时间，法军收复了重镇兰斯（Reims），直逼巴黎城下。王太子查理在历代法国国王加冕地——兰斯大教堂（The Cathedral of Reims）加冕成为法兰西国王。可是好景不长，1430 年 5 月 23 日的一场小规模战斗，当贞德下令军队撤退回贡比涅城（Compiegne）时，城内的守军因为害怕敌人尾随，没等包括贞德在内的后卫部队撤回城内便关上了城门，贞德成了勃艮第人的俘虏。

和圣女贞德的横空出世一样，世人同样可以从不合常理的落幕探寻出真相。作为一针输入军队的强心剂，圣女贞德优秀地完成了查理七世最初赋予她的使命。随着时间的推移，她开始影响本不看好她的军中将领。比如悍将阿朗松公爵约翰，

◎ 英雄末路——火刑架上的贞德

由于曾被英军俘虏支付了大量赎金，一心要将战争进行到底。其中最令查理七世感到不安的莫过于身为前敌总指挥的迪努瓦公爵（Jean de Dunois，1402—1468 年）。

迪努瓦公爵出生于法国王室的旁支奥尔良公爵家族，但由于是私生子，因此一度有传说他是查理七世同父异母的大哥。迪努瓦公爵指挥法国军队本是查理七世的无奈之举，况且其在战场的表现也差强人意。因此在圣女贞德出现前，查理七世从没觉得迪努瓦公爵是个问题。现在连胜之下，他自然觉得迪努瓦公爵如芒在背了。因此，出于政治上的考量，法国王室必须终结贞德的神话。

在英国红衣主教的主持下，一场所谓的审判很快便举行了。尽管贞德为自己进行了精彩的辩护，但最终她仍以女巫的名义被判火刑。1431 年 5 月 30 日，在法国鲁昂，贞德被绑在火刑柱上，刽子手点燃了柴火。将这个法兰西的圣女烧死后，英国人又将她的灰烬丢进了塞纳河。法国人的英雄——圣女贞德就这样在历史长河中留下了人生最为浓墨重彩的一笔。值得一提的是，贞德死后 5 年，曾有一个女人以贞德的名义嫁给了卢森堡领主，此事竟然还得到了贞德亲哥哥的认同。但在巴黎法院介入调查后，这位贞德又离奇失踪了，此时恰逢法国王室与勃艮第公爵达成和解，法国军队正式开入巴黎。

重新回到巴黎后，查理七世进行了一系列重大改革：固定税收制度，建立有骑兵和步兵的常备军，随后接连展开了收复失地的大反攻。布列塔尼、诺曼底、加斯康涅相继被收复，英王在法国的属地只剩下加来一隅。1453 年这一年，百年战争终于结束，法国人收复了除加来外英国在法国境内的全部领地。从英王爱德华三世开始的辉煌就此被画上了句号。这仅仅是英格兰人噩梦的开始。

玫瑰战争
群岛的分裂和再统一

失去了布列塔尼、诺曼底、加斯康涅，英国王室对法国大陆的战事失去了信心。随着长期与英国保持密切贸易往来的波尔多（Bordeaux）商人代表团抵达伦敦，英国亨利六世最终决定委派早已赋闲多年的老将约翰·塔尔伯特（John Talbot, 1st Earl of Shrewsbury, 1384/1387—1453 年）挂帅出征。

约翰·塔尔伯特曾参加亨利五世的远征军纵横法国，在阿金库尔等战役立身扬名，只是在帕提战役被圣女贞德击败，成了奇耻大辱。或许是为了洗刷这一人生的污点，约翰·塔尔伯特不顾自己已经年逾古稀，统率一支 3000 人的远征军于 1452 年 10 月 17 日在波尔多登陆。本就倒向英国波尔多的市民随即向塔尔伯特敞开了城门。由于此前法国人一直认为英军会在诺曼底登陆，因此战略上才有这样严重的误判，并使法国人对波尔多的反攻整整延误了近 10 个月。直到 1453 年仲夏，查理七世才集结一支部队前往战区。此时，约翰·塔尔伯特已经集结起超过 6000 人的军队。

7 月中旬开始，法军以围攻多隆河畔的交通枢纽的卡斯蒂隆战役作为收复波尔多的起点。在多年来不断收复失地的过程中，法军不仅在兵员质量和士气上有所提升，部队编制也有了极大改变。除传统的重甲骑兵和步兵外，查理七世的军队还装备了 300 门以上的加农炮和投石机，从热那亚来的火门枪手也逐渐取代了昔日的雇佣弩兵。

由于补充了大量技术兵种，法军摆出了坐拥 9000 人的庞大军阵。但法军依然不敢贸然与英军进行野战，而是选择在卡斯蒂隆城下围点打援。沿着多隆河的支流利多尔河蜿蜒的干涸河床，法军展开了一条绵长的阻击线。此外还有千余名法国弓箭手部署在卡斯蒂隆以北的圣洛朗前哨要冲——来自波尔多的援军的必经之地。

约翰·塔尔伯特当然希望等法军开近波尔多再展开

◎ 百年战争后期出现的新型兵种——英格兰骑射手

决战，但坐视卡斯蒂隆在围困中陷落，显然有损他的赫赫威名。于是，7月16日，这位老将点齐全部人马离开波尔多，第二天黎明时分，其先头部队已经抵达圣洛朗的战场。策马冲锋的英军骑兵用一场突袭便击溃了法国弓箭手，其中一些英格兰骑射手甚至一路追杀直到法军的大营。他们带回的消息令约翰·塔尔伯特兴奋不已——法国人的战马和辎重正在撤离营地。一鼓作气痛击对手的想法顿时令这位老将失去了理性，虽然己方步兵尚未全部到达，但约翰·塔尔伯特认为战机稍纵即逝，不容等待。

当约翰·塔尔伯特率领骑兵准备涉过法军大营以西的利多尔河时，这位老将领才意识到自己错误判断了战场形势。他的部队正面冲向布署了大量火门枪手的法军阵地。但自诩武勇的他还是指挥部队下马作战，自己坐在白色坐骑上大声呐喊着"塔尔伯特和圣乔治"发起了冲锋。面对法国人枪林弹雨的齐射，英国士兵顽强地越过壕沟攀上高地，但随即便被法国步兵砍翻在地。法国的加农炮和射击孔里伸出的火门枪通过一次次齐射打乱了英军的阵型，无数英国骑兵横尸阵下，伤者更是不计其数。而且英军的后续部队散乱投入战斗，在法军的炮火下只有埃打的份。

快中午时，法军骑兵出现在了战场，他们冲入英军的侧翼，法军弓箭手也重新组织起来从阵地后冲出，占据有利位置射杀溃逃的英军。约翰·塔尔伯特的坐

◎ 火门枪手和英军下马骑兵恶斗

◎ 约翰·塔尔伯特之死

骑被一发炮弹击中，他被压在马下。一个法国弓箭手跑来，用战斧砍下了他白发苍苍的脑袋。

卡斯蒂隆之战，法军以微弱的伤亡歼灭了超过 4000 人的精锐英国远征军。随着约翰·塔尔伯特的惨败，英国在法国南部再无可用的野战部队。当波尔多城再次向查理七世投降后，百年战争终于宣告结束了。卡斯蒂隆之战同时还被认为是西欧战史中，火器成为决定性力量的最早战例之一。众多远程部队在既设防御阵地开火，实质上是英国长弓战术的一种延伸。唯一不同的是，枪炮拥有比长弓更强的杀伤力。在硝烟弥漫中，一个新时代正在生成。

内忧与外患往往是同时出现的。虽然年轻的亨利六世是一个出色的国王，相较于发动对外战争，他更注重发展教育：创建了伊顿公学、剑桥大学国王学院等教育机构，奠定了英国教育事业在此后数百年间领先世界的基础。可是，很多政治问题却并不是教育能够化解的，尤其是英格兰人在法兰西的失败。当英格兰在法兰西的统治逐渐恶化时，年轻的国王却根本不知道自己要做些什么，此前他只是将问题丢给忧心忡忡的法兰西摄政贝德福德公爵约翰（John of Lancaster, 1st Duke of Bedford, 1389—1435 年）。当 1435 年贝德福德公爵去世后，法兰西的战局陷入了崩溃。

与贝德福德公爵并称"国王双臂"的英格兰摄政格洛斯特公爵汉弗莱的日子也不好过。1435 年，他与妻子杰奎琳离婚，投入了情妇埃莉诺·科巴姆（Eleanor, Duchess of Gloucester, 1400—1452 年）的怀抱，但英国王室对这场婚姻却不买账。不久后，埃莉诺因诅咒国王而被判处终身监禁。无力保护自己心爱女人的汉弗莱随即宣告隐居，但他的政治对手仍不肯放过他。1441 年，他在前往国会的途中被逮捕，随即离奇死亡。外部的战争接连失败，内部的矛盾也不断增大，宫廷人满为患，国内民怨四起，肯特郡和苏塞克斯郡甚至发生了杰克·凯德领导的民众叛乱，英格兰可谓是遇到了大麻烦。更大的麻烦出现在战争失败的那一年，从 1453 年开始，亨利六世开始出现间歇性精神崩溃。由于无法正常处理国事，约克公爵理查（Richard Plantagenet, 3rd Duke of York, 1411—1460 年）便被任命为摄政和护国公。

作为爱德华三世的曾外孙，约克公爵不仅有诸多强力政治盟友的支持，同时还兼备问鼎王位必须的条件——王室血统。社会舆论也对改朝换代颇为有利。因为在当时的英国社会，无论贵族还是平民大多认为正是在那位昏庸无能的国王领导下，对法兰西的百年战争才会遭到失败，导致英国丧失了在法国的绝大多数土地。

面对如此不利的局面，英国王室所在的兰开斯特家族决定率先动手。在亨利六世无力执政的情况下，来自法国安茹的王后玛格丽特（Margaret of Anjou，1430—1482 年）成了王室的主心骨。她不仅动用兰开斯特王室贵族在朝中排挤约克家族的势力，而且还建立了一个针对理查的同盟，以削弱这位约克公爵在朝廷的实际影响力。

随着蔓延至全国的社会动荡，盘踞南部的约克派和北方颇有势力的兰开斯特家族展开了漫长的暗战。约克公爵之所以迟迟不愿动用武力，很大程度上是看准了亨利六世没有子嗣，一旦时机成熟自己就可兵不血刃继承大宝。但就在约克公爵出任摄政王后不久，玛格丽特王后便突然宣布自己为英国王室生下了一个男丁。讽刺的是，这件事令神志失常的亨利六世也感到吃惊。确定王室已有正统的继承人后，玛格丽特又在 1455 年春季宣布国王身体已经恢复。一心想要接班的约克公爵至此按捺不住了。当年 5 月 22 日，他纠集了上万军队开始向伦敦挺近，而"挟国王以令英伦"的玛格丽特当然不甘心束手就擒。于是，在不设防的城镇圣奥尔本斯（St Albans），一场内战正式开锣。因为两个王族所选的家徽——兰开斯特的红玫瑰和约克的白玫瑰，这场战争又称"玫瑰战争"（Wars of the Roses）。

兵力上占据优势的约克派很快便控制了战场，但是公爵理查却选择了在被俘的国王面前下跪以示忠诚，将自己的举兵反叛定义为了"清君侧"。约克派之所以选择见好就收，当然并非心慈手软，而是因为公爵理查很清楚兰开斯特王室仍拥有强大的实力，贸然取而代之最终只能引火烧身。但沦为阶下囚的玛格丽特王后并不安分。1456 年，她成功恐吓自己的丈夫以出巡的名义离开约克派控制的伦敦，留在了兰开斯特派势力范围内的考文垂（Coventry）。再度被解除摄政王职位的理查这一次选择了返回自己在爱尔兰的领地。不过，约克公爵回家并不是光生闷气，整军备战三年后，他信心满满杀回英格兰，准备上演"王者归来"的保留节目。

事实证明，作为理查真正的对手，玛格丽特王后也没有虚度光阴。她组建了一支忠于王室的常备军，征召的民兵战斗力丝毫不弱于封建骑士。在路孚德桥战役（Battle of Ludford Bridge）兰开斯特王族大获全胜。不过，功败垂成的约克公爵并不罢休，在自己逃回爱尔兰的同时，他将自己的继承人爱德华（Edward IV of England，1442—1483 年）派到了海峡对岸的加来。作为百年战争后英国在欧洲大陆最后的据点，加来无疑集结了英格兰最精锐的野战部队。夺取了当地驻军的指挥权后，约克派不到一年便卷土重来。在北安普敦战役（Battle of Northampton），亨利六世再度被俘。这一次，公爵理查自以为继承大宝已水到渠成，在召集国会时甚至恬不知耻占据了王座，还觉得理所当然："我不知道在这个王国里有谁不是等着我来，而是等着国王来。"

约克公爵显然高估了自己的影响力。在最终的投票中，英国国会仅仅是强化了他王位的第一顺位继承权，而这一纸决定能否实现不仅取决于亨利六世，还要看玛格丽特王后的态度。1460年12月，在不惜割让国土与苏格兰结盟后，玛格丽特王后纠集了大批雇佣军气势汹汹地直逼伦敦。约克公爵秉承着上阵父子兵的理念，把18岁的次子拉特兰伯爵埃德蒙（Edmund, Earl of Rutland, 1443—1460年）也带上了战场，但最终还是兵败西约克郡，父子双双战死。

玛格丽特赢了战争却失了人心。她将戴着纸制王冠的约克公爵的头颅悬挂在约克城上的行为，彻底激怒了约克派的大小贵族，而苏格兰军队一路的烧杀掠夺更令英格兰人厌恶。不仅首都伦敦将王后的军队拒之门外，昔日兰开斯特派的大本营——考文垂也改投了门庭。这种情况下，约克公爵的长子爱德华在伦敦市民一片"让我们用白玫瑰在阳春三月建起一座乐园"的期许中稳住了阵脚，而无法驾驭苏格兰军队的玛格丽特只能北归。

在国会的支持下，新一代约克公爵如愿以偿戴上了王冠，这就是英国历史称之为"约克王朝"的爱德华四世。正所谓"红白不两立，王业不偏安"，爱德华四世在正式登基之前还要做一件大事——大举北伐，收复"龙兴之地"约克。红、白玫瑰指引下的大军又一次在约克附近的陶顿（Towton）正面交锋，这一次同仇敌忾的约克派取得了压倒性的胜利。

◎ 陶顿战役的木刻画

当爱德华四世将自己父亲的首级从约克城墙上解下换上兰开斯特派亲贵的人头时，这场"玫瑰战争"似乎出现了结束的曙光。但玛格丽特王后显然没有就此服输，她利用自己出身于法国的特殊身份，找到新任法国国王路易十一（Louis XI of France，1423—1483 年），以加来为交换条件，换取法国王室对兰开斯特派财政和军事支持。爱德华四世也非善类，他通过外交同苏格兰国王达成了十五年的停战协定，同法国和勃艮第宫廷也频繁接触。掌握大量执政资源的约克派在外交上可以开出远胜于对手的价码。最终，耗尽了财力的亨利六世在隐居地被俘，双脚被皮条绑在马蹬上游街示众，随即被投入著名的王室监狱——伦敦塔。

19 岁便继承其父遗志、与兰开斯特派连年鏖战的爱德华四世在战场上表现出了高超的军事能力，但作为一名君王他实在是太年轻了。在"刀枪入库、马放南山"的岁月里，爱德华四世在一次游猎时结识了一位美丽的寡妇——兰开斯特派骑士约翰·格雷（John Grey of Groby，1432—1461 年）的遗孀伊丽莎白·伍德维尔（Elizabeth Woodville，1437—1492 年）。年轻的君王到处寻花问柳在古今中外都不是什么稀奇的事情，但爱德华四世偏偏将一场露水情缘演绎成一场"不爱江

◎ 爱德华四世
与伊丽莎白·伍
德维尔

山爱美人"的传奇。日后，这段故事更频繁被搬上戏剧舞台，成了经典传奇《白皇后》（*The White Queen*）。

1464 年，爱德华四世正式与伊丽莎白成婚，此事虽然得到了其拥戴者的祝福，却惹恼了约克王朝的二号人物——沃里克伯爵理查德·内维尔（Richard Neville, 16th Earl of Warwick, 1428—1471 年）。在沃里克伯爵看来，爱德华四世这个"钻石王老五"应选择与西班牙王室的伊莎贝拉（Isabella I of Castile, 1451—1504 年）结婚，能促进英国与这个日益崛起的帝国之间的关系；或者应迎娶法国公主，能化解英法百年战争以来两国的积怨；再怎么也应与勃艮第公爵联姻。

如果说爱德华四世只是在感情问题上与沃里克伯爵发生了冲突的话，这对在战场上并肩作战的君臣还不至于走向对立。但自己的婚姻美满后，国王偏偏操心起别人的"幸福"。爱德华四世给伊丽莎白王后的 5 个兄弟、7 个姐妹以及 2 个和自己毫无血缘关系的儿子高官厚禄，并疯狂"乱点鸳鸯谱"，甚至让年仅 20 岁的小舅子迎娶了八十高龄的诺福克女公爵。一时间，王后家族成了英格兰炙手可热的新贵群体。如果说这种裙带关系沃里克伯爵还能忍的话，那么，爱德华干涉两个王弟的婚事便突破了沃里克伯爵的底线，因为将自己的两个女儿嫁入王室是沃里克伯爵巩固自身权力的最后一招。

作为爱德华四世的王弟，克劳伦斯公爵乔治（George Plantagenet, 1st Duke of Clarence, 1449—1478 年）也有追求真爱的勇气。1469 年 7 月，他迎娶了沃里克伯爵的女儿伊莎贝拉（Isabel Neville, Duchess of Clarence, 1451—1476 年）。翌年，利用英格兰北方民众的抗税暴动，沃里克伯爵和克劳伦斯公爵这对翁婿正式发动叛乱，成功将懵懂的爱德华四世软禁的同时，还处斩了伊丽莎白王后的父亲理查德（Richard Woodville, 1405—1469 年）和兄弟约翰（John Woodville, 1445—1469 年）。应该说事情进展到这一步，约克派利用被称为"国王制造者"的沃里克伯爵打击新贵的目的已经达到。

不过，爱德华四世的另一个王弟——差点也成为沃里克伯爵女婿的格洛斯特公爵理查（Richard III of England, 1452—1485 年）则毅然率军南下，站在了爱德华四世这一边。表面与沃里克伯爵和解的爱德华四世也暗中召集自己的亲信。1470 年 3 月，兵败失势的沃里克伯爵带着即将临盆的女儿和女婿克劳伦斯公爵逃往加来。不过，此时已经无人再愿与约克派贵族为伍，无奈之下，沃里克伯爵只能寻求法国国王路易十一的庇护。

◎ 号称"万能蜘
蛛"的路易十一

路易十一的日子此时也不算好过。5年前，勃艮第公爵查理（Charles the Bold，1433—1477年）纠集了一批图谋自立的诸侯组成"公益同盟"围攻巴黎，路易十一虽然号称"万能蜘蛛"，但与强大的勃艮第公国交手败多胜少。而最令他担心的自然莫过于英格兰趁法国内乱不休之际，以加来为桥头堡再度入侵。因此，路易十一不仅慷慨接纳了沃里克伯爵，更竭力撮合他与流亡法国的另一股英国"反政府武装"——玛格丽特王后的兰开斯特派残部合流。在共同利益面前，曾经不同戴天的沃里克伯爵和玛格丽特王后竟然成为儿女亲家。在法国王室的鼎力支持下，沃里克伯爵在英国南部登陆后势如破竹，面对空前不利的局面，爱德华四世只能抱着"敌人的敌人就是朋友"的宗旨，逃往妹夫勃艮第公爵查理的领地。

再度执掌英格兰的沃里克伯爵从伦敦塔迎回了前任国王亨利六世，他与自己的阵营彻底决裂了。但兰开斯特派的全面复辟自然招来约克派的强力反弹。一方面，勃艮第公爵查理担心遭到英法两国的夹击，慷慨地向爱德华四世提供了1200名雇佣兵以及舰队等财政支持。另一方面，身为英格兰北方总督的格洛斯特公爵也以手中监视苏格兰的精锐边防军作为兄长坚实的后盾。真正给予沃里克伯爵致命一击的是女婿克劳伦斯公爵乔治的临阵倒戈。克劳伦斯公爵的首鼠两端虽然龌龊，但却合情合理，毕竟他是为王冠而战，当沃里克伯爵正式与玛格丽特王后结盟，身为约克派的他只能成为亨利六世及其子嗣的臣僚。

由于彼此间缺乏信任，本是沃里克伯爵强大后援的玛格丽特迟迟不肯离开法国。在关键的巴内特战役（Battle of Barnet），孤立的沃里克伯爵被击败。20天后，兰开斯特派的主力才在玛格丽特王后及其独子威尔士亲王埃蒙德（Edmund Beaufort，？—1471年）的率领下与格洛斯特郡的图克斯伯里（Tewksbury）正面交锋。于是，本处于优势的反约克派联盟被爱德华四世各个击破。随着威尔士亲王埃蒙德被俘和遭处决，"玫瑰战争"再度以约克派的胜出而告终。为了防微杜渐，爱德华四世不仅将被俘的玛格丽特王后送入伦敦塔，还痛下杀手秘密处决了亨利六世。

为了回报勃艮第公爵查理，休养生息四年、稳定了国内政局后，爱德华四世出兵加来，英法百年战争之后的又一场大战似乎一触即发。但得到丰厚的战争赔款和年贡后，爱德华四世心满意足，不仅收兵，还释放了本是法国人的玛格丽特王后。

据说，爱德华四世的社交能力超强，甚至有人形容"与国王见面令人如沐

◎ 站在约克派立场的油画《埃德蒙之死》

春风"，但他那热衷于干政的妻子——伊丽莎白王后在贵族中却并不受欢迎。为了能够保证自己与伊丽莎白的子嗣能够继承大统，爱德华四世不得不艰难地在约克派勋旧和诸多国舅之间保持着平衡。1476年，爱德华四世以谋反、诽谤国王及其继承人的罪名，将反复无常的克劳伦斯公爵乔治投入伦敦塔。两年后，根据莎士比亚的描测，这位权倾一时的王弟淹死在一大桶白葡萄酒里。与此同时，爱德华四世却对自己的另一个弟弟格洛斯特公爵理查信任有加。

作为玫瑰战争第二阶段始终支持自己兄长的约克派贵族，格洛斯特公爵事实上与沃里克伯爵家族有千丝万缕的联系，沃里克伯爵从某种程度上甚至可以说是理查的养父。在这样的大前提下，爱德华四世对这位王弟的忠诚毫不怀疑。格洛斯特公爵在大局已定后，也悄然迎娶了与自己早有婚约的沃里克伯爵之女安妮·内维尔（Anne Neville，1456—1485年）。一对有情人渡尽劫波，最终能够走到一起，本是喜闻乐见的事。但在这背后，却充斥着阴谋和算计，一方面沃里克伯爵并无子嗣，迎娶安妮·内维尔便代表能获得其家族至少一半财产的继承权，因此克劳伦斯公爵乔治曾一度将安妮藏在自己家中乔装成女佣掩人耳目；另一方面由于安妮曾与亨利六世之子有过短暂的婚姻，理查与之完婚一定程度上也使他获得了兰开斯特派的支持。

1482年，理查率军收复了此前玛格丽特王后割让给苏格兰的贝里克镇（Berwick），其人望随即达到了顶峰。重病缠身的爱德华四世随即册封他为摄政王和护国公，期望忠心耿耿的弟弟能够辅佐自己的幼子爱德华五世。但1483年4月9日，爱德华四世刚刚驾崩，理查便逮捕了位高权重的国舅爷安东尼（Anthony Woodville, 2nd Earl Rivers, 1440—1483年），随后，一批依附于伊丽莎白王后家

◎ 关于爱德华五世最后岁月的画作《塔中王子》

族的顾问以涉嫌行刺理查之罪被集体处决。格洛斯特公爵如果就此收手，全力辅佐自己的小侄子，那么，约克王朝可能在其引领下走出瓶颈期，但随后的一系列事件彻底断送了这个短命的王朝。

1483 年 6 月 22 日，公爵理查的下属在圣保罗大教堂外宣读了一份爱德华四世和伊丽莎白王后婚姻不合法的声明，正式废黜了爱德华五世（Edward V of England，1470—1483 年）的王位继承权。7 月 26 日，公爵理查正式在西敏寺加冕为英国国王，是为理查三世。爱德华五世及其弟约克公爵（Richard of Shrewsbury, Duke of York，1473—1483 年）则宛如人间蒸发一般，消失在公众视线。直到 1674 年，重修伦敦塔的工匠才在墙壁中找到了两具疑似爱德华五世兄弟的尸骸。法国画家保罗·德拉罗什据此绘制了著名作品《塔中王子》。关于是否是理查三世亲手或者授意谋杀了自己的两个侄子，欧美史学家仍有争论，但理查三世得位不正，成了各路野心家揭竿而起的借口，亨利六世的侄子亨利·都铎（Henry VII of England，1457—1509 年）无疑是最起劲的一个。

亨利·都铎的血统很复杂，他的父亲是亨利六世同父异母的兄弟，母亲则是兰开斯特公爵约翰·冈特（John of Gaunt, 1st Duke of Lancaster, 1340—1399 年）的孙女。这样的出身虽然算不得根红苗正，却也是人才凋零的兰开斯特派最后的领袖。另外，作为英国玫瑰战争长期以来的幕后推手，法国王室也在密切注意约克王朝的内讧。尽管心不甘情不愿向爱德华四世进贡了七年，但在这段时间，路易十一成功诱使勃艮第公国陷入与邻邦洛林公国（Duchy of Lorraine）及瑞士（Switzerland）的战争。1477 年，在争夺东部重镇南锡（Nancy）时，最后一任勃艮第公爵查理战死。尽管公爵的独生女玛丽（Mary of Burgundy, 1457—1482 年）提前嫁入神圣罗马帝国，保住了自己家族的大半领土，但那个曾令法国王室如鲠在喉的勃艮第公国彻底消失了。

路易十一虽然没来得及看到另一个宿敌爱德华四世死后孤儿寡母的惨状，但法国王室还是遵循他的思路，向流亡在布列尼塔一带的亨利·都铎提供了足以颠覆约克王朝的帮助。尽管理查三世平定了 1483 年的第一次叛乱，但随着他的独生子（Edward of Middleham, Prince of Wales, 1473—1484 年）不幸夭折，本就摇摇欲坠的约克王朝迎来了致命一击。或许是受了"始作俑者，其无后乎"心理的蛊

◎ 被称为"鲁莽者"的勃艮第公爵查理，他的好战断送了他的公国

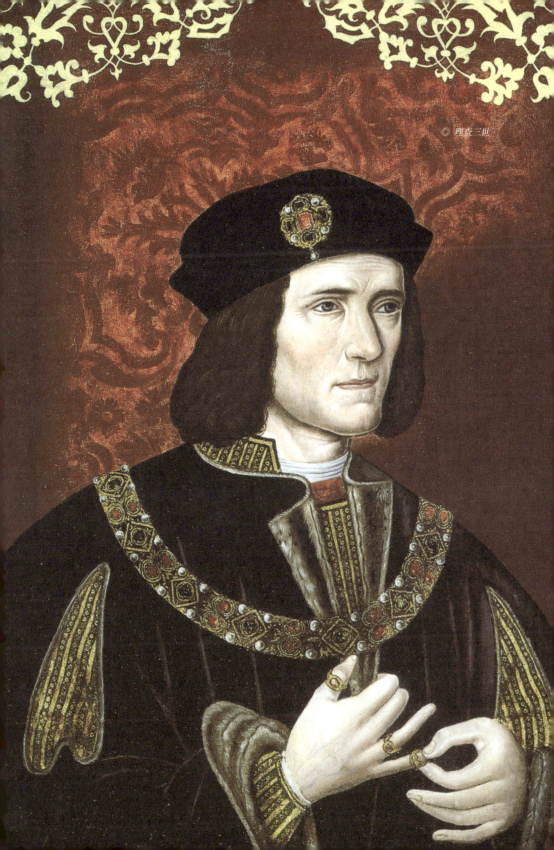
© 理查三世

惑，理查三世在 1484 年释放了大嫂——前王后伊丽莎白。但这种粉饰太平的手段并不能换来约克派的团结，反而是亨利·都铎可能迎娶爱德华四世长女（Elizabeth of York，1466—1503 年），实现约克派和兰开斯特派的最终和解。理查三世对这一方案毫无反制手段，一度想自己娶侄女了事，但这种不为教廷允许的乱伦想法反映出了他的丧心病狂。

1485 年，在 2000 名法国士兵的护送下，长期滞留在布列尼塔、巴黎等地的兰开斯特派贵族展开了谋划已久的绝地反攻。理查三世迅速动员了两倍于敌人兵力的军队前往博斯沃思平原（Bosworth Field）阻击对手。关于此战，有一个脍炙人口的故事。大意是说理查三世的马夫由于性急，导致国王战马的一个马掌没有钉好，致使理查三世在冲锋时马失前蹄，后世以"少了一个铁钉，丢了一只马掌。少了一只马掌，丢了一匹战马。少了一匹战马，败了场战役。败了一场战役，失去了一个国家"来提醒人们细节可能决定成败的道理。事实上，内部早已分崩离析的约克王朝再也无法取得任何一场胜利。

据说，理查三世在博斯沃思平原之战中表现得骁勇善战，不但将著名的勇士约翰·钱尼爵士打下马来，并且杀了亨利·都铎的掌旗手威廉·布兰登爵士。在被围攻的情况下，他还几乎杀到亨利本人身旁。但众多贵族或按兵不动或阵前倒戈，理查三世只能带着少数亲信往来冲杀，最终高呼着"叛国、叛国"倒在了战场上。

随着亨利·都铎捡起理查三世染血的王冠戴在自己头上，玫瑰战争终于结束了。按照原先的计划，亨利·都铎迎娶了爱德华四世的长女伊丽莎白，将象征兰开斯特和约克的红白玫瑰并列在都铎家族的徽章中。金雀花王朝漫长的统治和分裂终于宣告结束，英格兰进入了名为都铎王朝的新时代。

◎ 兼顾红白玫瑰
的都铎王朝徽章

真实童话

亨利八世的私生活和英国的宗教改革

以亨利七世之名统治英国的亨利·都铎之所以能够终结长期以来的乱世，与其说着他有着独特的政治见解，不如说约克王朝留给了他一系列惨痛的教训。一方面，针对玫瑰战争中不断有王室旁系觊觎大宝的局面，他大肆屠戮约克派的后裔。以至于最终心怀不满的约克派只能抱着"假作真时真亦假"的心理抬出了身份不明的沃里克伯爵后裔和新任约克公爵（爱德华四世的次子）。另一方面，有鉴于自己与爱德华四世的长女伊丽莎白联姻的成功经验，亨利七世异常热衷于与欧洲王室联姻。他的第一个目标是此时已经率先迈入大航海时代的西班牙帝国。

15 世纪末期的西班牙刚刚结束了长达七个世纪的收复失地运动，同样通过政治联姻建立起新兴政权的斐迪南二世（Ferdinand II of Aragon，1452—1516 年）和伊莎贝拉女王（Isabella I of Castile，1451—1504 年）在忙于征服北非和美洲新大陆的同时，也对法国在亚平宁半岛的扩张很警惕。1495 年，法王查理八世（Charles VIII of France，1470—1498 年）率军翻越阿尔卑斯山脉，攻占意大利南部的那不勒斯（Naples）。意大利各城邦随即组建以罗马教廷为首的"神圣同盟"，西班牙旋即加入。此时，亨利七世向西班牙王室求婚，伊莎贝拉女王当即许诺将自己的小女儿凯瑟琳（Catherine of Aragon，1485—1536 年）许配给亨利七世的长子亚瑟（Arthur，Prince of Wales，1486—1502 年）。1501 年，英格兰与西班牙正式联姻，但这段王子公主的童话仅仅维系了不到 5 个月便因男主角离奇死亡而告终。

为了不令这段政治婚姻就此破产，亨利七世一边将儿媳妇凯瑟琳软禁在伦敦，

◎ 亨利八世的首任妻子——来自西班牙的凯瑟琳

一边要求自己的次子亨利八世（Henry VIII of England，1491—1547年）接手其兄的遗孀。这种"小叔纳嫂"在当时的欧洲等同于乱伦，好在罗马教廷此时迫切需要西班牙和英格兰联手阻击法国的南下，因此在凯瑟琳宣布第一次婚姻并未圆房后，便以教宗训令形式认可凯瑟琳在第一任丈夫死后14个月改嫁比她小6岁的亨利八世。不过，这桩婚事不仅很快因英格兰与西班牙外交关系的冷淡而恶化，也彻底扭曲了亨利八世的人生观、爱情观、宗教观。

亨利七世一手操办的另一桩自鸣得意却遗祸无穷的政治联姻，是将其长女玛格丽特（Margaret Tudor，1489—1541年）嫁给了苏格兰国王詹姆斯四世（James IV of Scotland，1473—1513年）。他满心欢意，以为此举将有效缓和两国之间长期的对峙关系，但1513年英国以保护教皇为名介入意大利战争时，出于国家利益考量，詹姆斯四世还是毫不犹豫站在了自己小舅子亨利八世的对立面。事实证明，长期远离西欧文明中心的苏格兰军队已经无法跟上战神进化的脚步，兵力略胜于对手的苏格兰军队兵败诺森伯兰郡的弗洛登（Flodden）平原，包括詹姆斯四世在内的上万苏格兰人战死疆场，而英格兰仅损失了1000人。

詹姆斯四世死后，身为王后的玛格丽特通过改嫁苏格兰实力派而成为摄政王，将自己的亲生儿子——苏格兰王位的合法继承人詹姆斯五世（James V of Scotland，1512—1542年）软禁。1528年，在苏格兰贵族阶层的一致呼吁下，詹姆斯五世终于从被软禁了15岁的爱丁堡（Edinburgh）中走出，从母亲手中接过了权杖。值得一提的是，玛格丽特摄政期间对自己的母国始终保持着警惕和距离，反倒延续了苏格兰王室长期以来与法国结盟的外交政策。詹姆斯五世虽然先后迎娶了两位公主，但在1542年因霍乱去世时，膝下只有一个仍在襁褓中的女儿，她就是苏格兰历史上最著名的女王——玛丽一世（Mary，Queen of Scots，1542—1587年）。

玛丽一世的舅老爷——英格兰国王亨利八世此时早已对苏格兰垂涎三尺。他先是强迫苏格兰王室为6个月的女王与她血统上的表舅——英格兰王子爱德华六世（Edward VI of England，1537—1553年）订婚，随即又出兵北犯，试图将未成年的玛丽一世劫持到伦敦。从军事角度上来看，亨利八世代号"粗暴求婚"的奇袭行动堪称经典。但从政治角度上看却是一步臭棋。为了避免玛丽一世落入英国人手中，她来自法国的母亲向自己的母国求援，在法国陆军和舰队的保护下，玛丽一世前往巴黎避难，并正式与英国王室解除婚约，改嫁法国王子弗朗索瓦二世

（Francis II of France，1544—1560 年）。

亨利八世为何如此急于求成？历史学家认为，这是因为法国在 1525 年帕维亚战役（Battle of Pavia）遭遇西班牙的重创后，亨利八世想抓住这一机会解决苏格兰问题。但也有心理学家指出，亨利八世有意将玛丽一世纳入自己的后宫。笔者认为，亨利八世虽然风流，但似乎还不至于如此下流，何况向苏格兰发起求婚时，他正和自己的第六任妻子凯瑟琳·帕尔（Catherine Parr, 1512—1548 年）打得火热。

由于凯瑟琳曾和哥哥亚瑟有过短暂的婚姻，因此，亨利八世向罗马教廷提出离婚的主要理由是叔嫂通婚不吉，甚至表示自己每晚抱着凯瑟琳王后都有罪恶感，但这一说法显然无法解释他婚后头十年与凯瑟琳王后连生六胎的事实。真正令亨利八世对这段婚姻失去兴趣的原因，一是年长他 6 岁的凯瑟琳王后日益年老色衰，一是夫妻俩产下的 6 个子女仅有老五玛丽公主（Mary I of England, 1516—1558 年）没有夭折。因此，在正式提出离婚诉求之前，亨利八世便已经在宫廷里寻花问柳，他最初勾搭的对象便有王后身边的侍从女官——安妮·博林（Anne Boleyn, 1501—1536 年）。

有趣的是，最早成为亨利八世情妇的是安妮·博林的姐姐——玛丽·博林（Mary Boleyn, 1500—1543 年）。或许是因为怀有一丝廉耻之心或许是施展的欲擒故纵的手段，总之安妮·博林一度拒绝了亨利八世的追求，甚至离开伦敦前往肯特郡。但安妮·博林最终于 1526 年回到了亨利八世身边。翌年，亨利八世正式向罗马教

据说，亨利八世的罗曼史还衍生出了两个著名的童话故事：《蓝胡子》和《灰姑娘》。

《蓝胡子》的故事讲的是一个拥有蓝色胡子的富翁一生迎娶过多位妻子，但世人却不知道他这些妻子最终的结局，直到最后嫁给他的一个小姑娘发现了他隐藏于密室中的前妻尸体，才最终揭露了"蓝胡子"丧心病狂的秘密。亨利八世自 1533 年与原配凯瑟琳王后离婚后，短短十年就又结了 5 次婚。身为一国之君，他不会像"蓝胡子"那般藏头露尾。事实上，与凯瑟琳王后的离婚官司，使他的床笫之事成了欧洲贵族的谈资。✿

廷提出了离婚的请求。但这种王室联姻显然不是你一句"感情破裂"便能画上句号的。自意大利战争以来,凯瑟琳王后的娘家——西班牙帝国已经通过联姻与神圣罗马帝国合并,组成了欧洲无可置疑的超级大国。教皇克雷芒七世由于刚与法国结盟便被西班牙军队洗劫罗马,此时不敢在西班牙皇帝查理五世(Charles V, Holy Roman Emperor, 1500—1558 年)姨妈的婚姻问题上贸然发表意见。苦苦等了两年没有结果后,亨利八世一气之下迁怒于"红衣主教"托马斯·沃尔西(Thomas Wolsey, 1473—1530 年),随着这位自亨利七世以来便执掌英国宗教和世俗事务的"教皇代言人"黯然下台,一场声势浩大的宗教改革随即席卷英格兰。

事实上,英国王室对罗马教廷的非难早有先例。早在百年战争之前,卡佩王朝将教皇绑架到法国,企图"挟天主而令诸国"时,英格兰就打出了宗教改革的大旗。曾为英国王室侍从神父的约翰·威克里夫(John Wycliffe, 1320—1384 年)首先对教廷发难,他先批判罗马教廷政教不分、生活腐化,继而引经据典指出教廷有很多做法明显违背了《圣经》。最后,他主张各国教会应隶属于各国国王,教宗无权向国王征收赋税,并建议国王没收教会土地,建立摆脱教廷控制的民族教会。至于向英国普通民众推广英文版《圣经》,以及简化宗教仪式之类的"惠民措施",则不过是威克里夫宗教改革理念的噱头。

出生于法国的教皇格里高利十一世(Pope Gregory XI, 1329—1378 年)面对威克里夫的挑战,可谓气急败坏。他一边连发 13 篇文章谴责对方的"异端"思想,一边授意主管英国教区的坎特伯雷大主教通缉这位"魔鬼的代言人"。可惜,威克里夫身后站的不是虚无的撒旦,而是英国国王。因此,尽管教廷对其口诛笔伐,但威克里夫在有生之年,依旧活得潇洒滋润。不过教廷虽然颜面受损,但最终能够回到罗马也多少仰赖于英国人。

自罗马教廷迁到亚维农后,在漫长的 69 年里,教皇几乎沦为法国国王的人质,西方史学家称之为"亚维农之囚"(Avignon Papacy)。教会则以犹太人昔日的苦难自诩,称这段岁月为"巴比伦被掳期"。好在随着百年战争的爆发,法国王室对教廷的控制日益减弱。1377 年,一个富有幻想症的修女凯瑟琳(Catherine of Siena, 1347—1380 年)向教皇格里高利十一世建议将教廷迁回罗马,教皇随即就坡下驴。不过,这位法国教皇在罗马只待了一年便一命呜呼,他的死又引发了天主教世界的又一轮分裂。在英格兰和神圣罗马帝国的共推下,出身意大利的乌尔班六世在罗马登上教皇宝座。法国则操控枢密主教团宣布选举无效,在亚维农另立教皇克雷芒七世。

罗马和亚维农之间相互指责对方为"另立中央"的口水战延续了近 30 年。面对这场争斗将令天主教颜面扫地的危险，1409 年枢机主教团于意大利比萨召开会议，试图进行调停。在这次会议上，一个名为柯萨（Cossa）的枢密主教提议两地的教皇同时退位，然后遵循"天命有常，惟有德者居之"的原则另行选举。

应该说柯萨的建议是解决当时"教宗对立"局面的唯一办法，美中不足的是，野心勃勃的他并没有得力的世俗盟友。1410 年，在罗马和亚维农两大教廷都态度暧昧的情况下，柯萨自行加冕为第三位教皇——约翰二十三世（Pope John XXIII，1370—1419 年），凭借法国安茹公爵路易的支持，率军攻入罗马，俨然准备以武力统一教会。约翰二十三世实在太过天真，早已被百年战争拖得筋疲力尽的法国无力重演昔日腓力四世的壮举。在罗马教廷的支持者那不勒斯国王拉迪斯拉斯的反击下，约翰二十三世一败涂地，只能逃往佛罗伦萨。在英格兰、法兰西和神圣罗马帝国三方势力的妥协下，教廷独立的局面最终才得以宣告结束。但昔日罗马教皇主宰西欧世俗政权的威望不复存在。正因如此，亨利八世才公然与教皇对立。

长期独断专行的沃尔西倒台，英国各界自然拍手称快，但问题也接踵而来。英国教会整体对亨利八世因为个人婚姻而推动的宗教改革并不看好。沃尔西的继任者托马斯·莫尔（Thomas More，1478—1535 年）虽然以空想社会主义著作《乌托邦》（Utopia）名留青史，但在信仰的问题上却是个因循守旧的老古董。甚至亨利八世也曾在 1520 年马丁·路德（Martin Luther，1483—1546 年）抨击罗马教廷时，挺身而出替教皇辩护。当然在具体论战方面，亨利八世不是马丁·路德的对手，真正代表英国教会从理论角度反击马丁·路德的始终都是才思敏捷的莫尔。事后，罗马教廷特地授予亨利八世"信仰捍卫者"。现在，站到教皇对立面的亨利八世认识到自己的行为有些前后矛盾，自我解嘲道："如果路德只抨击教士的错误和弊端，而不是攻击教会的仪式和其他制度，我们本来都会支持他的。"

◎ 被亨利八世驱逐的红衣主教托马斯·沃尔西，此举标志着英国宗教改革的开端

　　亨利八世的宗教改革以节流英国教会向罗马教廷的上贡开始，而教皇克雷芒七世则以开除教籍相要挟，勒令亨利八世在半个月内摒弃自己的情妇安妮。但此时的亨利八世已经将原配凯瑟琳和女儿玛丽扫地出门。在亲自前往法国向取得教会自主权的弗朗索瓦一世（Francis I of France，1494—1547 年）取经后，亨利八世正式决定和罗马教皇决裂。1533 年，亨利八世正式与身怀六甲的安妮·博林结婚。4 个月后，他们的第一个女儿降生，她便是日后赫赫有名的英国女王——伊丽莎白一世（Elizabeth I of England，1533—1603 年）。但亨利八世却性情大变，因为冒着被教皇废黜和外国入侵的风险依旧没有得到一个男性继承人，他甚至在安妮产后第三天便跑去了贵族约翰·西摩（John Seymour，1474—1536 年）爵士的府邸。好事者随即发现，约翰·西摩有一个也身为王后侍女的女儿——简·西摩（Jane Seymour，1508—1537 年）。

　　简·西摩的温柔显然无法化解亨利八世心中的不满。在国内外的质疑声中，亨利八世一面应对自己被开除教籍和来自西班牙帝国的外交压力，一边颁布了著名的《至尊法案》，宣布英国国王为英国教会的最高首领。新任红衣主教莫尔由于拒绝承认《至尊法案》而锒铛入狱，并按照一年后通过的"凡是用言论、文字、行动诬蔑国王为异端、裂教者、暴君等恶名者，不承认国王是教会首领者，否认国王婚姻合法者，均为叛逆，罪当处死"的"叛逆法"问斩于伦敦。

　　托马斯·莫尔高悬的人头并不能吓着英国教会和各地贵族反抗的浪潮。为了捍卫自己的权威和所谓的爱情，亨利八世在全国范围内大肆镇压异己，此举固然不得人心，但在一片愁云惨雾中，英格兰各地长期割据一方的诸侯势力也遭到空前的弱化。被莫尔生前讽刺为"羊吃人"的"圈地运动"至此进入顶峰。近代意义上的英国版图和经济结构在亨利八世的倒行逆施中初见端倪。但出乎所有人预料的是，亨利八世的屠刀最终举向了自己的爱人——安妮·博林。

　　亨利八世处决自己第二任王后的罪名是通奸，但事实上，"红杏出墙"的是他自己。与简·西摩恋情的迅速升温和安妮王后的两次意外流产，令亨利八世坚信安妮不会给英国王室诞下男丁，于是在一系列的舆论准备和精心安排的通奸证据面前，安妮王后被送上了断头台。幸灾乐祸的西班牙帝国使节对此的描述是"在安妮等人遭到逮捕后，亨利国王比以前更加高兴了"。此时，亨利八世的前妻凯瑟琳也因病去世，国王的新欢——简·西摩入主后宫之路可谓畅通无阻。

　　安妮·博林尸骨未寒，亨利八世便心急火燎将简·西摩迎娶过了门，不过亨利八世这次似乎学乖了，他借口伦敦当时瘟疫肆虐而拒绝为新妻子加冕，多少有点不见兔子不撒鹰的意味。简·西摩没有让他失望，于1537年10月12日为英国王室生下一位男性继承人——爱德华六世。但就在亨利八世沉浸在如愿以偿的满足感时，简·西摩却因产褥感染意外去世。因此，英国民间纷纷猜测是简·西摩在分娩过程中出现了意外，亨利八世强令剖腹保子才早早去世。尽管简·西摩执掌英国后宫仅一年多，但她节俭内敛的性格以及善待两位公主——玛丽和伊丽莎白的行为令亨利八世久久难忘。他死后，亨利八世不仅三年未娶，还对简·西摩的两个哥哥委以重任。

亨利八世的第四段婚姻是在首席国务大臣托马斯·克伦威尔（Thomas Cromwell，1485—1540年）的竭力撮合下展开的。托马斯·克伦威尔堪称亨利八世推动政治改革和王权集中的左膀右臂，但是在为领导物色女人方面的眼光却有欠老道。托马斯·克伦威尔原本希望通过联姻强化英国与掌握荷兰东部的克里维斯公国（Duke of Cleves）之间的同盟关系，共同对抗强大的西班牙，但当了三年鳏夫的亨利八世显然更关心新娘的面貌。克里维斯公主安妮（Anne of Cleves，1515—1557年）刚刚抵达英国，亨利八世便急不可耐跑去里士满迎接，但其过于严肃的长相随即令他心灰意冷。和所有以貌取人的男生处理无法摆脱的女孩一样，亨利八世选择将安妮认为"爱妹"，而倒霉的托马斯·克伦威尔则因贵族的构陷而被判处死刑。从这一点来说，托马斯·克伦威尔的同族后裔奥利弗·克伦威尔（Oliver Cromwell，1599—1658年）日后对英国王室举起屠刀也算是报应不爽。

安妮公主这段婚姻，由于牵扯到英、德两国而成为后世著名的口水仗。英国史学家以"弗兰德斯母驴"的绰号讽刺安妮公主长相丑陋，而德国方面则是说安妮嫌弃亨利八世体态臃肿，因而故意使国王对她不满。但事实上，亨利八世在迎娶安妮公主之前

◎ "弑君者"的祖辈——托马斯·克伦威尔

早有新欢，可能是导致他无法接受这段感情的真正原因。这一次，他勾搭的是自己女儿玛丽的侍女——凯瑟琳·霍华德（Catherine Howard，1523—1542年）。凯瑟琳·霍华德被宣布为英国王后时年仅22岁（一说17岁），面对这位拥有超过此前任何一个妻子美貌的少女，亨利八世可谓恩宠有加，甚至为了博美人一笑主动减肥。但和所有的老夫少妻一样，亨利八世和凯瑟琳·霍华德的婚姻很快便败给了新娘的任性和好奇心。身为国王的亨利八世对妻子和他表兄托马斯·卡尔佩珀（Thomas Culpeper，1514—1541年）的地下恋情当然不会只是吃醋。1542年2月13日，英国迎来了第二位走上断头台的王后，不过凯瑟琳·霍华德并没有像安妮·博林那样在死前请众人为国王期待，而是大放厥词："我将要作为王后而死去，但是我宁愿作为卡尔佩珀的妻子就刑。"

◎ 晚年发福的亨利八世

与凯瑟琳·霍华德的短暂婚姻似乎令亨利八世对少女彻底失去了兴趣。1543年7月12日，他迎娶了自己的第六任妻子凯瑟琳·帕尔，尽管同样为公主玛丽的侍女，但凯瑟琳·帕尔此时已经31岁了，并有过两段婚史且与亨利八世的前大舅子托马斯·西摩（Thomas Seymour，1508—1549年，王后简·西摩的哥哥）关系颇为暧昧。他迎娶这位富有且风流的寡妇过门，或许与他此时年事已高且财政拮据有关系。1544年，亨利八世开始了他人生中的最后一次军事行动——远征法国。凯瑟琳·帕尔展现出非凡的施政能力，协调了王室军队后勤、财政等诸多问题，据说，这段时光令她的两个继女——玛丽和伊丽莎白都印象深刻。

1546年，在苏格兰和法国两

线作战的英国军队终于和亨利八世一样，筋疲力尽后陷入了瘫痪。自知命不久矣的亨利八世开始为他的独子爱德华六世铺平道路，他囚禁了野心勃勃的诺福克公爵托马斯·霍华德（Thomas Howard，1473—1554年，王后凯瑟琳·霍华德的伯父），指定国舅爱德华·西摩（Edward Seymour，1500—1552年，王后简·西摩的另一个哥哥）为护国公。但1547年自认为已经安排好后事的亨利八世刚刚撒手人寰，他的王后凯瑟琳·帕尔便投入了旧爱托马斯·西摩的怀抱。应该说，"太后改嫁"在西欧王室并不新鲜，何况托马斯·西摩贵为国王舅舅、护国公弟弟、英国海军的大当家，与凯瑟琳·帕尔也算门当户对。经历了3段婚姻均无子嗣的凯瑟琳·帕尔在嫁给托马斯·西摩之后竟在35岁时怀上了孩子。但随后便传出托马斯·西摩试图猥亵跟随继母改嫁的伊丽莎白的绯闻，为看起来美好的这一切蒙上了一层阴影。

1548年，凯瑟琳·帕尔和简·西摩一样死于产褥感染。不到一年，托马斯·西摩便因叛国罪被自己的亲哥哥送上了断头台。有人认为，托马斯·西摩之所以倒霉是因为爱德华六世患有严重的结核病，手握伊丽莎白公主的托马斯·西摩将是有力的竞争者，因此先行将其拔除。爱德华六世苦苦与病魔斗争的同时，一场王储战也在紧锣密鼓地进行。按照常理，爱德华六世的大姐玛丽是王位的第一顺位继承人，但亨利八世宗教改革后，英国社会普遍不希望英国国王是一位信奉天主教的女王。因此，排在这两位公主之后的简·格雷（Lady Jane Grey，1536/1537—1554年）变得炙手可热。

简·格雷是爱德华六世的外甥女，如此远亲也能有机会问鼎大宝亦从侧面说明都铎王朝人丁单薄。随着爱德华六世的健康状况不断恶化，英格兰各方势力联手扳倒护国公爱德华·西摩后，随即展开了对简·格雷婚配的争夺。最后，战功赫赫的诺森伯兰公爵约翰·达德利（John Dudley，1504—1553年）拔得头筹，将简·格雷纳为儿媳。1553年7月5日，诺森伯兰公爵等来了爱德华六世驾崩的消息。他随后命人请简·格雷登上停泊在泰晤士河的游轮，径直抵达伦敦，简·格雷看到岸边欢迎自己的人群，才意识到她即将成为英格兰女王。在接自己儿媳前来加冕时，约翰·达德利也派出自己得力的小儿子罗伯特（Robert Dudley，1st Earl of Leicester，1533—1588年）前去逮捕公主玛丽。但约翰·达德利低估了对手，一路坎坷走来的玛丽早已不是当年任命运摆布的小丫头了。就在约翰·达德利自鸣得意等待儿媳为自己的家族带来王冠时，一场大逆转悄然上演。

童贞女王
伊丽莎白女王的崛起

　　《灰姑娘》的故事今天已是家户喻晓，但很少有人知道类似的故事在格林兄弟之前已在世界各地上演了多次。中国唐代著名志怪小说家段成式笔下的《支诺皋》，说南方某洞主女儿吴叶限在神鱼的指引下，"衣翠纺上衣，蹑金履"参加了邻国陀汗王的宴会。通过现场遗失的金履，坐拥"水界数千里"的陀汗国王最终找到了在宴会上落跑的吴叶限，后来自然是喜闻乐见的大团圆结局。法国作家夏尔·佩罗（Charles Perrault, 1628 —1703 年）也于 1697 年在他的个人童话集——《鹅妈妈的故事》里收录了类似于《灰姑娘》故事。

　　每一个童话都是历史的投影，《灰姑娘》的故事并非天方夜谭。在以血缘远近为继承权排序的封建王朝，一个没有男性继承人的君王之女往往会成为各方力量争抢的结婚对象。失去母亲庇护的公主更可能成为撬动王国政局的支点。因为这样的女孩身上不仅聚焦着国民同情的目光，更有一干野心家希望以之为旗帜重新洗牌。这就解释了玛丽公主尽管常年饱受父亲亨利八世的冷落，卧病在床时连御医都"虐待"她，但求婚者依旧络绎不绝的原因。其表兄——西班牙皇帝查理五世更是长期充当玛丽公主的保护伞，使他能在宗教改革愈演愈烈的英格兰保持天主教的信仰。

　　西班牙帝国在英国政坛的风云变幻中是否扮演着幕后推手的角色，史学家们莫衷一是。但亨利八世宗教改革时，并非所有英国人都摒弃了天主教。因此，当玛丽公主逃脱了约翰·达德利的追捕，出现在诺福克时得到了来自全国的拥护。地主阶层渴望恢复往日天主教治下森严的等级制度，而农民们则对约翰·达德利在 1549 年率领德意志雇佣兵镇压他们反抗圈地的暴行怀恨在心。面对如此广泛的统一战线，约翰·达德利依仗的少数武装力量根本不堪一击。7 月 18 日，英国议会宣布约翰·达德利为叛逆，本就无心政治的简·格雷随即退位。由于她执掌英格兰的时间仅有短短的 9 天，因此又被称为"九日女王"（Nine-Day Queen）。

　　玛丽一世起初抱着"首恶必究，胁从不问"的宗旨，仅处决了约翰·达德利公爵人，甚至都没有拿他家族开刀的意思。但事情的发展却很快令玛丽一世不得不大开杀戒。玛丽一世不仅是一个虔诚的天主教徒，更拥有西班牙王室的血统，因此择偶时无意下嫁约克王族爱德华·考特尼（Edward Courtenay，1527—1556年），而是倾向于接受表兄的建议：与自己的侄子菲利普二世（Philip II of Spain，1527—1598年）喜结连理。

此时的玛丽一世已经 37 岁，在普遍早婚的欧洲王室堪称"大龄剩女"。她的未婚夫菲利普二世则年仅 26 岁。如此老妻少夫的组合在英格兰和西班牙均不被看好。除了年龄问题，英国人视这场婚姻为天主教的复辟和西班牙的入侵，而高傲的西班牙贵族则认为英格兰是"一个寒冷的、野蛮的，到处是宗教异端的国家"。在这样的背景下，玛丽和菲利普尚未正式见面，心怀不满的野心家便以爱德华·考特尼为旗帜发动了叛乱。但此时英国人心思定，叛乱者在是否废黜玛丽一世，另立其妹妹伊丽莎白的问题上出现了严重分歧。最终，在伦敦市民的保护下，玛丽一世成功扑灭了叛乱。为了以儆效尤，不仅参与叛乱的诸多贵族人头落地，被囚禁在伦敦塔的简·格雷及其丈夫也被推上了断头台。

◎ "九日女王"——
简·格雷

据说，为了清除潜在的竞争
对手，玛丽一世曾有心在流放
爱德华·考特尼的时候，将妹
妹伊丽莎白一并处决。但骨肉
亲情和相似的童年境遇最终令
玛丽一世选择将妹妹囚禁在伦
敦塔。在这所英国著名的政治
监狱里，伊丽莎白结识了她著
名的"绯闻男友"——罗伯特·达
德利。几个月提心吊胆的囚牢
生活后，伊丽莎白和罗伯特迎
来了改变他们命运的恩主——
西班牙王储菲利普二世。菲利
普二世之所以为达德利家族求
情，一方面是基于欧洲贵族之
间复杂的姻亲关系，另一方面
是鉴于此时西班牙与法国的敌

◎ 伊丽莎白一世的"绯闻男友"——罗伯特·达德利

对关系。菲利普二世希望能借助达德利家族在加来的军事力量。罗伯特在战场上
的表现也没有令菲利普二世失望。1557 年的圣康坦战役（Battle of St. Quentin），
罗伯特率领达德利家族的部曲奋力死战，以其弟弟亨利（Henry Dudley，1531—
1557 年）的生命为代价，为西班牙守住了尼德兰的战略枢纽。玛丽一世至此也摒
弃成见，恢复了达德利家族的部分领地。

如果说菲利普二世救援达德利家族是基于军事考虑的话，那么他替伊丽莎白
求情则更多是出于政治上的长远考量。菲利普二世对年长自己 11 岁的玛丽一世并
无爱意，更不相信这段聚少离多的婚姻可以为自己带来子嗣。为了可以通过联姻
保持与英格兰的同盟关系，菲利普二世一度曾有玛丽一世若死于难产，自己便迎
娶伊丽莎白的打算。1554 年假怀孕的风波后，菲利普二世又怂恿伊丽莎白嫁给自
己的表弟。但信奉新教的伊丽莎白对天主教和西班牙都缺乏好感，此时的菲利普
当然不会想到自己的小姨子未来竟会成为西班牙帝国霸权的掘墓人。

玛丽一世并不是一位无能的女王，在丈夫菲利普二世忙于征战之际，她将英

◎ 玛丽一世

格兰治理得井井有条。她进行了一系列货币改革以抑制国内愈演愈烈的通货膨胀。虽然碍于"英西两国的传统友谊",他严禁英国航海家劫掠往来于大西洋的西班牙大船,但她依旧鼓励发展海外贸易和开拓殖民地。正是玛丽一世时期,英国印制的世界地图集鼓舞了无数英国人奔向大海。但有着悲惨童年的玛丽一世是一个虔诚的天主教徒,这使她在镇压异端邪说方面毫不留情。她虽然允许亨利八世宗教改革期间吞并修道院土地的英国贵族继续保留"非法所得",但却以火刑处决了近 300 名不愿放弃新教信仰的臣民。此举掩盖了她一生所有的功绩,使她只剩下"血腥玛丽"(Blood Mary)和鸡尾酒流传于世。

1558 年,法国军队趁西班牙军队困守尼德兰和意大利之际,一举拔除了英国在英吉利海峡以南最后也是最重要的据点——加来。丢失祖产的巨大压力和不幸福的婚姻令原本就缺乏自信的玛丽一世极度沮丧。1558 年 5 月,这位英国历史上第一位真正意义上的女王因流感去世。尽管在其葬礼上,温彻斯特主教约翰·怀特(John White,1510—1560 年)赞许"她是国王的女儿,是国王的姐妹,是国王的妻子,她是女王,同时她也是国王",但她短短五年的统治时间注定只能成为妹妹伊丽莎白盛世辉煌的前奏而已。

伊丽莎白加冕时,英国正处于内外交困的尴尬时期,用一位枢密院书记员的话说:"女王经济拮据,王国耗尽财源,贵族贫穷没落,军队缺少优秀官兵,民众混乱,法纪废弛,物价昂贵,酒肉和衣服滞销,我们内部互相倾轧,对外同法国和苏格兰同时作战,法国国王一只脚站在加来,另一只脚站在苏格兰横跨在我们的王国上，我们在国外只有不共戴天的敌人，没有坚强忠实的盟友。"但幸运的是，此时英国的主要对手——苏格兰和法国也处于社会动荡的转型期，1559年4月随着《卡托－康布雷齐和约》（Peace of Cateau-Cambresis）的签署，法国与西班牙之间延续了半个多世纪的"意大利战争"宣告终结。法王亨利二世（Henry II of France，1519—1559年）极不情愿将女儿（Elisabeth of Valois，1545—1568年）嫁给了刚刚丧偶的西班牙皇帝菲利普二世。但就在婚礼现场，来自苏格兰的卫队长蒙哥马利（Gabriel，comte de Montgomery，

◎ 短命的法国国王弗朗索瓦二世

◎ 法国太后凯瑟琳屠杀"胡格诺"派

1530—1574 年）突然冲出来，将短矛刺入了亨利二世的头部。

蒙哥马利行刺的动机至今仍是一个未解之谜，但向来敌视英国的苏格兰人显然不认可法国在自己的国土上长期驻军。亨利二世去世后，年仅 15 岁的长子弗朗索瓦二世继位。作为苏格兰女王玛丽·斯图亚特的丈夫，弗朗索瓦二世无疑有权以苏格兰国王的名义加冕，但是此时法国内部天主教势力与信奉加尔文教的"胡格诺"派剑拔弩张，自幼身体羸弱的弗朗索瓦二世还没来得及一展拳脚，便因耳部感染撒手人寰。16 岁便成为寡妇的玛丽·斯图亚特面对自己强势的婆婆——法国太后凯瑟琳（Catherine de' Medici, 1519—1589 年），最终选择离开巴黎，重返苏格兰。

身为教皇克雷芒七世的侄女，法国太后凯瑟琳是一个极端的天主教信徒。对于法国国内的宗教改革势力，凯瑟琳的态度是"宁可错杀一千，不可放过一个"。因此有人怀疑，弗朗索瓦二世离奇去世便是因为他试图与"胡格诺"派（Huguenot）妥协而被母亲下了毒手。面对苏格兰国内宗教改革的呼声，玛丽·斯图亚特自然不敢在法国常待。摆脱了凯瑟琳的控制后，她试图在苏格兰完成一场温和的宗教改革，同时与英格兰缓和关系。

伊丽莎白和玛丽·斯图亚特两个女王虚以委蛇，英国和苏格兰进入了短暂的蜜月期。伊丽莎白甚至替玛丽和宠臣罗伯特·达德利做媒。玛丽·斯图亚特则试图以表外甥女的身份窥测英格兰王位的继承权，毕竟伊丽莎白此时已宣布"终身不嫁"。如果两位女王能始终保持这种互动，那么，在伊丽莎白无嗣的情况下，玛丽将会头戴英格兰、苏格兰两顶王冠，但 1565 年，她下嫁给了自己同母异父的兄弟、苏格兰新教领袖——亨利·斯图亚特（Henry Stuart, Lord Darnley, 1545—1567 年）。玛丽女王此举并非缘于爱情，因为婚后她仍同自己的私人秘书——大卫·瑞里奥（David Rizzio, 1533—1566 年）保持着情人关系。这场政治联姻并没有起到稳定局面的作用。

由于亨利·斯图亚特的新教背景，苏格兰的天主教势力随即反弹。苏格兰内战不断，玛丽女王的宫闱也是一片腥风血雨。1566 年，不甘心被戴绿帽子的亨利·斯图亚特刺杀了情敌——大卫·瑞里奥。不到一年，他本人也离奇死在位于爱丁堡的别墅，很多人猜测凶手是玛丽女王的新欢——詹姆士·赫伯恩伯爵（James Hepburn, 1534—1578 年）。

玛丽·斯图亚特的倒行逆施最终换来了被废黜的恶果，她年仅 1 岁的儿子詹姆士（James VI and I，1566—1625 年）成为苏格兰新国王，她不得不流亡邻国——英格兰。此时的伊丽莎白对玛丽已毫无香火之情，经过 3 个月的审判，玛丽·斯图亚特及其丈夫——詹姆士·赫伯恩被分别囚禁在谢菲尔德城堡和丹麦。但对伊丽莎白而言，威胁并没有真正解除。信奉天主教的法国和西班牙都视宗教改革的英格兰为异类，一时间，废黜伊丽莎白、拥立玛丽·斯图亚特的各种阴谋在伦敦不断上演。

此时，法国深陷宗教战争的泥潭，幅员辽阔的西班牙帝国也由于尼德兰地区的新教徒和资产阶级革命而不胜头疼。相反，伊丽莎白治下的英格兰却因为此前已完成宗教改革，一片太平。货币改革和大西洋三角贸易的拓展更令英格兰的国民经济得以稳步提升，因此，尽管伊丽莎白周围"险情"不断，但她却能稳如泰山。

纵横大洋
英国海权时代的曙光和都铎王朝的终结 (上)

1570 年，在向伊丽莎白求婚失败和英格兰北部天主教势力叛乱失败的双重作用下，西班牙皇帝菲利普二世悍然操纵罗马教廷开除了伊丽莎白的教籍。但此举对英国并无实质性伤害，相反，以约翰·霍金斯（John Hawkins，1532—1595 年）和弗朗西斯·德雷克（Francis Drake，1540—1596 年）这对表兄弟为首的英国私掠船主却令西班牙人如鲠在喉。有趣的是，霍金斯和德雷克出道时并非海盗，而是靠向西属美洲殖民地运送奴隶牟利的商人。尽管从非洲西海岸捕获黑奴前往加勒比海换取"兽皮、生姜、糖和珠宝"，然后返回英国的这条三角航线充斥着血腥和暴力，但其巨额的利润令伊丽莎白公开为之背书。

自 1492 年 10 月 12 日，西班牙王室雇佣的热那亚探险家哥伦布（Christopher Columbus，1451—1506 年）成功跨越大西洋、发现美洲大陆以来，大批西班牙征服者踏足美洲大陆，古老的阿兹特克和印加帝国无力抵抗，南美洲传统农耕文明全面崩溃。残存的印第安部族一边在欧洲人带来的各种瘟疫中苦苦挣扎，一边又

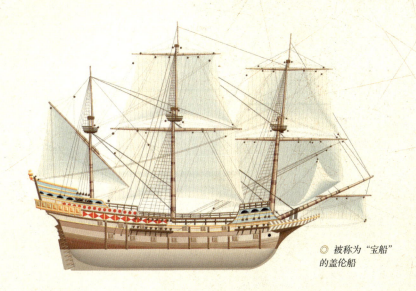

◎ 被称为"宝船"的盖伦船

努力讨好征服者。"收复失地运动"早已令西班牙人对征服异族驾轻就熟，他们在新大陆分封总督、开疆拓土。大量种植园和矿山迅速建立起来，怀着淘金梦的西班牙贵族和老兵在印第安人的血汗和尸骸上迅速暴富。作为向王室效忠的证明，从美洲大陆劫掠和挖掘的贵金属被装上了名叫"宝船"的盖伦帆船，浩浩荡荡返回伊比利亚半岛。

西班牙王室在美洲赚得盆满钵满，大大刺激了英、法两国。随着荷兰摆脱西班牙的控制而独立，北欧瑞典的崛起，大西洋上的纷争更为激烈了。事实上，英、法对美洲大陆的开拓起步并不晚，1497 年，意大利航海家乔瓦尼·卡博托便在英、法商人的资助下，沿着他想象中的"西北航线"绕过爱尔兰的北部海岸线，历经 1 个月抵达了今天加拿大的纽芬兰地区。可惜的是，展现在这些航海前驱面前的是一片苦寒的不毛之地。加上英、法两国此时在欧洲大陆都各有羁绊，因此向北美殖民的脚步在此后一个世纪都停滞不前，只有少数大胆的渔民沿着乔瓦尼·卡博托的航线前往纽芬兰富足的渔场捕捞。

有趣的是，随着北欧强国瑞典的崛起，关于维京人首先发现北美的传闻在欧洲传播开来。尽管有很多不同的版本，但传闻的大致内容是：出生挪威的维京贵族莱夫·埃里克松从父辈的海盗基地格陵兰岛出发，误打误撞在 1003 年左右抵达了今加拿大最大的岛屿——巴芬岛。由于年代久远，关于维京人发现北美这个传说的真实性早已不可考证。但可以想象，在人类悠久的航海史上并非只有欧洲人才有过扬帆四海的冲动。

在东方，郑和的舰队毫无阻力便向西抵达了非洲南部的好望角，再向东进抵美洲西海岸并不困难；印度和阿拉伯的穆斯林商贾可以化印度洋为"星月湖"，未必就没有到过夏威夷甚至加利福尼亚的海滨；凭借一叶轻舟和一根渔线便浪迹太平洋的毛利人，曾在复活节岛上雕刻了生动的巨石雕像，他们或许就曾去过智利沿海的沙漠。只是美洲的荒芜和落后都吸引不了他们定居。

正如宋宜昌先生所言："与其说是亚洲没有能发现新大陆（澳洲和美洲），不如说亚洲未能找到一种欧洲人行之有效的商业——殖民产业模式，也包括与亚洲政治传统格格不入的一套政治模式。这就使亚洲人不愿去面对新的土地和新的海洋。而就是以上这些模式，使欧洲人发现并开发了美洲，把大西洋变成了一个'欧洲之湖'。"

1559年，出生在英国西南部德文郡普利茅斯一个商人家庭的约翰·霍金斯娶了海军财务官本杰明·冈森的女儿为妻。在岳父的资助下，霍金斯于1562年10月率领一支船队出海，开始了他的第一次奴隶贸易航行。船队由3艘船组成，其中最大的"萨洛蒙"号为120吨。为了便于在新海域航行，霍金斯在加那利群岛的特内里费岛带上一名西班牙人担任领航员，然后驶向几内亚海岸。在那里，他很容易就捕获了300名黑人。带着这些"活货物"，他们穿过大西洋，前往西印度群岛的小西班牙岛（即海地岛）卖给西班牙殖民者。1563年9月，他们满载而归。

但西班牙人不愿与更多的后来者共享美洲，英国人在杀人越货方面也是内行。1567年10月2日，霍金斯第三次率船队远航。由于在返航途中遭到海上飓风的袭击，他的船队在1568年9月16日被迫开往地处墨西哥湾的西属港口维拉克鲁斯（Veracruz）。他们强占了港口外的抛锚处所圣胡安·德·乌略亚岛（San Juan de Ulúa）。但第二天，一支由13艘船组成的西班牙反走私武装舰队也进入该港。霍金斯感觉大事不妙，企图与西班牙舰队司令官商谈以便修整船只，但没有成效。第三天，西班牙人突然向英国船只发起炮击，在岸上的英国水手同时也遭到袭击和屠杀，死伤及失踪人员达300人左右。

英国船队有3艘船被击沉或被俘虏，其余2艘分别由霍金斯和德雷克指挥，在即将沉没的状态下于1569年1月先后返回英国。他们回国前，驻英国的热那亚银行家斯皮诺拉已从西班牙方面获悉霍金斯失败的消息，当即转告英国政府，一时舆论大哗。恰好一支西班牙运送财宝的船队为了躲避法国胡格诺新教徒武装民船的追捕，逃至英国港口避难。女王伊丽莎白当即下令于 1568 年 12 月夺取了这支西班牙舰队的财宝。至此，都铎王朝与西班牙帝国的关系由昔日的亲家成了敌人。1577 年，约翰·霍金斯正式成为英国海军的财务官，他的表弟德雷克在这一年扬帆出海，沿着麦哲伦的航线展开了英国人的第一次环球航行。

尽管德雷克在美洲沿海四处打劫西班牙商船，但伊丽莎白和菲利普二世却并不急于撕破脸皮。伊丽莎白很清楚英国从正面挑战西班牙这头巨兽之前仍需要韬光养晦。菲利普二世则认为推翻自己的小姨子伊丽莎白只能让老对手法国渔翁得利，毕竟第一顺位继承人玛丽·斯图亚特有一半法国血统。但这种从大局出发的隐忍姿态并不能妨碍在对方的伤口上撒盐。在鼓励更多私掠船主窜入大西洋的同时，伊丽莎白大力资助西属尼德兰的革命浪潮，而西班牙则暗中鼓励爱尔兰的独立热情。

1582 年，"荷兰国父"威廉一世在宣布荷兰独立前两天遇刺，群龙无首的尼德兰革命者面对西班牙名将亚历山大·法尔内塞（Alexander Farnese，1545—1592 年）麾下的 6 万大军，只能向英国求援。两年前，伊丽莎白歼灭了一支试图潜入爱尔兰的西班牙"特种部队"，随即大方向荷兰派出了一支由心腹爱将罗伯特·达德利指挥的远征军。至此，英国和西班牙之间漫长的暗战终于浮出水面，菲利普二世决心先摧垮荷兰共和国，随后派舰队封锁英吉利海峡，掩护亚历山大·法尔内塞的地面部队攻入伦敦。

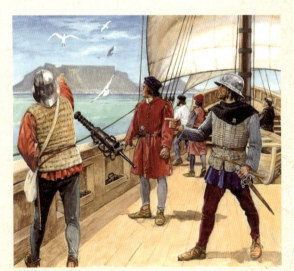

◎ 早期的英国私掠船主

菲利普二世轻松走完了第一步，经过 13 个月的漫长围困，亚历山大·法尔内塞指挥的西班牙陆军不仅攻占了荷兰重镇安特卫普（Antwerp），更设伏击溃了英、法两国的援军。1587 年，罗伯特·达德利不得不撤军回国，准备本土保卫战。但德雷克指挥的英国海军却在这一年突袭了西班牙最重要的军港——加的斯湾（Gulf of Cádiz）。

德雷克早就向伊丽莎白女王呈递了阻止西班牙战争准备的计划，因此在启航之际，虽然只有各船的指挥官知道这次远征的具体目标，但船员和市民也都猜测攻击目标不是里斯本就是加的斯。西班牙驻巴黎大使门德萨，很早就获悉了德雷克舰队的动态，他给菲利普二世送了一份特急报告："德雷克这次远征的目的，是阻止无敌舰队的集结，攻击目标可能是加的斯港。"

门德萨的特急报告于 4 月 29 日送到了马德里（Madrid）。碰巧那天菲利普二世巡视了马德里近郊的狩猎场，欣赏了盛开的鲜花，由于老毛病痛风症复发，早早就睡觉了，致使傍晚时收到的特急报告未能读给他听。不过，就算那天他看了那份报告，估计也无能为力。因为那天下午，德雷克舰队就出现在了距马德里500 余千米的加的斯港海面上。

英国舰队布成一列纵队逼近的消息，令加的斯惊恐万状。驻守港内的西班牙舰队立刻派战舰邀击。巨大的西班牙战船上令人望而生畏的青铜冲角，在阳光下闪烁着，两舷的大桨发出耀眼的反光，船首楼上站着手持火枪和长矛的士兵，主桅上飘扬着西班牙国旗，缓缓向英格兰舰队逼近。但是，它们还未到达可与西班牙人交战的距离时，舰队周围落下的炮弹就激起了一条条水柱。面对火力上的劣势，西班牙舰队不得不撤入港内。德雷克随即率领 4 艘战舰和 3 艘武装商船，冒着炮火径直向港口挺进，如入无人之境。

由于加的斯的市政长官担心英格兰军登陆后在市内战斗和掠夺，便命令妇女、儿童和老人进入城堡避难。但城堡的指挥官却担心这些非战斗人员妨碍战斗，下令关闭城门。这样一来，在通往城堡的狭窄街道上，往回走的人群和不明情况蜂拥而来的人群冲突起来，大约 25 名妇女和儿童被践踏至死。停泊在港内的不同国籍的 60 多艘船只也挤成一团，陷入一片混乱，其中包括 5 艘满载着饼干和葡萄酒的"乌鲁加斯"货船。这些船正准备开往里斯本，给集结在那里的无敌舰队运送军需和粮食。还有被征来的供无敌舰队使用的荷兰船，全都卸下船帆作仓库使用，还有等待顺风开往法国、荷兰、波罗的海沿岸港口的地中海各国的货船，以及开往地中海临时停泊的北欧各国的货船，外加等待加入开往新大陆船队的各种船只。

好在德雷克只派了 3 艘武装商船攻击货船群，自己率领 4 艘战舰攻击西班牙军舰。英格兰战舰巧妙地利用风改变航向，使西班牙战船总能受到一侧 8 门大炮的轰击，西班牙战船则运用架设在船首的轻炮反击。最终，西班牙舰队指挥官唐·佩德罗受伤，1 艘战舰被击沉、1 艘搁浅在外湾的浅滩，其余的则退到安全的浅水域。

驱赶了西班牙战船后，德雷克命令舰队停泊在俘虏来的货船中，将货船值钱的货物转运到舰队各船上。夜幕降临，被放火焚烧的空货船在涨潮的港湾内漂荡，熊熊的火焰映红了加的斯市内建筑物的白色墙壁。当然，西班牙当局并非束手待毙。城堡上的炮台不断开炮轰击，退避到浅滩的西班牙也伺机出来参加炮战。但每当遇到英格兰舰队的反击就又慌忙撤退。

在奇袭加的斯的行动中，德雷克率领的英格兰舰队共击沉、烧毁和俘获敌船37艘，而西班牙方面，根据递交给菲利普二世的正式报告书中的统计，损失大、小船只24艘，金额达172000金币。这种数字上的

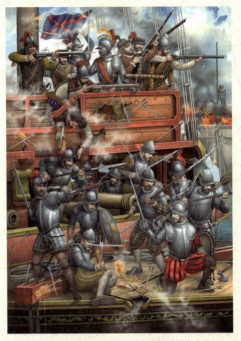

◎ 西班牙舰队的作战方式仍以近距离的接舷战为主

差额，估计是来源于对小型船损失的评价。但不管怎样，菲利普二世接到报告时只说了一句话："损失不是很大，敌人如此大胆进攻，倒是值得钦佩。"德雷克事后也谦虚地表示："我们奇袭加的斯只不过烧了西班牙国王几根胡须。"

德雷克取得的战果不至于使西班牙海军伤筋动骨，但敌人来去如风的攻击模式令菲利普二世不得不正视西班牙海军装备的桨帆战舰的速度和火力劣势。西班牙人之所以能够长期横行地中海，并在1571年的勒班陀海战中重创不可一世的奥斯曼帝国海军，很大程度上要归功于当时战场的风平浪静和一支训练有素的舰载步兵。在历次战役中，西班牙海军都组成类似陆战的阵列，缓慢靠近对手后再展开接舷战。舰炮只是辅助海军削弱对手的，并非主战兵器。德雷克的突袭尽管令菲利普二世看到了风帆战舰和火炮的威力，但无法改变一支海军的"光荣传统"。1588年5月，一支由130艘战舰组成的庞大舰队终于集结完毕，尽管这支舰队远比不上17年前高举十字架扑向异教徒的"神圣同盟"，但雄心勃勃的菲利普二世称之为"无敌舰队"。

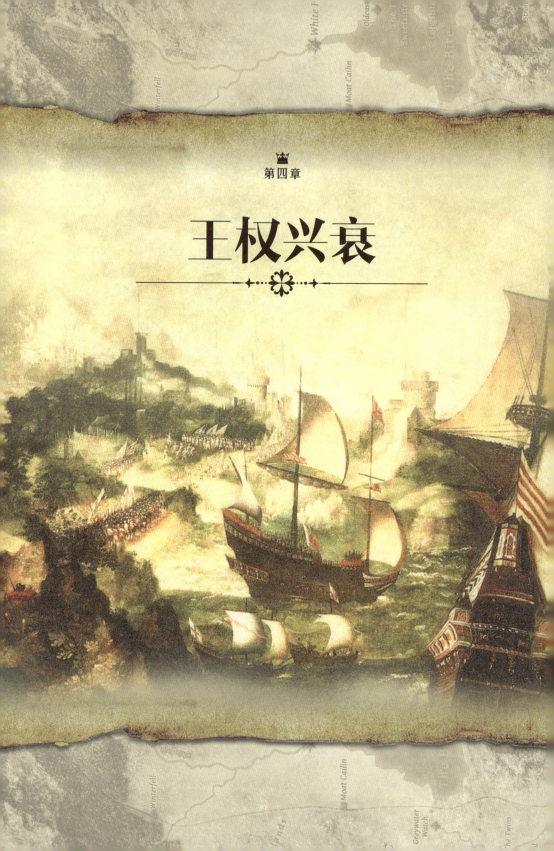

第四章

王权兴衰

无敌舰队
英国海权时代的曙光和都铎王朝的终结（下）

　　面对来势汹汹的西班牙人，伊丽莎白女王的备战从未停歇。为了防止国内反对势力的异动，1587 年 2 月，被囚禁了 19 年之久的玛丽·斯图亚特在伦敦被处决。由于这位苏格兰女王在受刑时身穿红衣以表明自己忠于天主教的信仰，在此后的漫长岁月里，她的形象被罗马教廷不断拔高，以至人们逐渐淡忘了她拙劣的施政能力和不检点的私生活。

　　将其他天主教贵族送往伊利囚禁的同时，动员英国各阶层的行动也在稳步进行。一支 2 万人左右的陆军集结在伦敦地区，他们的指挥官是伊丽莎白女王最为信任的罗伯特·达德利。此外，面向海岸的南部各郡以及泰晤士河河口附近的东部各郡，也在加紧挖掘或加深护城河和修补崩塌的城墙，并且重新部署了各港口的炮台，增加了新大炮。1588 年 4 月，英格兰的防卫比前年秋天强多了。

　　为了鼓舞士气，伊丽莎白女王甚至亲自前往提尔伯利阅兵，并发表了以 "我知道自己是个女人，力微体弱，但是我有国王的心胸，尤其是有英格兰国王的心胸，

◎ 纵横欧陆的西班牙方阵步兵

◎ 玛丽·斯图亚特虽然政治生命多舛，但在天主教的包装下依旧成了诸多文艺作品的主角

貌视胆敢犯我国土的帕尔马或任何欧洲君主"
为主题的演讲。值得一提的是，伊丽莎白口
中的帕尔马（公爵）便是曾在荷兰击败过英
国远征军的亚历山大·法尔内塞，一旦西班
牙陆军成功登陆，鹿死谁手将难预料。因此，
伊丽莎白女王把宝压在英国海军身上。

　　为了阻击无敌舰队，英国人动员了几乎
所有可以使用的舰艇，来自沿海各港的私掠
船主凑了 197 艘船，但其中真正有战斗力的
只有 34 艘战舰。为此，德雷克曾提议放弃在
英吉利海峡决战，以"围魏救赵"的方式突
袭西班牙控制下的葡萄牙首都里斯本，但这
个过于冒险的方案最终被舰队司令查理·霍
华德（Charles Howard，1536—1624 年）否决：
舰队在冬季的大西洋上长久运行，就算没有
受到战斗的损害，也必须补充大量帆柱和帆

◎ 英国海军的老将查理·霍华德

衍用圆木、帆布及缆索等物资，还需要修理船体；船员们挤在异常狭窄、肮脏不
堪的船舱里，可能会因为吃了霉烂变质的腌肉、腌鱼和生了蛆虫的饼干，喝了走
味的啤酒和变质的水，身体健康被严重损害，伤寒病流行后必然有半数病死。因此，
英国海军主力在普利茅斯港待命，一支分舰队则前去监视西班牙陆军的行动。

　　但这种枕戈待旦的行动一直到 7 月 19 日傍晚才被证明有点意义。由于遭遇风
暴的袭击，2 艘千吨级主力舰受损，西班牙舰队出现在英格兰最南端的利泽德岬
角（Lizard Peninsula）。得到消息的英国舰队赶忙顶着逆风从港口出击，但此时西
班牙舰队已出现在普利茅斯港外。如果西班牙人能够抓住这一有利战机，那么，
等待英国舰队的将是一场关门打狗似的屠杀。但西班牙舰队司令梅迪纳·西多尼
亚公爵（Alonso Pérez de Guzmán，1550—1615 年）却刻板地遵守自己出发时的使命，
指挥舰队浩浩荡荡地沿着英吉利海峡向北驶去。面对吨位远胜于己的西班牙双排
桨大帆船，英国舰队小心翼翼地紧随其后。英格兰舰队中最强大的"凯旋"号只
载了 160 名士兵，而德雷克的"复仇"号只有 76 名士兵，白刃战占不了多大的优势，
只能不断利用舰炮射程的优势削弱对手。

　　双方舰队行驶得异常缓慢，除去战斗所花的时间，两支舰队的平均速度只有2节。这主要是因为当时碰巧是英吉利海峡的无风期，只偶尔有一阵微风从西面吹来。无敌舰队几乎从未遇上过顺风，突破海峡花了整整一周时间，但这大大减轻了它的受损程度。英格兰舰队则失去了发挥其灵活性和机动性的机会。

　　在长达9天的追击战中，英、西两国的舰队有过3次小规模的交火，但都没有取得像样的战绩。西班牙人的重型舰炮射程太短且射速不快，根本无法命中快速航行的英国船只，英国人的轻型弹丸在远距离则无法击穿对手的舰体。不过，巨大的弹药消耗量最终逼迫劳师远征的西班牙舰队，在抵达会师地点前便往中立港加来下锚。其舰队司令梅迪纳·西多尼亚公爵派信使向亚历山大·法尔内塞求援，希望后者能尽快赶来，但此时西班牙陆军由于受到荷兰的牵制根本无法按期抵达。加上加来总督不友好，西班牙舰队只能顺着西南风驶向敦刻尔克（Dunkirk）。

　　跟加来港相比，敦刻尔克的水文条件要差些，西班牙舰队只能在港外抛锚。

◎ 无敌舰队遭遇英军火攻后的惨状

英国舰队却没有放过这一有利的战机。7月28日傍晚，英国海军以8艘满载炸药的火船为前锋，突袭加来。弹药告罄的西班牙根本无力抵挡，只能用小型舰炮和滑膛枪对抗英国战舰的近距离射击。当年勒班陀海战中，土耳其海军用弓箭抵御西班牙人火器的惨状，现在降临到了西班牙人自己身上。激战持续了8个小时，占尽优势的英国舰队最终面临了和对手同样的困境——他们的弹药也用完了。

被火船攻击得支离破碎、七零八落的西班牙无敌舰队，尽管受到英格兰舰队顽强且频繁的打击，损失较大，但仍然能编成井然有序的阵式，使霍华德为首的英格兰舰队指挥官叹为观止。西班牙舰队司令梅迪纳·西多尼亚公爵派士卒冲锋在前，自己亲自在后押阵。这种勇敢的领导作风更令他们敬佩不已。目送西班牙人朝北海方向夺路而逃的查理·霍华德不无感慨地写道："他们的舰队浩浩荡荡、气势汹汹，可我们还是把他们的羽毛一根一根地拔下来了。"

事实上，无敌舰队所受的损失要比霍华德和德雷克估计的惨重得多。其主力加里昂船和大型战船差不多全都进了水，帆桁和索具丧失殆尽，甲板上乱七八糟地堆满了上层构筑物的破片，船员伤亡惨重。真正摧毁无敌舰队的并非是英国海军的舰炮，而是西班牙人并不熟悉的高纬度海域以及糟糕的战备。在绕行不列颠群岛重返温暖大西洋的路上，西班牙人损失了将近一半的舰艇和兵员。

最严重的问题是粮食和淡水奇缺。新鲜食物已荡然无存，为数不多的饼干已发霉腐烂，腌鱼和腌肉长满了蛆虫，根本不能食用。尽管在拉科鲁尼亚载满了足够3个月饮用的淡水，但因大多数木桶漏水，桶底只剩下粘糊糊、臭烘烘的绿色液体。由于去年在圣维森特角附近大批用来制造木桶的板材被德雷克烧毁，因此无敌舰队才受到了如此致命的打击。根据各船队的报告，即使严格控制用水，也不够一个月的需求。

西班牙舰队司令梅迪纳·西多尼亚公爵命令舰队绕过苏格兰北端，然后沿爱尔兰西岸南下返回拉科鲁尼亚港，同时提请各船注意，在沿爱尔兰西岸航行时不要太靠近海岸。为了节约用水，西班牙人只得把随同航行了3个多月的大批骡马推进大海。全体船员不论地位高低，不分身份贵贱，均一视同仁每天配给230克饼干、1斤清水和0.3公升酒。但即便如此，还是有诸多战舰为了寻觅水源而选择了向爱尔兰沿岸进发。

驶往爱尔兰西岸的舰船既无领航员又无海图，有的船连锚也没有，多数船员身患重病，根本不能操作船只，只好随波逐流。这些船只一旦触礁或搁浅就不能动弹，或任由狂风吹刮，与悬崖峭壁相撞后粉身碎骨。侥幸残存的加里亚斯船"吉罗纳"号救起了以雷瓦提督为首的大批难者，狭窄的船舱载了1200多人，船舵发生故障后只能任凭强风肆虐，终于在爱尔兰北部叫做"巨堤"的大暗礁触礁沉没，无数贵族子弟溺死。菲利普二世得悉他的年轻爱将雷瓦遇难的消息后如丧考妣，简直比无敌舰队全军覆没还要悲伤。

数千名船员在爱尔兰沿岸溺水而死，死里逃生安全上岸的人们命运也十分凄惨。上岸后已精疲力竭奄奄一息，晕倒在海滩上，被当地居民割去头颅。饥寒交迫的幸存者迈着艰难的步履流窜在荒凉的原野上，其中大多数被英格兰骑兵追杀。被俘的贵族和绅士愿出巨额金钱乞求赎身留命，但英格兰驻爱尔兰代理总督菲茨·威廉毫不留情，残忍地将他们一律处死。因为他手下的士兵不足2000人，他深恐在天主教势力根深蒂固的爱尔兰留下众多的西班牙俘虏，将带来潜在的危险，所以做出如此惨无人道的暴行。

虽然欧洲到处流传着爱尔兰人屠杀大批西班牙战俘，虏掠他们财物、衣服和武器的谣言，但事实上，许多爱尔兰人非常同情遇难的西班牙人，把他们窝藏起来，给他们食物，协助他们外逃，因而约有700名西班牙人逃到了苏格兰。在爱尔兰西部戈尔韦一带，至今还居住着同西班牙北部加利西亚人一模一样，长着黑眼睛、黑头发、鹰钩鼻子、面孔黝黑的居民。据说，他们就是当时西班牙无敌舰队船员的后裔。

7月30日到达海峡入口的利泽德岬角时，无敌舰队一共拥有68艘大型舰船，9月3日从苏格兰西北的大西洋南下时仍有44艘，历尽千辛万苦返回故国的舰船共计38艘，而且均遍体鳞伤、千疮百孔。但这点损失对财大气粗的菲利普二世来说似乎并不算什么，他甚至表示"应该感谢万能的上帝，使我组建新的舰队进行新的远征，即使江河被堵住了，只要水源不干涸，就不必杞人忧天"。相反，英国海军在战后不得不面临尴尬的战略机遇期。

在失去制海权的情况下，西班牙人调整了横跨大西洋的海上运输方式，大批200吨的小型武装商船取代了过去大而无当的西班牙宝船。面对航速和火力均不弱于自己的对手，英国的私掠船主显得很不适应。传统的英国贵族则更热衷于攻城略地，为此，英国舰队频繁冲到加勒比海和墨西哥湾，希望能在西班牙的西印度群岛殖民地打入一个楔子，但这种远程突击对羽翼未丰的英国海军而言往往得不偿失。1595年，约翰·霍金斯和弗朗西斯·德雷克这对表兄弟再度联袂出击，率领 27 艘战舰航向波多黎各。但西班牙人早有准备，这两位英国海军的开山祖师双双病死在自己的战舰上。

比起这对表兄弟的离世，伊丽莎白更痛惜的是罗伯特·达德利的故去。击败无敌舰队后，伊丽莎白和罗伯特·达德利进入了新的蜜月期。两人之间曾经的那些醋海风波和权力纠葛似乎都已烟消云散。但就在 1588 年 9 月 4 日，罗伯特·达德利这位伊丽莎白口中的"另一个朕"却意外死在牛津附近的科因伯利庄园，痛苦万分的伊丽莎白为此闭门不出，"三朝老臣"威廉·塞西尔（William Cecil，1520—1598 年）破门而入才把伤心欲绝的女王救了出来。

罗伯特·达德利死后，伊丽莎白重用了其继子罗伯特·德弗罗（Robert Devereux，1565—1601 年）。他也没有令女王失望，1596 年，他联手热衷于在美洲建立殖民地的探险家沃尔特·雷利（Walter Raleigh，1552—1618 年）扫荡了西班牙最重要的港口加的斯。尽管此举并未获得太多经济上的收益，但年轻的德弗罗还是因此名声大振。1597 年，这位年仅 31 岁的统帅以西班牙人即将"卷土重来"的名义，率领舰队直扑堪称大西洋枢纽的亚速尔群岛。但西班牙海军的主力不在亚速尔群岛，而是再度兵临英吉利海峡。如果不是菲利普二世健康状况的恶化和一场不可预测的风暴，英国很可能会在第二次无敌舰队远征中沦丧。

德弗罗在亚速尔群岛的无功而返令他失去了女王的信任，但面对爱尔兰人的揭竿而起，伊丽莎白还是给了德弗罗一个东山再起的机会。1599 年，德弗罗率军前往爱尔兰平叛。显然，这位埃塞克斯伯爵已经勇武不再，精锐的英格兰陆军被爱尔兰人的游击战打得满地找牙，自作主张与爱尔兰休战更令德弗罗与伊丽莎白的关系破裂。被软禁在自己家几个星期后，德弗罗选择向伊丽莎白宣战。但 33 岁好勇斗狠的他显然敌不过 66 岁老于事故的女王。1601 年 2 月，罗伯特·德弗罗在伦敦塔授首，他的政治盟友沃尔特·雷利虽然没有参与其中，但不久后也因莫须有的罪名被投入了监狱。

伊丽莎白最终倚重的还是老谋深算的财政大臣——威廉·塞西尔。这位跟随都铎王朝一起成长的老官僚，不仅在平衡英国各派势力方面颇有手腕，在外交领域同样长袖善舞。利用法国深陷宗教战争及西班牙皇帝菲利普二世去世的机会，威廉·塞西尔努力达成了英西两国的媾和。正是威廉·塞西尔虚以委蛇的外交努力，使英国军队在西班牙正式介入前平定了爱尔兰人的起义。出于对威廉·塞西尔能力和忠诚的肯定，伊丽莎白在其死后委任其子罗伯特·塞西尔（Robert Cecil，

○ 威廉·塞西尔

1563—1612 年）为国务大臣。

1603 年，70 岁的伊丽莎白患上了神经衰弱、风湿、慢性黄疸等多种疾病。终身未嫁的伊丽莎白选择与自己有表亲血缘的苏格兰国王詹姆士·斯图亚特继承王位。此举固然是人丁单薄的都铎王朝的无奈之举，但也有利于英国摆脱长期以来与苏格兰紧张对峙的局面。况且詹姆士·斯图亚特此时已迎娶了丹麦公主安妮（Anne of Denmark，1574—1619 年），英国人相信由其执掌不列颠，将有助于开拓环波罗的海的贸易圈。

3 月 24 日，病入膏肓的伊丽莎白默默地忍受着持续的阵痛。罗伯特·塞西尔向她建议："陛下，为了满足人民的意愿，你必须躺到床上去。"得到的回答却是："臣子，对君王难道可以用'必须'这个词吗？"带着女王最后的荣耀和孤独，伊丽莎白离开了人世。这位传奇女王开创了一个属于英格兰的盛世辉煌。刚继位时，玛丽一世留下了 300 万英镑的债务，外交上四面受敌；接手后，击败西班牙无敌舰队，坐拥大西洋和波罗的海两个贸易圈，英国的国运在她手中实现了逆转。但 1588 年后，英国在与西班牙漫长的海上战争中没有讨到什么好处，当地居民的游击战更令爱尔兰成了"英格兰国库的漏斗"。伊丽莎白虽然竭力补救，甚至不惜出售土地和官职，开增专利权税，但她逝世时英国依旧负债 300 万英镑。

伊丽莎白真正留给英国人的不是物资上的财富，而是一种"虽千万人吾往矣"的精神。如莎士比亚在名作《约翰王》中所言："尽管全世界都是我们的敌人，向我们三面进攻，我们也可以击退他们。只要英格兰对它自己尽忠，天大的灾祸都不能震撼我们的心胸。"除此之外，伊丽莎白统治时期，英国政府成功在爱尔兰人身上学到了如何统治和管理殖民地，以特许公司为单位的英国商业资本开始涌向美洲和印度。1582 年，沃尔特·雷利在北美建立了第一个英属殖民地——弗吉尼亚。1592 年，英国海航家詹姆士·兰开斯特（James Lancaster VI，1554—1618 年）跟随荷兰人的脚步抵达被称为"东印度群岛"的印尼和马来西亚地区。或许都铎王朝的先祖亨利七世和西班牙女王伊莎贝拉都不会想到，亨利八世迎娶凯瑟琳时，"日不落帝国"的梦想竟也同时完成了传承。

◎·中年时期的伊丽莎白一世

火药阴谋

斯图亚特王朝的草创和英属北美殖民地的萌芽

1604 年，来自苏格兰的英国新君詹姆斯一世正式执掌不列颠群岛。作为一个幼年丧父、青年丧母的国王，詹姆斯一世在一干贵族的阴影下，养成了左右逢源的个性。在苏格兰这样以天主教徒为主的国家里，他长期包容甚至支持新教徒的宗教和政治主张，便是其圆滑的最好体现。

詹姆士一世"开明"的政治风格令英格兰新教徒欢欣鼓舞，天主教大失所望。于是，在贵族罗伯特·盖茨比（Robert Catesby，1572—1605 年）的策划下，一干天主教信徒开始策划行刺国王。最初，这群叛乱者打算租一间与老上议院相邻的房子的地下室，挖一个通向上议院地下室的地道。后来通过暗箱操作，他们竟然租到了上议院地下室。1605 年 3 月，他们以储存冬季燃料为借口，在上议院地下室内隐藏了 36 桶（约 2.5 吨）火药。但由于担心天主教上议员也被炸死，叛乱者团队中有人突发奇想，写信告知天主教派的几个上议员。

这种自投罗网的举动，招来了政府相关人员对地下室的突击搜查，隐藏的火药桶和"爆破专家"盖伊·福克斯被发现。盖伊·福克斯被严刑拷打后招供了所有参与者，除了主谋盖茨比拒捕时被杀死，其他反叛者都被逮捕，并在审讯后被执行死刑，史称"火药阴谋"（Gunpowder Plot）。当时的普通民众对这干"乱臣贼子"的伏法并无丝毫的同情，反而以盛大的篝火晚会庆祝阴谋被粉碎。但随着近代"无政府主义"的泛滥，庆祝"火药阴谋"被粉碎的大篝火之夜活动被赋予了全新的意义。电影《V 字仇杀队》更将罗伯特·盖茨比推崇成为民请愿的英雄人物。

但詹姆斯一世的开明形象并没有维持太长的时间。1610 年，他解散了议会。君主与议会摩擦上升主要缘于中产阶级的势力超过贵族，他们越来越难以忍受绝对君主制的限制。同时，资本主义生产方式带来的"物价革命"在英格兰影响深远。国王越来越不可能只靠地产与传统税收，包括国王在内的固定收入者都因剧烈的通货膨胀而入不敷出。财务危机的扩大迫使国王多次召开国会，要求拨款加税。不明底细的下议院代表误以为国王夸大财务问题，总是抗争、刁难拨款。幸好詹姆士识时务，君主与议会的冲突不致扩大，对立总是瞬即而逝。

1618 年 10 月 29 日，在来自苏格兰的斯图亚特王朝新贵的注视下，昔日伊丽莎白女王的宠臣沃尔特·雷利从容地走上了断头台。他于 1603 年被昔日恩主以谋反的罪名投入伦敦塔，在那里生活了 13 年。他不仅在监狱里种植了自己从美洲带来的烟草种子、著书立作，还将自己的娇妻爱子接来同住，一时其乐融融。1616 年，沃尔特·雷利耐不住寂寞，上书国王詹姆士一世，请求组织一支探险队前往圭亚那（Guyana）。

此时的英国已经跃升为欧洲海外殖民事业的翘楚，1612 年击败试图垄断印度洋贸易的葡萄牙人后，在莫卧儿帝国的主要涉外口岸——苏拉特（Surat）建立了据点，大批英国探险家由此涌入印度洋。与此同时，许多英国人出于政治和经济等方面的考量，也选择远渡大西洋，前往美洲寻找新的人生。

◎ 英国历史上著名的花花公子——沃尔特·雷利

就在沃尔特·雷利积极筹备再度远征南美之际，一批定居于荷兰的英国清教徒在荷兰因为难以忍受当地人的白眼和西班牙可能再度入侵的威胁，也准备移民南美洲的圭亚那。但沃尔特·雷利的探险却堵了他们的道路，因为找不到黄金的探险者将失望的情绪转嫁到了当地的西班牙移民头上。烧杀掠夺不仅破坏了詹姆士一世与西班牙保持"睦邻友好"的外交大计，更令荷兰的英国清教徒不敢轻易前往南美。

◎ 沃尔特·雷利之死

西班牙帝国将沃尔特·雷利的行为视为公然挑衅。在受害方以战争相威胁的情况下，詹姆斯一世只得将沃尔特·雷利再度送进了伦敦塔，并最终宣判其死刑。沃尔特·雷利的死，代表伊丽莎白一世时代，英国探险家在海外狂热扩张的终结。以詹姆斯一世为核心的斯图亚特王朝需要的是一个更加保守、稳定的局面。

垂垂老矣的沃尔特·雷利对着锋利的断头斧调侃"这药的药力太猛，不过倒是包治百病"时，他自然没想到，失去了前往圭亚那机会的英国清教徒竟然会在两年后主动与他命名的弗吉尼亚公司合作，向詹姆士一世申请移民北美。1620年9月16日，来自荷兰和英国本土的102名清教徒乘坐三桅帆船"五月花"号（The Mayflower）扬帆西去。

弗吉尼亚由沃尔特·雷利命名，据说是为了向自称处女女王的伊丽莎白献媚，他将自己在1584年发现的罗阿诺克岛（Roanoke）命名为"处女地"，随后大张旗鼓开发起来。不知道是不是领悟到了宠臣的意思，还是对其在北美开疆拓土的褒奖，伊丽莎白随即册封雷利为爵士，并调拨1500名士兵前往北美，试图重现一个多世纪前西班牙人征服阿兹特克和印加的辉煌。可惜的是，荒芜的北美既无黄金，也没有强大的政权可供颠覆，雷利爵士麾下的精锐部队终日无所事事，最终不得不打道回府。

第一次探索北美失败并不能动摇雷利爵士的雄心壮志。1587年，英国人卷土重来，向弗吉尼亚运了117名移民。可是，雷利爵士梦想中的英属北美殖民地尚未建立起来，西班牙无敌舰队便逼近了不列颠群岛。面对强敌，伊丽莎白一世被迫集中全国的资源，雷利爵士往北美运送补给品和新移民的船只自然也在征召之列。等英国皇家海军击败西班牙人，确立大西洋的海权，时间已经过去了两年。当英国舰船重返弗吉尼亚，位于罗阿诺克岛的殖民者早已人去楼空。尽管后世西方史学家从各个方面解释了早期殖民者为什么会失踪，但好事者还是更愿意相信"失落的弗吉尼亚"（The Vanishing Virginian）是一种神秘莫测的超自然现象，以之为背景的恐怖、惊悚题材作品也颇有市场。

有趣的是，沃尔特·雷利在弗吉尼亚早期的殖民活动虽然以失败告终，但却把烟草种子带回了英国。当时，方兴未艾的欧洲烟草市场正处于主要烟草产地的西班牙帝国掌握中。雷利不愧是声色犬马方面的行家，在他的推动下，英国贵族

◎ 复原后的
"五月花"号

很快学会了"吞云吐雾"，成了"冒烟的时髦男子"，詹姆士一世亲自撰文力劝"控烟"也收效甚微。英国与西班牙的关系时好时坏，令弗吉尼亚成为英国烟草唯一的货源地。"处女地"从此成了风靡世界的烟草名牌之一，烟草逐渐成了弗吉尼亚殖民地的经济杠杆。1616年，弗吉尼亚出口了2500磅烟草，1620年飙升至11.9万磅，烟草在北美殖民地甚至成了可以流通的货币。1619年，弗吉尼亚的光棍们以每人120磅烟草向英国"订购"妻子。但直到此时，弗吉尼亚的粮食生产依旧无法自给自足。

英属北美早期的饥馑，一是源于土地开垦面积的不足，二是因为与当地印第安部落的敌对状态。弗吉尼亚土著部族联盟的领导权掌握在颇具才干的印第安领袖波瓦坦（Powhatan，1545—1618年）手中。波瓦坦对漂洋过海而来的欧洲殖民者素无好感。在充满敌意的印第安猎手的环伺下，早期的弗吉尼亚殖民者被迫龟缩在詹姆斯河入海口的沼泽地带，虽然依托名为詹姆斯敦（Jamestown）的堡垒，他们不至于被赶下海，但恶劣的生存环境不断消耗着他们。经过1609年的冬天，

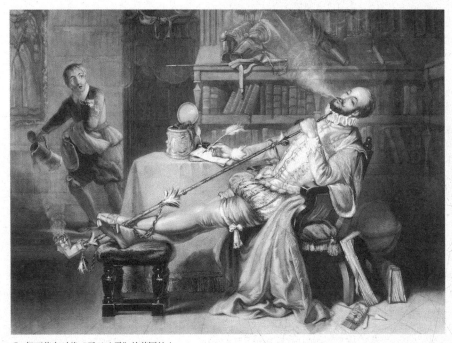

◎ 伊丽莎白时代"吞云吐雾"的英国绅士

◎ 被美化后的波卡·洪塔斯画像

500 名定居者中苟延残喘到春天的仅有区区 60 人。就在弗吉尼亚前景暗淡之际，名为波卡·洪塔斯（Pocahontas，1596—1617 年）的印第安少女的出现令局势出现了戏剧性的转折。

波卡·洪塔斯是首领波瓦坦的女儿。在欧洲人看来，拥有这样一个有钱有势的父亲，波卡·洪塔斯自然可以戴上公主的桂冠。但事实上，波瓦坦有 12 位妻子，波卡·洪塔斯的母亲只是其中之一，何况印第安部落的风俗是，波瓦坦的每位妻子在为他生下一个孩子后都被送回到原部落，由部落首领供养直到找到新的丈夫。因此，波卡·洪塔斯在印第安部族没有"公主"的地位。虽然西方史学家竭力渲染波卡·洪塔斯对英国殖民者的友好和同情，却无法改变她在 1613 年被绑架的事实。当时，弗吉尼亚殖民政府刚刚与印第安人大战一场，英国人诱捕这位不谙世事的少女，以便向其父亲索要被俘虏的英国人以及被缴获的武器。波瓦坦同意释放俘虏，但拒绝归还武器，双方谈判陷入僵局，波卡·洪塔斯不得不长期滞留在詹姆斯敦。

英国人口口声声宣称波卡·洪塔斯受到了特殊的礼遇，但这位少女在英国人的拘押下到底境况如何却无从考证。总之 1614 年 4 月 5 日，波卡·洪塔斯"心甘情愿"嫁给了年长她 10 岁的英国商人约翰·沃尔夫（John Rolfe，1585—1622 年）。弗吉尼亚和当地印第安部落的战争也随着"和亲"暂时画上了句号。为了彰显弗吉尼亚在英国本土的影响，1616 年，约翰·沃尔夫带着妻子前往伦敦"招商引资"。

早年曾在北美驻留过的一干探险家纷涌而至，鼓吹自己也曾与印第安部族结下了深厚的友谊，其中最无耻的莫过于曾在奥地利军中服役的英国雇佣兵约翰·史密斯（John Smith，1580—1631 年）。他曾在弗吉尼亚工作且被印第安人俘虏过，因此吹嘘说他曾被印第安武士拽着、摁倒，头被放置在两块巨大的石头上面，正当印第安人举起木棒敲击他时，波卡·洪塔斯冲了出来，将他的头抱在手中，冒

◎ 波卡·洪塔斯接受基督教洗礼

险用自己的身体保护了他的安全。随后，在她的说服下，史密斯重获自由。和许多自作多情的欧洲人一样，约翰·史密斯还暗示如果不是 1609 年因伤不得不离开弗吉尼亚，"深爱"他的波卡·洪塔斯会成为他的新娘。

波卡·洪塔斯还没来得及反驳约翰·史密斯的一面之词，便因感染了欧洲大陆的病毒逝世于回家的航渡上。这段充满暴力和欺骗的历史，经过作者妙笔生花成为家喻户晓、缠绵悱恻的爱情故事，以之为蓝本的各类改编作

◎ 画家臆想中波卡·洪塔斯以身体保护约翰·史密斯的场景

© 伊丽莎白一世

品层出不穷，其中最著名的是好莱坞动画电影《波卡·洪塔斯》，引进时被翻译为《风中奇缘》，似乎有吐槽和暗讽的意味。

波卡·洪塔斯在英国短暂的驻留为弗吉尼亚乃至英属北美全部殖民地披上了一层暧昧的面纱，一时，英国本土寻找机会和自由的各路人纷纷将目光转向了大西洋的彼岸。他们中间固然不乏渴望一夜暴富的投机客，但很多是不满英国信仰和政治氛围的"清教徒"。

"五月花"号的这次远航由于制定了颇具社会契约和民主萌芽意味的《五月花公约》而享誉一时。但凭心而论，船上的"清教徒"们既不博爱，也没有历史责任感，他们所做的一切不过是为了活下去并且活得更好。更为讽刺的是，由于风暴，"五月花"号最终未能抵达弗吉尼亚，而是在更为偏北的马萨诸塞州沿海登陆。

如果不是船上一个曾经沦为西班牙人奴隶的印第安猎手——斯宽托（Squanto，1585—1622年）的引领和第二年春天当地印第安部族的无私帮助，这些"清教徒"

◎ 詹姆士一世的全家福

根本无从立足。但当马萨诸塞州的印第安部族由于"五月花"号带去的欧洲病毒而大量病死时，"清教徒"竟然弹冠相庆："上帝用他奇妙的智慧和爱清洗着大批野蛮人，那尸骸堆积的场景如此壮观，以至于看起来像新筑的山地。"马萨诸塞，在印第安语中便是"山地"的意思。

"五月花"号抵达北美时，詹姆士一世对大西洋彼岸的那片领土并不关心，这位自幼患有佝偻病的国王正忙着与英国并无太大关系的一场欧洲战争。虽然他因为宠信风度翩翩的男臣被指有"龙阳之癖"，但与英国历代国君相比还算颇能生育。他和结发妻子安妮共育有两子四女，在向来喜欢王室联姻的欧洲，詹姆士一世的孩子也是一笔无形的财产。长女伊丽莎白嫁给德意志诸邦颇有人望的"莱茵－普法尔茨"腓特烈五世（Frederick V, Elector Palatine, 1596—1632 年）。这桩婚事很大程度上是腓特烈五世的母亲路易莎·朱丽安娜（Countess Louise Juliana of Nassau, 1576—1644 年）促成的。作为与英国长期并肩作战的荷兰"国父"——威廉一世之女，路易莎·朱丽安娜对英国王室颇有好感，而迎娶了丹麦公主的詹姆士一世也热衷于打入日耳曼贵族圈，于是双方一拍即合。

1613 年 2 月 14 日，伊丽莎白公主（Elizabeth Stuart, Queen of Bohemia, 1596—1662 年）风风光光过了门，17 岁的腓特烈五世正式亲政。在个人野心和妻子的怂恿下，信仰加尔文教的腓特烈五世积极活动在推崇宗教改革的德意志诸侯中。在岳父的支持下，腓特烈五世逐渐成为"新教联盟"（于 1608 年成立）的核心人物之一。但他没有想到的是，此举竟令他失去了王国的统治权，沦为丧家犬。

兵连祸结
三十年战争的爆发和隔岸观火的英格兰

1556 年 9 月 12 日，查理五世正式将神圣罗马帝国的帝位禅让给自己的弟弟斐迪南一世（Ferdinand I, Holy Roman Emperor, 1503—1564 年）。早在一年前，这位欧洲昔日的霸主便将尼德兰、西班牙以及意大利各类王冠爵位交给了儿子菲利

◎ 拉约什二
世战死沙场

普二世。至此，拥有欧洲最大版图的哈布斯堡王朝正式分为奥地利和西班牙两支。

与组织无敌舰队和英国恶斗连场的侄子相比，继承查理五世神圣罗马帝国皇冠的斐迪南一世则谨小慎微得多。这并不是因为他天性低调，而是因为手握一把烂牌牛不起来。斐迪南一世出生于马德里，自幼在西班牙接受教育，直到18岁才受命统治奥地利，正式成为哈布斯堡王朝的封疆诸侯。奥地利地处中欧腹部，斐迪南过了几年太平日子。可惜1526年，奥斯曼帝国杀入邻国匈牙利，斐迪南的大舅子拉约什二世（Louis II，1506—1526年）战死沙场。面对"异教徒"咄咄逼人的兵锋，斐迪南于公于私都必须挺身而出。

斐迪南好不容易以匈牙利及波希米亚国王的身份击退了奥斯曼帝国的攻势，查理五世又授意他引军西进对抗路德新教。上阵亲兄弟的古训虽然没错，可惜匈牙利山河残破，波希米亚人同情新教而不堪调遣。于是，斐迪南只能在兄长和新教诸侯之间扮演调停人的角色。也正因如此，新教诸侯一致拥戴他继承帝位，而不是菲利普二世。

1555年，在斐迪南的推动下，德意志诸侯签署了著名的《奥格斯堡和约》（Peace of Augsburg）。斐迪南深知查理五世那些"天主教独尊，帝国实行中央集权制"的计划不切实际，随着德意志邦国经济的崛起，帝国的继续运转已经与诸侯们的意愿背道而驰。因此，和约规定：教随邦定，即各邦当局可以规定邦内居民信仰何派宗教，而邦内信仰其他宗教者可迁往其他地区，当地官员也有强迫异教徒改宗信奉本邦宗教的权力。这样不仅肯定了各邦的路德新教教会，而且使诸侯获得了各邦的世俗权力和教会权力，帝国变成了由各领地组成的政治联盟，不再是近似联邦制度的国家。

与此同时，征税和组建军队的权力不再属于皇帝，而是交给了在帝国议会享有代表权的领地和帝国行政专区，每个领地依据面积和财力状况交纳一定的税收，提供一定数量的兵员。《奥格斯堡和约》的签订，使神圣罗马帝国变成联邦制国家，这种局面将持续250年之久。在这一框架下，各邦得以享有相当大的自主权，各邦的差异很大。

斐迪南这种兼容并蓄的治国理念在儿子马克西米利安二世（Maximilian II, Holy Roman Emperor，1527—1576年）的身上进一步发展。马克西米利安二世是哈布斯堡王朝中唯一一位与天主教保持距离的皇帝，他倾向于新教，这可能是受早期教育的影响，他师从于马丁·路德的学生沃尔夫冈·席弗尔直到1538年。受到良好教育的马克西米利安还是维也纳人文主义的坚定拥护者，他同新教派诸侯联系频繁。在维也纳期间，他还和路德新教传道士塞巴斯蒂安·普福泽关系密切。

马克西米利安二世制定的中立与和平的政策，使帝国罗马天主教和新教的争斗在第一次宗教改革后暂停。但他对新教的同情引起了他叔父查理五世和他父亲斐迪南一世的不信任，并威胁到他的继任。斐迪南在1558年成为皇帝后，教皇保罗四世（Pope Pius IV，1499—1565年）便威胁，如果斐迪南选一位支持新教的皇位继承人，教皇将不承认他的皇帝地位，这引起了哈布斯堡家族内部的矛盾。家族对马克西米利安的压力越来越大，而与此同时，新教派诸侯却没有向马克西米利安发出支援的信号。马克西米利安最终妥协，在1560年对外宣布自己信仰天主教，同意流放塞巴斯蒂安·普福泽，同时开始参加天主教的宗教活动。但1576年10月12日，马克西米利安在雷根斯堡去世时，却拒绝接受天主教的最后一次圣礼，以此表明他的真实信仰，由此可见他受到路德新教的影响之深。

堂弟兼妹夫的马克西米利安二世对新教的痴迷，引起了菲利普二世的强烈不满。因此，他通过妹妹玛丽亚（Maria of Austria，Holy Roman Empress，1528—1603年），在1563年将马克西米利安二世的帝位继承人鲁道夫（Rudolf II, Holy Roman Emperor，1552—1612年）接到西班牙居住，希望马德里的氛围能将他感化成和自己一样虔诚的天主教徒。可惜，时年11岁的鲁道夫无法体会舅舅的一片苦心。西班牙宫廷的保守、无趣令他性格孤僻，以至于回到氛围相对宽松的维也纳后，他父亲一度非常担心他，但他来自西班牙的母亲却认为儿子行为端庄得体。

保守、神秘和沉默寡言的性格伴随了鲁道夫一生，他喜欢在家消遣，不喜欢出游，甚至不愿意参加日常的国家事务接待。他沉迷于占星术和炼金术，虽然这些百无一用的知识在当时颇为时髦，但对君主治国没有任何帮助。最悲剧的是，看多了身边政治联姻的不幸，鲁道夫对婚姻产生了厌恶之情。他一生都没有结婚，只是与情投意合的贵妇保持着情人关系。

尽管鲁道夫与朝臣之女卡塔琳娜·施特拉达育有多个非婚孩子，但在当时的欧洲，私生子是没有王位继承权的。因此，哈布斯堡王朝内部决定鲁道夫日后应将帝位传给弟弟马蒂亚斯（Matthias, Holy Roman Emperor, 1557—1619年）。为了早做准备，1605年，马蒂亚斯被安排接掌匈牙利。马蒂亚斯接手时，匈牙利国内的情况不太好。

由于拒绝与奥斯曼帝国妥协，哈布斯堡王朝已经在多瑙河流域与奥斯曼帝国及其附庸拉锯了13年。匈牙利民众无法忍受这场"漫长战争"的折磨，纷纷揭竿而起。马蒂亚斯抵达布达佩斯（Budapest）后决定，与叛军及奥斯曼帝国媾和。消息传到布拉格的鲁道夫耳中，这位不愿被架空的君皇自然龙颜大怒。无奈木已成舟，来自家族内部的压力令鲁道夫不得不让渡出奥地利大公的头衔。至此，两兄弟不仅再无协作，反而形成了对立局面。

波希米亚新教徒看准时机，向鲁道夫提出更多宗教自由的要求。无奈之下，皇帝只能于1609年签署文件满足他们的要求，赋予信奉新教的波希米亚和西里西亚贵族宗教信仰自由和特权。虽然波希米亚人的要求被满足了，但贵族们却得寸进尺，要求更多自由。鲁道夫只得派兵镇压，波希米亚人转而向马蒂亚斯请求帮助，急于登基的马蒂亚斯率军抵达布拉格，将鲁道夫囚禁在市郊的一座城堡，过了两年的囚徒生涯后，百无聊赖的鲁道夫终于宣布将波希米亚的王位也让给弟弟马蒂亚斯。只剩下神圣罗马帝国皇帝这个空头衔的鲁道夫于1612年1月20日去世。死前，他和父亲一样拒绝天主教的临终关怀。这两代君主用一生证明了德意志宗教改革的阻力之大。

按照德国历史学家席勒的说法，波希米亚民众不停向鲁道夫索要自由的背后推手是野心勃勃的马蒂亚斯。但继承了兄长全盘政治遗产的马蒂亚斯日子其实也并不好过。由于同样没有合法的继承人，哈布斯堡王朝再度通过暗箱操作，内定了施蒂里亚大公斐迪南二世（Ferdinand II, Holy Roman Emperor, 1578—1637年）。

斐迪南二世的父亲是马克西米利安二世的幼弟，按照家族辈分要喊马蒂亚斯一声堂兄。之所以选择他来接掌奥地利的哈布斯堡王朝分支，很大程度上缘于其宗教信仰。斐迪南二世自幼便加入天主教团体——耶稣会，曾多次前往罗马朝圣，可以说是一个坚定、狂热的天主教信徒。自 1598 年继承父亲的爵位后，他便在自己的领地推行罗马教廷提倡的"反宗教改革运动"，禁止一切非天主教信仰。

斐迪南二世在自己领地的所作所为或许并不过分，毕竟按照祖父斐迪南一世签署的《奥格斯堡和约》，贵族和民众都可以用脚投票，迁往其他新教邦国，但一旦他成为神圣罗马帝国皇帝，他就可能推翻此前的宗教宽容政策。首当其冲的自然是匈牙利和波希米亚。斐迪南二世多少有些急于求成，宝座还未焐热便急忙宣布，在波希米亚废除先帝鲁道夫颁布的宗教信仰自由敕令。这种"一夜回到胡斯战争前"的情况，波希米亚人当然无法接受。

1618 年 5 月 23 日，当斐迪南二世的两名特派员进入行政中心——布拉格城堡时，大批愤怒的民众尾随而至，将两名特派员连同随行的书记官一起从城堡窗外推入护城壕里，是为"第二次布拉格窗口掷出事件"。比起胡斯战争那些摔死的市议员，斐迪南二世的这两名亲信要幸运得多，因为布拉格城堡的壕沟里堆满了城内住户倾倒的粪便。"屎里逃生"固然不体面，但至少保住了性命。两人马不停蹄赶去向斐迪南二世报告了波希米亚人造反的消息。

夹在群情汹涌的民众和兴师问罪的君王之间，波希米亚的贵族多少有些无奈。尽管波希米亚新教军队一度兵围维也纳，但无法独自对抗整个神圣罗马帝国。为了获得强大的外援，在 1619 年宣布独立时，波希米亚人将王冠送给了"莱茵 – 普法尔茨"腓特烈五世。

"普法尔茨"是神圣罗马帝国一种特殊的爵位，其封地往往比不上公国的规模，但却能在自己的领地行使相当于国王的权力，因此又被称为"王权伯爵"。腓特烈五世身为"莱茵 – 普法尔茨"，不仅名列七大选帝侯，法理上还是神圣罗马帝国皇帝在法兰克尼亚、士瓦本、莱茵河流域及德意志南部的代理人，可谓位高权重。加上他本人又是英国国王詹姆士一世的女婿、德意志新教联盟的领袖之一，在欧洲算一号人物。波希米亚人以为，由他出任国王，斐迪南二世就不敢冒着整个帝国陷入内战的风险主动寻衅。

事实证明，波希米亚贵族和坦然接受加冕的腓特烈五世都过于天真了。自 1619 年 3 月马蒂亚斯病逝以来，继承神圣罗马帝国帝位的斐迪南二世在波希米亚

　　和匈牙利同时遭遇抵制。为了巩固王权和彰显君威，斐迪南二世必须杀鸡儆猴。另一方面，此时的欧洲局势对斐迪南二世颇为有利，哈布斯堡王朝的宿敌法国正深陷天主教和胡格诺派之间的宗教战争，无暇东顾。西班牙为了镇压新教革命而布署在尼德兰的强大驻军，恰好可以用来扫荡腓特烈五世的老巢。

　　1620 年，暗中许诺将"莱茵 – 普法尔茨"的选帝侯资格转给巴伐利亚公爵马克西米利安（Maximilian I, Elector of Bavaria, 1573—1651 年），以拉拢德意志天主教诸侯后，斐迪南二世率军解除了波希米亚人对维也纳的围困。随后，他拜来自尼德兰的佣兵头目约翰·蒂利（Johann Tserclaes, Count of Tilly, 1559—1632 年）

◎ 时运不济的
"一冬之王"——
腓特烈五世

为帅，挥动大军直扑布拉格。与此同时，西班牙军队从尼德兰顺莱茵河而下，沿途攻略从属于腓特烈五世的城镇和庄园。

1620 年 11 月 8 日，效忠于斐迪南二世的帝国军逼近布拉格。波希米亚军队沿途多次阻击未能得手，只能仓促在布拉格近郊的白山布阵。白山之战双方的兵力基本持平，武器装备亦相差不大。但在战术上，老于战阵的蒂利及其麾下的各路雇佣兵，要比波希米亚人领先一个世纪。

帝国军在没有炮火掩护的情况下就发起了进攻。波希米亚人只能以步骑混编的部队向前推进。骑兵冲入帝国步兵阵，给帝国军以很大杀伤。眼见对手落入了自己的圈套，蒂利随即出动了自己的精锐骑兵，将波希米亚骑兵赶出了战场，随后来自东欧的哥萨克人飞一般地迂回包抄波西米亚军的两翼。军心动摇的波希米亚各部队争相逃命，有的甚至还没接敌就跑了。随着敌人溃败，帝国军杀入布拉格。白山之战证明，随着军事科技和战术的演进，传统征召的民兵完全不是训练有素的佣兵对手。交战不到一个小时，波希米亚人就被打得一败涂地，超过 4000 名士兵被俘或阵亡，而帝国军的损失不到 800 人。

帝国军开进布拉格后，天主教徒们弹冠相庆，27 名新教领袖却成了刀下之魂，是日被波希米亚新教徒称作"血腥之日"。除此之外，56 名波西米亚贵族被流放，财产被剥夺。波希米亚的前车之鉴有效震慑了同样将斐迪南二世拒之门外的匈牙利人，他们赶走了已加冕为匈牙利国王的罗马尼亚贵族贝特兰·哈波尔，希望能够就此避免战争。但贝特兰·哈波尔也是有头有脸的人物，岂容匈牙利人召之即来，挥之即去？于是乎罗马尼亚和匈牙利进入了战争状态。不过，斐迪南二世对这场战争却并不太关心，在他看来，自己继位之初的危机已过去，接下来只需将腓特烈五世名下的土地分封给以巴伐利亚公爵为首的天主教诸侯便可天下大吉，殊不料一场漫长的战争才刚刚开幕。

在帝国军的追杀下，仓皇逃出布拉格的腓特烈五世不得不面对一个尴尬的事实：他不仅丢了波希米亚王冠，"莱茵－普法尔茨"的荣耀和财富也随之灰飞烟灭。他一度天真地以为，联合一干新教诸侯向斐迪南二世提出申诉便能恢复自己的世袭领地。但残酷的政治舞台从来不会因失败者做出了忏悔便对其既往不咎。被嘲讽为"一冬之王"的腓特烈五世在新教诸侯中有不少同情者，出于"今天不为腓特烈呐喊，明日岂有人替我发声"的心理，新教诸侯联合向斐迪南二世提出抗议，但皇帝此时正为轻取了波希米亚而得意洋洋，对这些呼声并不在意。无奈之下，

◎ 白山之战两军布阵图

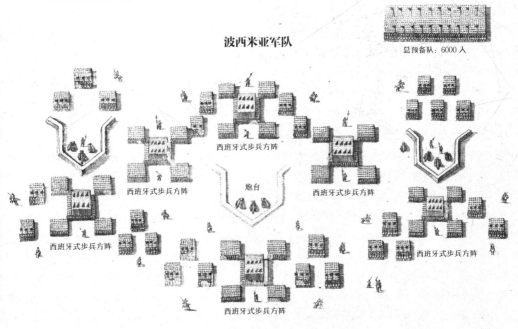

波西米亚军队

总预备队：6000人

西班牙式步兵方阵

炮台

西班牙式步兵方阵

西班牙式步兵方阵

西班牙式步兵方阵

西班牙式步兵方阵

西班牙式步兵方阵

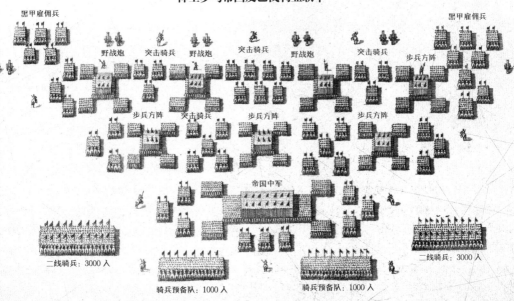

神圣罗马帝国及巴伐利亚联军

黑甲雇佣兵

野战炮　突击骑兵　野战炮　突击骑兵　野战炮　突击骑兵　步兵方阵

黑甲雇佣兵

步兵方阵　突击骑兵　步兵方阵　步兵方阵

帝国中军

二线骑兵：3000人

骑兵预备队：1000人　骑兵预备队：1000人

二线骑兵：3000人

腓特烈五世决定与皇帝开战。

腓特烈五世本不谙战争之道，此时更身无立锥之地，要想以武力对抗强大的哈布斯堡王朝无异于以卵击石。好在此时欧洲雇佣兵市场日趋成熟，不仅兵种一应俱全，连指挥权亦可打包外协。斐迪南二世可以雇佣尼德兰佣兵头目约翰·蒂利，腓特烈五世自然也能找到合适的战场"职业经理人"。1621 年春，来自奥地利的佣兵将领——欧内斯特·冯·曼斯菲尔德伯爵（Ernst von Mansfeld，1580—1626 年），开始替腓特烈五世的"复国大计"奔走。兵员不是什么问题，大批流离失所的波希米亚新教徒足以拼凑出一支大军，但缺乏稳固的后方却足以令任何军事行动胎死腹中。于是乎，一种新颖的战法在欧洲大陆横空出世，后世称之为"以战养战"。

曼斯菲尔德通过各种渠道获取钱财、食物和饲料，为自己军队的士兵和马匹提供给养。虽然高举着"打回老家去"的旗号，但曼斯菲尔德的军队却始终在莱茵河流域游荡，沿途的城市为避免殃及池鱼，纷纷向其提供钱物。然而，曼斯菲尔德还是向其中 4 个城镇征收了"战争特别税"。凭借这种类似于敲诈勒索的行径，腓特烈五世的军旗在德意志西部飘扬了近两年时间。为了避免曼斯菲尔德越境索饷，对抗共同的敌人——哈布斯堡王朝，由尼德兰北部七省独立而成的荷兰共和国向腓特烈五世伸出了橄榄枝。其实，腓特烈五世和荷兰颇有几分香火之情，他的生母是荷兰国父威廉一世之女——路易莎·朱丽安娜。

1622 年夏季，腓特烈五世兵败莱茵河辗转于法德边境的阿尔萨斯、洛林的途中，终于决定撂挑子。一年后，在岳父——英国国王詹姆士一世的要求下，腓特烈五世正式向皇帝斐迪南二世求和，打算自此远离政治和刀兵，去过富家翁的生活。但"树欲静而风不止"，此时战争的进程早已超过了腓特烈五世能控制的范围，甚至连斐迪南二世也无法踩下刹车，因为牵扯了太多方的利益。

此时的德意志大地上，一场新的宗教战争正如火如荼进行着。巴伐利亚公爵马克西米利安打着追击腓特烈五世的口号不断征伐、吞并信仰新教的城邦和自由市，其势力范围逐渐进入撒克逊、勃兰登堡两大选帝侯称雄的北德意志。神圣罗马帝国内部力量的此消彼长也时刻牵动着邻国法兰西、英格兰、荷兰以及丹麦的注意力。法国、荷兰担心陷入哈布斯堡王朝的合围，英国与西班牙则在海外殖民地和贸易航线有矛盾。不过，来自苏格兰的詹姆士一世也是天主教信徒，他一度希望牺牲女婿腓特烈五世的家国换取英国王室和西班牙的通婚。

名将对垒

三十年战争和查理一世的执政危机

尽管动身前往西班牙时，查理王子（Charles I of England，1600—1649 年）已经 23 岁，但詹姆士一世还是对这个未曾出过远门的儿子不放心。他特意派曾在法国研习过宫廷礼仪且马步功夫了得的心腹——白金汉公爵乔治·维利尔斯（George Villiers，1592—1628 年）陪同保护。查理王子抵达西班牙时，神圣罗马帝国已牢牢控制住国内新教势力，菲利普四世（Philip IV of Spain，1605—1665 年）的目光开始转向世仇荷兰和控制德意志北部地区的丹麦。

对于詹姆士一世联姻的提议，菲利普四世并不反感，但也并不因此就恢复腓特烈五世的世袭领地。相反，西班牙方面提出英国应该摒弃宗教改革的传统，重回天主教的大家庭。消息传到伦敦，詹姆士一世恼羞成怒，公然宣布"决不用女儿的眼泪去换儿子的新娘"。国王的决定尽管获得了英国臣民的一致拥护，但依旧身处敌对阵营的查理王子和白金汉公爵却只能溜之大吉。由于风向不顺，英国海军无力为王子的坐船提供护航，因此，当查理王子的坐船出现在朴次茅斯港口时，举国上下欣喜若狂。白金汉公爵也随即成为名噪一时的偶像。

查理王子的马德里之行也并非无功。在前往西班牙的途中，他与白金汉公爵曾在法国短暂逗留。在巴黎，查理王子不仅爱上了法王路易十三（Louis XIII of France，1601—1643 年）的小妹亨利埃塔·玛丽亚（Henrietta Maria of France，1609—1669 年），更接受了自己未来大舅子推销的宏伟战略蓝图。虽然迎娶了一位西班牙公主，但出于自身利益的考量，路易十三不想法国深陷同宗同源的西班牙和神圣罗马帝国夹击，因此，在德意志本土新教势力土崩瓦解时鼓动丹麦和瑞典先后侵入德意志北部地区。将自己的小妹嫁入斯图亚特王朝，更是他谋求英国参战的一步好棋。

1624 年 12 月，英国王室批准了查理王子与亨利埃塔公主的婚约。3 个月后，喜好神学、畏惧葬礼的詹姆士一世病逝于伦敦。斯图亚特王朝迎来新的掌门人——查理一世，年轻的他要面对的第一个考验便是一场规模空前的大混战。英国介入德意志"三十年战争"的决定，实际上詹姆士一世在位时便已经做出了。为了支

 查理王子

◎ 法国公主亨利埃塔·玛丽亚

持自己的小舅子——丹麦及挪威国王克里斯蒂安四世（Christian IV of Denmark，1577—1648 年），詹姆士慷慨解囊，派了一支由 1200 人组成的远征军进驻荷兰。

此时的丹麦国王克里斯蒂安四世还是德意志石勒苏益格－荷尔斯泰因（Schleswig-Holstein）公爵，趁此良机扩大自己的地盘可谓名正言顺。唯一的麻烦是，丹麦刚与瑞典进行了一场为期两年的卡尔马战争，国力略有欠缺。老奸巨猾的法国红衣主教黎塞留（Cardinal Richelieu，1585—1642 年）很快便看出了其中的玄机。1624 年，在法国的牵头主持下，英国、荷兰、丹麦三国以及威尼斯等城邦正式签署《贡比涅条约》。虽然条约言之凿凿明确了各国应从不同方向对哈布斯堡王朝展开进攻，但最终却是英国、荷兰出钱，丹麦出人的一场代理人战争。法国军队只在意大利北部展开了几次佯攻便借口国内的宗教战争与西班牙媾和了。

1625 年 5 月，克里斯蒂安四世率领 2 万名丹麦士兵进入德意志境内，这场德意志诸侯之间的内讧至此国际化。尽管从法理上来说，丹麦人是不折不扣的外来侵略军，但迫切希望能压制天主教势力的新教诸侯还是乐意克里斯蒂安四世把水搅浑。被腓特烈五世解雇了的曼斯菲尔德也试图第一时间拍马赶到以便再捞上一票。可惜，他指挥麾下数千人马横渡易北河，挺进马格德堡（Magdeburg）时，被

◎ 在战场上烧杀劫掠的雇佣兵

一位同行拦腰一击，这个同行就是被称为"佣兵之王"的阿尔布雷赫特·冯·华伦斯坦（Albrecht Wenzel Eusebius von Wallenstein，1583—1634 年）。

历史总是充满了讽刺，曼斯菲尔德来自奥地利却为奥地利的敌人卖命，而华伦斯坦来自波希米亚。这位出身破落贵族家庭的名将早年对哈布斯堡王朝忠心耿耿，他曾在马蒂亚斯的军中当差，因为讨伐匈牙利叛军的功勋而被升为宫廷侍从。即便在波希米亚举国驱逐斐迪南二世之际，他也坚定跟随皇帝的脚步，因此在白山之战后，通过低价大量购进逃亡贵族土地和发行劣质货币大发其财。但是，财富无法满足华伦斯坦的政治野心，在他看来，德意志应该消灭各地割据的贵族势力，成为真正中央集权制的帝国。对此，德国历史学家弗兰茨·梅林评价说："华伦斯坦在德国所追求的，与当时黎塞留在法国所追求的完全一样，建立这样一个纯粹世俗的君主国，它将摆脱一切宗教矛盾而使互相倾轧的诸侯处于其统治下，缓和国内的阶级矛盾，并且集中全民族的力量一致对外。他不是一位富于幻想的政治家，而有非常明确的目标。"

利用丹麦大举入侵的有利时机，华伦斯坦向斐迪南二世进谏，希望由其组建一支新军以备征调之需。斐迪南二世虽然对这位股肱之臣颇多嘉许，但却坦诚自己手中根本没有钱再豢养一支数万人的常备军。没想到华伦斯坦表示，自己根本不需要帝国财政支持。于是，华伦斯坦拿着几张盖有国王印玺的空白公文和一顶军区司令虚衔，正式领命出征了。

华伦斯坦以自己的家产作为组建军队的原始投入，军团稍具规模便效仿曼斯菲尔德的"以战养战"：在行进的道路上是纵兵劫掠，制造"威名"。沿途城镇想保一方平安，便只能乖乖交纳"战争特别税"。但这笔战争税并没有直接落入华伦斯坦的腰包，而是被分发给每一名士兵作为军饷。由于可以定期领取到足额的工资，华伦斯坦麾下士兵的抢掠行为相对减少了许多。与此同时，华伦斯坦为军队提供了充足的食物和装备，加强了部队的纪律，提高了部队战斗力。他既是一名出色的商人，又是一名军事指挥官。他命令士兵不能去扰乱地方老百姓，而是要小心保护当地的村庄和居民，以保证农业生产正常进行。他还从地方购买食物供应部队。当然，华伦斯坦也从战争中盈利：他从自己波希米亚的庄园购买谷物和烤面包，在自己庄园为部队生产服装和武器。

华伦斯坦对自己麾下雇佣兵团的控制显然超越了前辈曼斯菲尔德，因为在后者的军队，劫掠所得都归官兵所有。曼斯菲尔德自己便曾因抢到 18 桶正准备装船运往维也纳的金子而决定金盆洗手。其部下更是如水流一般来去自由，一名士兵拿走一件值钱的金银器具后，他就不会再回来拿他那份工资了；有了一匹偷来的马，便可以跑回家购买农场了。于是 1626 年 4 月在德绍桥畔，曼斯菲尔德兵败如山倒。虽然最终保住了首级，但他显然看到了自己暗淡的未来，于是只身逃往威尼斯，当年死于达尔马提亚海滨。

击败了曼斯菲尔德后，华伦斯坦并没有急着北上与正抵抗丹麦军队的约翰·蒂利会师，而是用了近一年时间扫荡西里西亚地区的新教势力。在此后相当长的一段时间，西里西亚都扮演着帝国后方基地的重要角色。1627 年 8 月，华伦斯坦终于决定挥师北上。他的抵达彻底改变了北德意志的战局：9 月克里斯蒂安四世兵败达内什，被迫退守丹麦边境地区；10 月，华伦斯坦和蒂利联手杀入日德兰半岛，一举收复了梅克伦堡及波美拉尼亚地区。至此，战火已经烧向了丹麦国土。斐迪南二世得知消息龙颜大悦，随即册封华伦斯坦为公爵。

正所谓"重赏之下必有勇夫"，在荣誉和利益的刺激下，华伦斯坦再接再厉，合围了扼守波罗的海要冲斯特拉尔松（Stralsund）。正是这次围攻，触动了另一个北欧强国——瑞典的敏感神经。在欧洲历史上，丹麦、瑞典、挪威三国曾于 1397

◎ 战场上的丹麦国王克里斯蒂安四世，据说因为其身体肥硕，所以在英国访问期间，英国一度无法提供合适的马匹供他骑乘

年组成名为"卡尔马联盟"的共主邦联，以对抗"汉萨同盟"，夺回对波罗的海贸易的垄断权。

在此后漫长的岁月，斯堪的那维亚地区三国对德意志可谓同仇敌忾，最终成功攻占石勒苏益格－荷尔斯泰因地区，建立了一个通往欧洲大陆的贸易桥头堡。但此后，丹麦人试图独霸贸易利润的行径，导致"卡尔马联盟"的瓦解和崩溃，丹麦和瑞典更因此恶斗连场。直到德意志内战爆发前夜，双方依旧龃龉不断。尽管宿敌丹麦连遭败绩对瑞典是重大利好，但如果失去了在欧洲大陆的贸易桥头堡，对地广人稀、财政收入主要依靠向欧洲出口铁矿石的瑞典而言，无疑相当不妙。于是乎，时任瑞典国王的古斯塔夫二世·阿道夫一边向神圣罗马帝国发出外交警告，一边整军备战。

1629 年 7 月，不堪长期消耗的丹麦最终决定退出战争。克里斯蒂安四世亲自出面与斐迪南二世签署《吕贝克和约》，赔款并退出所有占领区，还保证不再干涉德国事务，算是勉强保住了领土和王位。斐迪南二世对此次大破强邻颇感欣慰，他加封华伦斯坦为北海与波罗的海大元帅，并称赞他为"王冠上的第三颗宝石"。

似乎战争已经走到尽头，一个全新的辉煌时代正向这位皇帝招手。

丹麦的战败对英国而言无疑是一场灾难。1625 年 10 月，为了配合自己的舅舅——丹麦国王克里斯蒂安四世对德国北部的地面进攻，查理一世任命身为剑桥大学校长的乔治·维利尔斯统率英国舰队远征西班牙重要港口——加的斯。面对满怀报复欲望的国王，英国国会虽然勉强批准了巨额军费的预算，但却要以收回关税定价权为条件。查理心怀不满接受了条件，维利尔斯的远征却无功而返，面对朝野上下弹劾白金汉公爵的声浪，查理只能解散国会。

◎ 风度翩翩的白金汉公爵

1626 年 8 月，丹麦军队被德意志名将华伦斯坦打得溃不成军，查理一世的国际和家族义务也算尽到头了，可偏偏此时法国国内的宗教战争又令这位生性鲁莽的国王按捺不住。1627 年，白金汉公爵再度领命出征，但事实证明这位风流才子实在不适合指挥军事行动，英国远征军刚刚在法国登陆，便被路易十三的股肱之臣——红衣主教黎塞留打得大败。有趣的是，在法国文豪大仲马（Alexandre Dumas，1802—1870 年）撰写的《三个火枪手》（*Les Trois Mousquetaires*）中，黎塞留是老谋深算的奸臣形象，而乔治·维利尔斯反倒成了法国王后安妮（Anne of Austria，1601—1666 年）风流倜傥的情夫。

白金汉公爵的再次兵败令其早年襄助王子展开求婚之旅积累的人望荡然无存。查理一世虽然有心为好友找回面子，但庞大的军费开支必须经过国会批准。面对一干准备在重开国会时弹劾和羞辱乔治·维利尔斯的议员，查理一世无奈之下只能通过典卖王后的嫁妆和向国内大户借款来组建新的远征军。丈夫出售妻子的嫁妆本是家事，外人自然无从置喙，但英格兰的大户却并不买国王的帐，查理一世一怒之下将 5 名所谓的"骑士"投入了大牢。

在议员们保证不弹劾白金汉公爵的情况下，苦于无法筹措军费的查理一世最终在 1628 年 3 月召开了国会。面对查理一世"如果你们不顾上帝的意志，不尽力满足当前国家的需要，我就必须利用上帝授给我的其他手段去抢救可能由于别人的蠢行而丧失的东西"的恫吓下，英国国会最终同意拨款 30 万英镑用于战争，但同时也提交了旨在限制国王的《权利请愿书》。征求了法官们的意见后，查理一世签署了这份"请愿书"。议员们引经据典，将此举比拟为当年"无地王"约翰接受《大宪章》，但他们并没有意识到，任何一纸空文都无法对抗全副武装的国家机器。

拿着国王好不容易筹集来的军费，白金汉公爵意气风发地出现在朴次茅斯军港。就在他准备一雪前耻之际，他却被一个名叫约翰·费尔顿（John Felton, 1595—1628 年）的海军中尉暗杀在出征前夜。英国史学家认为，约翰·费尔顿之所以行刺白金汉公爵，是因为他迟迟未得到晋升，心怀不满。但从言行上看，约翰·费尔顿是一个容易被蛊惑的理想主义者，成功刺杀白金汉公爵后他本有机会混进人群逃走，但听到有人怒骂："是哪个无赖刺死了高贵的公爵？"他又停下脚步转身展开了辩论。在临刑前，他富有哲理地忏悔道："公共利益不应成为任何恶行的借口。"查理一世处决了约翰·费尔顿，但他还是无法原谅那些到处散布反对国王言论的国会政客。他推翻了此前签署《权利请愿书》时的所有承诺，于 1629年再度宣布解散国会。都铎王朝以来，王室与议员之间虽然时有龃龉，但这种彻底闹僵的局面却是斯图亚特王朝独有的风景。

王旗陨落
古斯塔夫军事改革和三十年战争的终结

查理一世很清楚，如果失去了国会的支持，他所要面对的将是一个孤立无援的局面。因此，他选择与法国和西班牙媾和。此时，三十年战争已进入瑞典国王古斯塔夫二世（Gustavus Adolphus of Sweden, 1594—1632 年）横行无忌的"个人秀"阶段。

◎ 纵横德意志大地的古斯塔夫二世

　　客观来说，击败了丹麦的哈布斯堡王朝处于皇权无上的全盛期。皇帝可以不经帝国会议同意便剥夺"莱茵－普法尔茨"选帝侯的资格，并把它转赠给巴伐利亚公爵；可以任命梅克伦堡公爵，甚至任命统率十余万大军的大元帅。这一切是过去历代君王无法想象的。如果斐迪南二世此时选择息事宁人，德意志境内的新教诸侯未必敢继续与中央对抗。但偏偏这个时候，头脑发热的斐迪南二世自说自话颁布了一条名为"归还教产敕令"的法案。

　　所谓教产，指的是天主教会各级主教区、修道院、教区拥有的土地、房屋等不动产。贪婪成性的主教们凭借贵族"馈赠"和"赎罪券"等业务收入，在欧洲长期占据着大量土地。昔日胡斯、马丁·路德等宗教改革人士的口诛笔伐，多少也代表了世俗民众"均贫富"的心理。因此，各路新教一旦掌权，要做的第一件事便是剥夺教产，查理五世曾希望新教能将这部分财产归还罗马教廷，但已经成为"既得利益"集团的新教贵族岂能轻易吐出到嘴的肥肉？在《奥格斯堡和约》，双方最终敲定，1552年8月2日以前被新教诸侯所占的教产可由新教诸侯继续占有。之所以选这个时间，是因为当时查理五世迫于新教诸侯的武力，与他们在德意志东部城市帕绍签署了承认新教各方面特权的和约。

斐迪南二世一口气要单方面废除《帕绍和约》《奥格斯堡和约》两份条约，要求新教归还已被没收达 70 多年的天主教会财产（涉及 3 个主教区，30 个帝国城邦和自治市，近 100 个修道院和数不清的教区），无疑是一石激起千层浪，不仅新教诸侯群起反对，甚至华伦斯坦等天主教阵营的有识之士也表示不敢苟同。刚愎自用的斐迪南二世由此对华伦斯坦产生了厌恶之情。一年后，帝国议会在累根斯堡开幕。因为皇帝此时手握重兵，各路诸侯不敢直接反对"归还教产敕令"，只能采取釜底抽薪的办法，诟病华伦斯坦野心勃勃，长此以往将尾大难掉。何况既然丹麦入侵已成为历史，那么继续纵容华伦斯坦征收战争特别税也不合理。

据说，皇帝的特使曾对华伦斯坦那支 600 人组成的卫队深感惊讶。"他们的衣服上绣有紧密的金线，剑带都镶有银饰，长矛的铁尖还镀了银。可以说没有哪个皇帝有过这样的卫队。"使他更惊讶的是那 1000 匹战马、46 辆战车以及能架起 80 顶帐篷的辎重。知情人说，这支卫队每年宴请的预算就高达 20 万塔勒——相当于一个侯国宫廷一年的开支。

钱财是小事，斐迪南二世此时对华伦斯坦的信任也不复从前。他深知华伦斯坦所部虽然号称帝国军，但实际上比普通的雇佣兵更危险。约翰·蒂利、曼斯菲尔德所求无非富贵，但华伦斯坦却有政治抱负，其麾下的将校更是只知军中有元帅，不知有皇帝。何况华伦斯坦也曾信仰新教，在与丹麦交锋期间，他与勃兰登堡选帝侯暗通款曲，斐迪南二世也时有耳闻。因此，在这次帝国会议上，斐迪南二世解除了华伦斯坦的一切职务。

按照德国历史学家的说法，华伦斯坦是主动向斐迪南二世请辞。因为他早已看出瑞典国王古斯塔夫干预三十年战争是不可避免的，他也估计除了他自己，德意志没有一个人能战胜古斯塔夫，就连他也没有把握。因此，现在求去，等别人被古斯塔夫打得一败涂地后自己再出山收拾残局，可以在与皇帝的权力斗争中取得更有利的地位。这种"事后诸葛亮"的说法，显然是美化了华伦斯坦的形象，也忽视了欧洲贵族一贯的行事风格。事实上，几年的征战使华伦斯坦为自己打下了一片颇为客观的家业。无论是被解职，还是请辞，他都能过得很舒坦。至于北欧强国瑞典介入德意志内战的可能，则是世人有目共睹的现实，并不需要太过高瞻远瞩。

从 1620 年开始，瑞典便实行义务兵役制度。15 岁以上的所有男人都有服兵役的义务。这些北欧壮汉十人为一组以纵列在征召地当地的议会大厅里接受本地指挥官的检阅。其中,适合的人将被编入正规军序列,同纵列的其他九人负责出资为其提供装备。在这种颇为先进的兵役制度下,地广人稀的瑞典保证了每年可以招募 1 万人左右的新兵,以供一代雄主古斯塔夫二世东征西讨。

1630 年 7 月 6 日,仅有 4000 人的瑞典军队抵达什切青(Szczecin)。此后近一年时间,古斯塔夫修筑城堡、招兵买马,很快便募集了一支 26000 人的大军。帐下聚集了来自欧洲各国的雇佣兵,古斯塔夫在瑞典时曾以颜色将他们编组为赤黄蓝绿四大兵团。其中的绿色兵团颇有来头,据说曾被勃兰登堡选帝侯派去支援波兰国王齐格蒙特三世(Sigismund III Vasa, 1566—1632 年),但在战场上突然倒戈加入了瑞典一方。对于这份厚礼,古斯塔夫自然不便言谢,只在写信表示会"好好管教",随后将其交给苏格兰人约翰·赫本(Sir John Hepburn, 1598—1636 年)指挥。后来,这位约翰·赫本回到苏格兰后,将英国政府军打得满地找牙,从而开启了英国内战的序幕。

驻守什切青期间,古斯塔夫麾下的雇佣兵团又新增黑橙棕白四军,一番秣马厉兵之后,古斯塔夫率军溯奥得河而上,连续攻占了屈斯特林和法兰克福两大都市,大有直扑波希米亚和维也纳的架势。此时,斐迪南二世麾下的帝国军主力正在围攻新教自治城市——马格德堡。直到 1631 年 5 月,华伦斯坦去职后独力指挥帝国军的蒂利才攻陷这座城市。为了能尽快回师对抗古斯塔夫,帝国军将这个易北河重镇烧成了一片白地。蒂利也从昔日受人敬仰的"甲胄主教"变成了千夫所指的"马格德堡屠夫"。

客观来说,蒂利也算三十年战争的一代名将,但他在古斯塔夫那里却处处受制。他马不停蹄从马格德堡杀回,本想抄袭瑞典军的侧背,却不料在半路遭遇了北欧雄师的截杀。蒂利一败布尔格斯塔尔,再败韦尔本,一路损兵折将,只能铩羽而归。当然,蒂利兵败很大程度上拜勃兰登侯突然放弃中立所赐——选帝侯格奥尔格·威廉突然开放国土,瑞典军队才能径直出现在帝国军的行进路线上。

长期首鼠两端的勃兰登堡突然表明立场,令天主教阵营上下一片哗然。斐迪南二世的目光第一时间转向哈布斯堡王朝的老对头——萨克森选帝侯。为了预防萨克森选帝侯约翰·格奥尔格(John George II, Elector of Saxony, 1613 —1680 年)有样学样,斐迪南二世命令蒂利向萨克森进军。斐迪南二世的如意算盘是,先逼迫萨克森向哈布斯堡王朝效忠,再回头迎战古斯塔夫。但此时,无论时间还是空间都已经站在帝国军的对立面上了。

1631 年 9 月 15 日, 蒂利所部帝国军攻占萨克森重镇莱比锡 (Leipzig)。但四天之前, 萨克森选帝侯已与大举西进的瑞典军会师, 在莱比锡以南约 40 千米张网等待。萨克森军队休整已久且是本土作战, 因此轻松便动员了 2 万余人, 而古斯塔夫亦是精锐尽出, 因此, 联军总兵力压倒了 36000 人的帝国军主力。深知兵力不如对手的蒂利本不愿轻易浪战, 但偏偏麾下悍将巴本海姆 (Gottfried Heinrich Graf zu Pappenheim, 1594—1632 年) 自恃兵强马壮, 力主在野战中与瑞典军队一举雌雄。无奈之下, 蒂利在莱比锡城北的布莱登菲尔德列阵, 迎来了他人生中最后一场决战。

布莱登菲尔德会战, 以双方炮兵的对攻开场。火炮, 是古斯塔夫的专长, 在与波兰的战争中, 他发现传统火炮口径杂乱且机动性差, 往往无法在战场上迅速展开且保持火力, 因此他对瑞典火炮的口径进行了标准化改造。当时, 欧洲比较流行的火炮制式是以炮弹重量为标准的西班牙陆军的 48 磅、24 磅、12 磅和 6 磅的火炮体系, 这一标准很快在西欧各国流行。古斯塔夫根据战场的实际效果, 取消了大而无当的 48 磅重炮; 同时为了提高机动性, 将 6 磅炮改为更为轻便的 3 磅炮。

古斯塔夫精心训练的炮兵团以 3 倍的射速优势压制了对手。眼看自己的阵列被瑞典炮兵轰出了无数个缺口, 悍将巴本海姆不待主帅蒂利传令便率领精锐的德意志骑兵从左翼发起了冲锋。身着黑甲的德意志骑兵在欧洲一直都是无双劲旅的代名词, 他们装备有先进的转燧手枪, 在冲锋接敌时能够顺畅地由密集纵队转为横队。前排士兵把所带的三支手枪全部射击完毕后, 突然转弯 180 度向后跑去, 这就是著名的 "半旋转" 战术。当他们跑到自

◎ 身着黑甲的德意志雇佣兵

己一行的最后排位置上装弹时，最前面的一排骑兵开始按部就班地前进、射击，然后转弯向回跑。这种将步兵火枪战术转为骑兵使用的战法一度独步欧洲，但今天他们遇上了克星。

来自北欧的瑞典步兵体格强壮，装备的步枪规格也远超欧洲同行。但古斯塔夫很快便发现笨重的大型枪械在战场上并没有太大的优势，因此从欧洲游历后在瑞典军中推广一种轻型步枪，这种武器不仅不需要传统的支架，更以遂石打火取代了火绳点火射击。这种新式火枪使射击速度加快，步兵队形也可以更为紧密。面对训练有素，以匪夷所思的速度展开齐射的瑞典步兵阵列，巴本海姆率领黑甲骑兵连续冲击了七次，但仅收获了满地的人马尸骸。瑞典骑兵的反冲锋彻底打垮了帝国军的左翼。

与精锐的德意志骑兵相比，缺乏良马的瑞典长期只能靠步兵对抗波兰、俄罗斯等东欧强国。面对自己国内又矮又胖的马，古斯塔夫不奢望自己的骑兵也能纵横战场，而是希望组建一支用于侦察和追击的轻骑兵分队。鉴于轻骑兵没有重甲保护，古斯塔夫因此要求自己的骑兵部队不要过于深入敌阵，一次冲击得手之后必须脱离，在步兵的掩护下重整队形。这一战术操典，无形中拯救了巴本海姆，使这位德意志悍将可以在瑞典骑兵的追击下保全首级。

据说，有勇无谋的巴本海姆擅自发动第一次冲锋时，老谋深算的蒂利在马上感叹："我一世英名今天算是被这个竖子给毁了啊！"他只能硬着头皮要求帝国军全线进攻。出乎老将意料的是，古斯塔夫用于组成左翼的萨克森军队不经一战便溃不成军。帝国军一瞬间便反客为主占据了战场主动，大喜过望的蒂利随即命令全军突入瑞典军空隙。但恰恰是这一时冲动终结了他的一世英名。萨克森军队的溃败并没有让古斯塔夫惊慌失措。他在第一时间投入预备队稳住左翼的同时，又在右翼和中央战线投入反攻。如此一来，集中于战场一侧的帝国军主力反倒陷入了瑞典军的反向包围，在对手密集的火力下兵败如山倒。

结果，瑞典军赢得了一边倒的胜利，帝国军阵亡7600人、被俘6000余人。剩余的部队不是作鸟兽散，就是加入了胜利者一方。所有大炮和9面军旗被缴获，蒂利本人亦身负重伤。一时间，整个北德意志地区的帝国军主力被一扫而空。萨克森军队折兵3000人左右，瑞典军队损失约2100人，但通过消化战俘就弥补了损失。也难怪一时整个欧洲为之震动，古斯塔夫和他苦心孤诣的军队与战术开启了一个全新时代的大门。

按照德意志新教诸侯的设想，古斯塔夫击败帝国军主力后，下一步自然会进军维也纳，把斐迪南二世这个皇帝拉下马。但瑞典国王显然另有打算，他深知自己对神圣罗马帝国而言不过是一个赶来助拳的外来户，即便推翻了哈布斯堡王朝，皇帝的冠冕也会戴在萨克森、勃兰登堡那些选帝侯的头上，与其辛辛苦苦为他人做嫁衣，不如按部就班执行自己的战略。于是，1631年最后三个月，古斯塔夫放任萨克森军队向波希米亚进军，自己则转头向西进入莱茵河流域。

关于古斯塔夫的这一行动，欧洲史学家在迷惑和诟病中给出了这样的解释：古斯塔夫不愿悬师深入，何况攻占维也纳未必能结束战争。进军帝国西部那些富庶的、没有遭到战争破坏的德意志邦国，可以补充给养和休整部队，也可以在帝国扩大自己的影响。这些说法固然不无道理，却忽视了经济因素。事实上，当时的瑞典是一个商业帝国，古斯塔夫要的不是一张虚荣的王座，而是一条通往富庶西欧的商道。组成这条财富之路的基本元素是那些可以"自由"听命于瑞典的自治市，而不是一个个强大的公国和城邦。从这个角度来看，古斯塔夫从一开始决定介入德意志内战便不止满足于击败斐迪南二世，整个西欧的君王都是他的敌人。

10月18日，古斯塔夫占领了维尔茨堡（Wurzburg），瑞典军队饮马莱茵河。在老将蒂利忙于训练新兵，帝国军主力龟缩巴伐利亚的情况下，莱茵地区的所有城市都不得不向来自北欧的雄狮敞开大门，属于法兰西势力范围的阿尔萨斯和洛林等地甚至也包括在内。消息传到巴黎，一度曾指望瑞典削弱哈布斯堡王朝的红衣主教黎塞留大感不快。法王路易十三更怒斥道："要为这些哥特人的前进划一个边界，因为他的成功对法国同样是严重威胁。"

此时，仍在胡格诺宗教战争中苦苦挣扎的法国当然无力阻止古斯塔夫。但斐迪南二世却不允许瑞典人在自己的帝国撒野。他一边支持老将蒂利重整旗鼓，一边重新任用赋闲在家的华伦斯坦。华伦斯坦自然不会放过这可以漫天要价的好机会，他向皇帝开出了如下条件：皇帝未经他的同意，不能发布任何政令；不得干涉他的行动自由；他拥有全权处置战区任何事务的权力，包括诸侯的事务；与此同时，皇帝还要彻底取消"归还教产敕令"。斐迪南二世迫于形势，当然只能答应这些要求。但华伦斯坦却不急于进军，而是在后方展开了声势浩大的募兵活动和军事改革。

短短3个月，华伦斯坦在波希米亚便招募了7万人的新军。但他并不急于迎战古斯塔夫，一方面，此时老将蒂利正在巴伐利亚前线奋战，华伦斯坦有意让他和瑞典军彼此消耗；另一方面赋闲在家的日子里，华伦斯坦无时无刻不在关注瑞典军队的一举一动，学习和模仿其长处，掌握和克制其短板，接着对部队展开针对性训练。面对按兵不动的元帅，沉不住气的主教和诸侯纷纷造访，华伦斯坦在待之以礼的同时，也对这些平日满口"博爱"的伪君子的渴望功勋和杀伐嗤之以鼻，感叹说："只有当各国都化为灰烬时，他们才会谋求和平。"

1632年4月，在洛林中心城市梅斯度过了一个舒适的冬天后，古斯塔夫挥师杀入巴伐利亚。老将蒂利率所部3万余人，试图依托天堑莱希河组织防线。但在瑞典军凶猛的炮火面前，蒂利的沿河防线很快便土崩瓦解，老将本人也被炮弹轰掉了一条腿，痛苦煎熬了14天后死去。古斯塔夫虽然颇有骑士精神，派自己的御医为对手疗伤，但攻城略地时毫不留情。奥格斯堡、慕尼黑、纽伦堡，一座座南德名城在其面前陷落，巴伐利亚岌岌可危。

古斯塔夫的一路高歌猛进，华伦斯坦当然看在眼里。不过，他深知自己麾下的新兵远不是瑞典军队的对手。因此，他选择拿波希米亚境内的萨克森军队开刀。萨克森选帝侯约翰·格奥尔格本就首鼠两端，其麾下将佐更有不少与华伦斯坦暗通款曲。因此，帝国军轻松便收复了波希米亚的失地，还顺势将战线推进到德意志中部，切断了古斯塔夫回师的路线。

被困在纽伦堡的古斯塔夫被迫从本土调集援军，随后大军北上试图在野战中击败对手。但华伦斯坦坚守不出，想以消耗战拖垮劳师远征的瑞典人，双方从德意志南部缠斗到萨克森公国境内。双方争夺的焦点再度回到了德意志中部名城——莱比锡。不过此时已是1632年11月中旬，华伦斯坦认定古斯塔夫会展开冬营，来春之前不会再有所行动，于是草率分兵，让悍将巴本海姆率军去攻打莱比锡城。虽然没有证据表明古斯塔夫截获了这一情报，但这位擅长野战的君王显然更愿意在隆冬到来前结束战争。11月14日夜，帝国军前哨突然传来了瑞典军队大举来袭的消息。

此时，正深受痛风病折磨的华伦斯坦一边动员部下，一边修书勒令巴本海姆星夜回援。但直到第二天上午，瑞典军队逼近帝国军位于莱比锡东南8000米的吕岑前沿时，巴本海姆的援军依旧没有踪影。在这种避无可避的情况下，华伦斯坦勒令全军布阵。在兵力上，帝国军处于下风，华伦斯坦手中仅有1万名步兵和4000名骑兵，而古斯塔夫麾下的瑞典和德意志新教诸侯联军总兵力将近2万人。值得庆幸的是，华伦斯坦有先见之明，占据了横穿战场的大路，并在路沟中配置

◎ 德国油画《古斯塔夫之死》

步兵，把它变成一条天然堑壕。其阵地右侧依托一个有风磨和磨坊的小高地，左侧依托一条沟渠，构成了一个相对有利的防御姿态。

面对帝国军的防线，古斯塔夫将自己的左翼交给了韦廷家族恩斯廷系后裔——

魏玛公爵伯恩哈德，自己亲自指挥瑞典军右翼，期望一举击溃帝国军左翼，然后将华伦斯坦所部合围于莱比锡城下。尽管兵力占优，但天公不作美，由于当地复杂的水网和大雾，直到早晨 11 点瑞典军才完成部署并准备好发起攻势。

由于热衷于亲临前线带队冲锋，古斯塔夫的颈、喉、腹部都受过枪伤，有一发留在颈部靠近脊椎的子弹导致他不能穿金属胸甲——以免压迫枪伤导致剧痛。但这关键时刻，古斯塔夫不顾自己肩膀上的旧伤发作和部将的恳求，连头盔都不戴就一马当先冲上了战场。国王的勇武鼓舞了麾下的将士，很快胜利的天平便向古斯塔夫倾斜。瑞典军队的全线进展很顺利，不但右翼达成突破，中央和左翼也夺取了大路，中央的部队缴获帝国军7门大炮，掉转炮口向帝国军队轰击。但其代价同样巨大，古斯塔夫肩膀和胳膊受伤，所骑的白色战马颈部也是鲜血淋淋。

华伦斯坦深知胜负的关键在于能否坚守住中央的路沟防线，于是果断投入所有预备队展开反击。恰在双方反复拉锯时，大雾再度弥漫开来。此后几个小时发生的事情只能用"波诡云谲"来形容。首先是巴本海姆的援军终于抵达了战场，虽然他带领的只是由2000名骑兵组成的前锋，但大大鼓舞了帝国军的士气，华伦斯坦也不禁大叫："我就知道他会做到的。"但这队疲惫之师并没有改变战场的态势，巴本海姆和他的黑甲骑兵冲入瑞典军的右翼，很快便被古斯特夫麾下的精锐步兵击退，巴本海姆亦战死沙场。

击败了帝国军的援军后，古斯塔夫率领一队骑兵赶往战场中央，随后便与部下失去了联系。直到几个小时候后，他的白色战马才满身鲜血穿越战场回到瑞典军营地。它带回了国王的消息：那头年轻的北欧雄狮永远留在了吕岑战场，终年38岁。

关于古斯塔夫战死的细节没有准确的答案，比较常见的说法是，古斯塔夫正在战线右翼乘胜追击，听到信使汇报的中央失利的消息，马上率领一队精锐骑兵团回援中央。在大雾中，他和骑兵团失散了，只带有3名随从，却闯入一大群在战线中央游荡的帝国军中。在短兵格斗中，古斯塔夫的2个随从被砍死，另一个随从受伤逃走，古斯塔夫头部、颈部、背部接连中了致命的枪伤，最后，他坠马而死。

在德国艺术家卡尔·沃尔鲍姆的笔下，古斯塔夫并非离队战死，而是在骑兵交战中被杀。他的死完全是德意志重甲骑兵对瑞典轻骑兵的胜利。历史学家席勒则认为，古斯塔夫是被德国火枪手击毙的。更有人暗指，古斯塔夫随行的3名侍卫中侥幸逃脱的那个人是卧底。无论真相是怎样的，这位横行德意志的北欧雄狮最终倒在了战场上。他的衣服、饰物被帝国军缴获，后来出现在斐迪南二世的面前，皇帝颇为煽情地感叹道："我也希望这位不幸的人可以活得更长一些，但我的帝国需要和平！"

　　和所有军队一样，主帅阵亡对百战百胜的瑞典军队而言是一个致命的噩耗。因此，在还没有找到国王尸体前，瑞典军一边后撤以便重整阵形，一边召回了正在左翼奋战的魏玛公爵伯恩哈德。伯恩哈德颇具大将之才，他没有选择对古斯塔夫之死秘而不宣，而是向全军发誓要赢得这场战役来告慰古斯塔夫二世的在天之灵。这份替国王复仇的心理在短时间犹如强心针一样刺激着瑞典人，使他们悍不畏死冲击着帝国军的防线。但对华伦斯坦而言，战斗在巴本海姆的反击被对手瓦解时便已经结束了。黄昏降临时，瑞典军队夺取了帝国军的主炮兵阵地。帝国军只得从战场撤退。下午 6 点左右，巴本海姆另外的三四千名步兵在行军一整天后终于抵达战场。尽管夜幕已经降临，他们仍希望向瑞典人发起反攻。不过，华伦斯坦认为这徒劳无益，下令全军向莱比锡撤退，增援的步兵作为掩护。

　　尽管战后瑞典和德意志新教贵族们大肆宣扬吕岑会战的胜利，但仅从战术层面上看，瑞典军队不仅伤亡高于对手，且没有达到古斯塔夫事先规划的重创帝国军主力的目的。唯一的收获是战略层面上的：瑞典军摆脱了此前被隔断于德意志南部的不利局面，且帮助萨克森稳定了其领土。但这一点儿微薄的战果远远无法弥补失去一位无敌战神和联盟领袖。

　　古斯塔夫的尸体在战场被找到后送回了斯德哥尔摩，鉴于其家族的赫赫威名和对国家的贡献，瑞典国会将王冠传给了他仅 6 岁的独生女儿克里斯蒂娜·奥古斯塔（Christina，Queen of Sweden，1626—1689 年）。这位年轻的女王日后也成为欧洲大陆的一段传奇。但那些故事与战争无关，瑞典的百战雄师的英姿要等到古斯塔夫的外甥——卡尔十世继承王位才会再度威震欧洲。而古斯塔夫的雄才伟略，则要等两个世纪后才会在一个名叫拿破仑的法国君王身上再现。有趣的是，虽然拿破仑一世曾将马其顿亚历山大大帝、迦太基的汉尼拔、古罗马的恺撒与古斯塔夫评价为西方军事史上四大名将，但西方史学家最终却以拿破仑替代了古斯塔夫。就在古斯塔夫战死的地方，拿破仑的帝国梦想也被来自德意志各地的精英联手埋葬了。

第五章

弑君之斧

内战爆发
查理一世与议会的冲突和苏格兰叛乱

随着三十年战争接近尾声，法国和西班牙都无心与英国纠缠下去，大批在法国和荷兰被俘的英国士兵顺利返回了家乡。稳定了外部局势后，查理一世开始分化英格兰的贵族阶层，在国王的延揽下，众多颇具影响力的政客顶着"国会叛徒"的骂名成了查理一世的吹鼓手，这一切都服务于查理一世的最终目标——维持收支平衡。

来自苏格兰的斯图亚特家族是一个相对穷困的王室，詹姆士一世入主伦敦时曾被英格兰的富庶打动，照实过了一阵穷奢极欲的日子。国会尽管对此颇有微词，但仅凭大法官们判定进出口关税归王室支配这一点便足以令詹姆士一世这个"苏格兰穷光蛋"衣食无忧了。查理一世也曾认为，只要不发动战争、暂缓海外殖民，加上自己节衣缩食便足以维持小康局面。但他显然忽视了自己的治下还有一个不断烧钱的爱尔兰。

为了收复桀骜不驯的爱尔兰人，查理一世任命亲信托马斯·温特沃斯（Thomas Wentworth, 1st Earl of Strafford, 1672—1739 年）为第一任爱尔兰总督。温特沃斯对本职工作可谓尽心尽责，在他刚柔并济的手段面前，爱尔兰一度出现了少有的秩序和繁荣。不仅大批爱尔兰人加入了国王的军队，财政也首次扭亏为盈。但是来自爱尔兰的微薄收入并不足以偿还英国财政上旧有的债务，而大西洋彼岸海外殖民的兴盛，又为英国带来了新的麻烦：海盗肆虐。

随着英属北美殖民体系的日渐成熟，曾以颁发"私掠许可证"的方式袭扰西班牙海上贸易路线的英国人此刻也终于尝到了"以彼之道还施彼身"的痛苦。而除了从比斯

开湾和敦刻尔克出发的西班牙、法国私掠船主之外，来自北非的巴巴里海盗此刻也加入了劫掠英国船只的行列。与欧洲海盗"只劫财不害命"的"江湖道义"形成鲜明对比的是，巴巴里海盗是"钱也要、人也要"。除了在海上大肆掠夺外，他们的魔爪还深入了英国沿海城市。1625 年，30 艘来自北非的海盗船出现在了圣艾夫斯（St.Ives）、普利茅斯（Plymouth）等英国西部港口的外海。此后更直接登陆洗劫了爱尔兰城市巴尔的摩（Baltimore），掠走 120 名妇孺。

为了打击肆虐的海盗，1635 年 8 月查理一世搬出昔日阿尔弗烈德大帝为了对抗维京人颁布的"全国都应承担维持舰队的费用"的《习惯法》。起初，查理一世只是要求沿海城市出资建造战舰，如伦敦地区便负责建造 900 吨级战船 1 艘、800 吨级战船 1 艘、500 吨级战船 4 艘、300 吨级战船 1 艘。由于此举在英国历史上屡见不鲜，倒也没引发什么社会问题。但随着第二年查理一世将这一法律推广至内陆城镇，情况便发生了变化。

考虑到内陆城镇没有建造舰船的便利，又兼规模较小，查理一世遂要求其以钱代船，这一举措无疑相当于宣布开征"海军税"。尽管税款只有 20 先令，但早已心怀不满的国会议员们还是借题发挥，在"内陆郡同皇家海军毫无关系"、"只有国会有权开征新税"的口号声中，查理一世只能将这一问题诉诸法律。不过即便在得到法律支持的情况下，英国中产阶级还是拒绝交税，同时为了逼迫国王让步，他们试图撕裂英国宗教对立这道旧伤疤。

由亨利八世发动的英国宗教改革，本意是收回长期被罗马教廷垄断的宗教裁

◎ 来自北非的巴巴里海盗船围攻英国武装商船

判权，但经历了玛丽一世的天主教复辟和伊丽莎白女王的宗教调和政策，英国民间出现了一股名为"清教徒"运动的热潮。所谓"清教徒"仅从字面上理解是，要清除英国国内的天主教残余，但实质上却代表英国新兴资产阶级的宗教观和价值观。他们鄙视教堂和神父的权威，认为不需各种繁文缛节和宗教仪式，每个信徒都能直接与上帝交流。"清教徒"也不避讳从商和致富，甚至以"若有人问如何能感受上帝在他身上的恩宠，只要看看神赐给他的产业便成"自诩。

此前，擅长神学的詹姆士一世看出了"清教徒"运动背后的政治野心，因为在"君权神授"的大前提下，"没有主教就没有国王"。当然，在与"清教徒"运动的对抗中，詹姆士一世采取的并非玛丽一世那样的高压政策，而是疏堵结合。他一方面亲自修订《圣经》，强化教会和国王在上帝面前的特殊地位；另一方面或明或暗鼓励"清教徒"移民北美。因此，在詹姆士一世统治期间，英国的"清教徒"运动没有掀起太大的风浪。

查理一世没有父亲那般的神学修养，对"清教徒"的势力也没有清醒的认识。为了增加收入，他听信了大主教威廉·劳德的建议，强制要求所有国民必须去教堂做礼拜，违者罚款 1 先令。此举顿时引起"清教徒"的群起抵抗，查理一世则以枷刑、烙刑和割耳来回敬。英格兰"清教徒"的抗议声浪尚未平复，1639 年苏格兰又爆发了天主教徒起义。

应该说，苏格兰人对斯图亚特王朝的不满由来已久，当地的天主教徒对詹姆士一世在苏格兰推行英国国教心存芥蒂。以"长老会"形式长期把持地方政局的封建贵族，则对英格兰的主教独揽大权怀恨在心。很大程度上，苏格兰人长期隐忍不发，查理一世要感谢在德国境内狼奔豕突的瑞典国王古斯塔夫二世，后者的军队吸纳

◎ 早期"清教徒"在英国曾受尽白眼和歧视

◎ 议员时代的克伦威尔

了大批来自苏格兰的雇佣兵。不过，随着古斯塔夫二世战死和瑞典军队 1634 年在讷德林根战败，大批苏格兰士兵解甲归田。借着查理一世要求苏格兰与英格兰使用同一版本《祈祷书》的由头，苏格兰人率先揭竿而起。

查理一世虽然有心与叛军血战到底，但是没有国会的财政支持，斯图亚特王朝唯一可以动用的武装力量只有温特沃斯麾下的爱尔兰驻军。为了迎合查理一世"宁可抛头颅，也不让最高权威受到轻视"的豪言壮语，枢密院炮制了一个向西班牙借兵的计划。但没等英国王室与西班牙展开接洽，前瑞典陆军元帅亚历山大·莱斯利便成了叛军首领。2 万名高举"为基督荣誉而战"的苏格兰士兵浩浩荡荡开赴传统边界，既没钱又没兵的查理一世只能选择和谈。不过，苏格兰已被独立之火点燃，查理一世的和谈被视为缓兵之计。无奈之下，查理一世只能宣布重开国会，此时，一个来自剑桥的议员出站在了国王的对立面。他就是亨利八世时期重臣托马斯·克伦威尔的后裔——奥利弗·克伦威尔（Oliver Cromwell, 1599—1658 年）。

1640 年 4 月召开的"短期国会"上，查理一世对这位年长自己 1 岁的克伦威尔或许并没有留下什么特别的印象，由于英格兰北方贵族担心苏格兰人入侵会导致自身利益受损，因此纷纷捐助国王。手中略有盈余的查理一世不屑和议员们多费口舌，仅有四分之一议员出席的国会存在了不到一个月后便再度被解散。苏格兰大军抵达泰恩河（River Tyne）之际，查理一世凑了一支王室军团，交给从爱尔兰赶来的温特沃斯指挥。

在泰恩河一线展开对峙的两支军队本是查理一世与苏格兰长老会谈判的筹

码，但一名苏格兰骑兵偶然越界所引发的交火竟令王室军团土崩瓦解。溃散的英军振振有词，称他们逃跑并不是因为恐惧，而主要是没有军饷。苏格兰大军随即势如破竹，直抵纽卡斯尔城下。面对内外交困的局面，查理一世只能向国会妥协。1640年11月3日，新一届国会完成了选举，在心怀不满的贵族阶层大肆鼓噪所谓"我们选举的人不必有任何长处，只需要有敢于抗上的精神"的情况下，著名的反对派人士无一落选，而新当选的议员几乎全反对国王。为了防止苏格兰人直扑伦敦，英格兰金融界向查理一世交纳了5万英镑以维持苏格兰占领军和残余王室军队的开销。

新一届国会抛出的第一个议题并不是如何抵御苏格兰人的入侵，而是尽快惩办正在约克郡前线的温特沃斯。此举虽然有斩断查理一世臂膀和报复温特沃斯在解散国会后投靠王室的意味，但更重要的是，温特沃斯手中掌握有议员首脑与苏格兰暗通款曲的证据。在举国上下的舆论攻势面前，查理一世不得不丢卒保车，温特沃斯一从前线回伦敦便锒铛入狱。与此同时，查理一世的其他主要幕僚也纷纷倒台，大主教威廉·劳德（William Laud, 1573—1645年）被投入伦敦塔，国务大臣弗朗西斯·温德班克（Sir Francis Windebank, 1582—1646年）则逃亡海外。

◎ 越过泰恩河的苏格兰骑兵

国会审判温特沃斯的过程并不顺利，为了能将其置于死地，议员们罗织了一个"累积叛国"的新罪名，而主要的证据是温特沃斯曾对查理一世表示："你在爱尔兰有一支军队，可以把这支军队调来征服这个王国。"

尽管温特沃斯口中的"这个王国"指的是叛乱中的苏格兰。但国会还是以204票对59票的绝对多数通过了死刑判决书。这59位站在公平和理性立场上投票的议员随后也成了同僚眼中的叛徒。最终，议员奥利弗·圣约翰（Oliver St John，1598—1673年）在国会上说了一句公道话："打碎狐狸和狼的脑袋从来就不算是残忍或者不合理的行为，因为它们是猛兽。"国会之所以咬住温特沃斯不放，是因为对他及其统治下的爱尔兰心存畏惧。

1641年5月，温特沃斯在伦敦被枭首示众。5个月后，爱尔兰人由于不满国会派来的新总督的种种做法愤然起义。不过，此时的英格兰已无暇顾及爱尔兰，因为内战的阴云笼罩了整个不列颠。处决了温特沃斯后，国会通过以"至少三年召集一次国会，必要时可以撇开国王"为标志的《三年法案》，至此，查理一世的独裁时代彻底宣告终结。但扳倒国王后，国会陷入了一场有趣的内讧，昔日官僚和贵族希望能够维持旧有的秩序，他们戴假发、佩长剑，自诩为"骑士党"（Cavaliers），以乡绅和商贾为主的"清教徒"，则因其理短的头发而被称为"圆颅党"（Roundhead）。

"骑士党"和"圆颅党"在国会争吵不休之际，查理一世以安抚苏格兰的名义离开了伦敦。"圆颅党"领袖约翰·皮姆（John Pym，1584—1643年）提出了清算查理一世继位以来所有罪行、剥夺国王对军队控制权的"大抗议书"。此举招来了"骑士党"的强烈反弹，国会一度出现剑拔弩张的紧张气氛。克伦威尔不无悲观地表示，如果对峙的局面继续下去，他只能变卖家产移民北美了。但就在此时，查理一世的鲁莽挽救了分裂边缘的国会。在王后的怂恿下，1642年1月4日，国王亲率300名步兵突袭了国会，但约翰·皮姆等"圆颅党"领袖早已溜之大吉。查理一世没有一举捣毁国会的勇气，只是比较客气地搜查了一番后便负气离去。但约翰·皮姆却借机大做文章，在他的鼓动下，大批伦敦市民涌上街头包围了王宫。1月10日，查理一世已经不敢继续在伦敦逗留，随着王室仓皇北逃，在数千民兵簇拥下重新现身的约翰·皮姆俨然英格兰的无冕之王。

"圆颅党"之所以敢于公开与王室对抗，得益于背后强大的武力支持。在斯图亚特王朝统治时期，英国的主要武装力量是听命于国会的海军，地面部队则由

◎ 逃离伦敦的查理一世

各郡民兵组成。作为英国最大的城市，伦敦不仅拥有 8000 名训练有素的志愿兵，还有储备充裕的军械库。与之相比，逃往诺丁汉的查理一世麾下只有区区 800 人。因此，在内战正式爆发前，把持国会的"清教徒"有恃无恐。

约翰·皮姆等人显然忽视了封建王朝传统忠君思想的力量，查理一世执政以来虽然成绩平平，但远未到人神共愤的程度，何况英格兰此时所谓的"王脉"也"仅此一家，别无分号"。因此，储备有大量用来防御苏格兰的武器重镇赫尔（Hull），尽管将国王拒之门外，但还是隆重欢迎了两位年幼的王子。剑柄上篆刻着"上帝说过，'不许犯我神权君王'"的骑士阶层更是怀着高涨的热情，汇聚在查理一世的战旗下。除了本土"保王党"的支持，查理一世还有一支强大的"外籍雇佣军"，其指挥官是有传奇经历的鲁珀特亲王（Prince Rupert of the Rhine，1619—1682 年）。

鲁珀特是查理一世的外甥、"一冬之王"腓特烈五世之子，自幼便跟随父母流亡荷兰。1636 年，在父亲死在复国之路的四年后，鲁珀特来到了英国。在舅舅查理一世的宫廷，他首度感受到了家庭的温暖。尽管此后鲁珀特的复国之路走得磕磕绊绊，甚至沦为战俘，在奥地利被软禁了三年，但是在"三十年战争"中摸爬滚打的经验令鲁珀特成了一名优秀的骑兵指挥官，他同时也是国际军火和雇佣兵市场的常客。

面对赶来助拳的外甥，查理一世龙颜大悦。此时，前往荷兰避难的王后也开始变卖珠宝，各地达官显贵亦纷纷资助王室，甚至连牛津大学也熔解金银餐具充实查理一世的军费。剑桥大学本欲效仿，但在率领武装自耕农赶来的克伦威尔面前，校长和教授知趣地选择了罢手。这一举措也令克伦威尔很快在"国会军"赢得一席之地。1642 年 9 月，他以骑兵上尉的身份组建起一支由 60 名志愿者组成的骑兵团。

◎ 家庭的不幸令
年轻的鲁珀特亲
王老于军旅

此时的他距离国会军总司令还有一段漫长的路要走。

在这场一触即发的英国内战中，制海权将起决定性作用。如果英国海军倒向王室，那么查理一世便可以源源不断地从欧洲大陆获得武器和兵员的补给，甚至西班牙、法国等欧洲列强也会为了维护君主制出兵干涉。反之，如果海军向国会效忠，那么查理一世的海上补给线将被彻底切断，国会所控制的伦敦等主要城市也基本可以无视来自海上的威胁。大批武装民兵可以毫无顾虑开赴前线。

1634—1640 年，查理一世向英国海军投资了 80 万英镑，建造了大批新型的战舰。其中排水量 1522 吨的"海上君主"号创了纪录——配置了 102 门火炮。但是这些巨型战舰并不适合驱逐袭扰英国沿海的巴巴里海盗，更无助于改善英国海军的待遇。随着国会宣布将海军的月薪从 15 先令上涨到 19 先令，要求所有酒馆和旅社必须"接纳并招待所有入伍的海军、水手、船员"后，英国海军识相地站在了金主这一边。

查理一世很清楚，他面对的是一群阔绰的国会议员，所以，虽然集结了 2 万名国会军的伦敦是终极目标，但在夺回属于自己的王宫前，他首先要做的是前往威尔士与他的支持者会合。国会方面注意到了王军的调动，随即委派埃塞克斯伯爵罗伯特·杜瓦（Robert Devereux, 3rd Earl of Essex, 1591—1646 年）率军前往阻击。

查理一世虽然成功绕过了国会军的主力，但在继续南下之前，还是决定在通往伦敦的埃奇丘陵一带，与尾随而来的埃塞克斯伯爵正面交锋。负责指挥王军骑兵的鲁珀特亲王出手不凡，轻轻松松便击溃了国会军的左翼，但他这支雇佣兵习惯了"三十年战争"中的做派，假借追击敌军骑兵的名义脱离战场，劫掠对手的辎重去了。此举令兵力本就处于劣势的王军顿时失去了支撑。在国会军步兵的猛攻下，查理一世的禁卫军一度崩溃，连王旗亦被对手缴获。好在鲁珀特亲王及其骑兵最终返回了战场，埃奇丘陵之战最终以平局收场。

跟随着埃塞克斯伯爵撤退的脚步，王室军队开始向伦敦进军。迫于军事上的压力，国会致信查理一世表示万事好商量。战还是和？驻军牛津（Oxford）的查理一世举棋不定，但他的外甥鲁珀特战意正浓，于是在泰晤士河畔，国会军再度被王室雇佣军击溃。国会就此指责国王背信弃义，宣称英国公民受到"德国式"的残酷虐待。随着埃塞克斯伯爵的野战部队退守伦敦，王室武装不得不面对两倍于己的国会军，查理一世失去了最后一次入主伦敦的机会。

模范铁军
克伦威尔的崛起和英国内战的逆转

1643 年春，屯兵于伦敦城下的查理一世开始在全国范围内攻城略地，王后亨利埃塔·玛丽亚也冒着生命危险亲自押运大批军火从荷兰回国。由于沿途遭到国会海军的拦截，因此这位法国公主出现在北方重镇——约克郡时，受到了热烈欢迎。士气如虹的王室武装随即拔除了国会在北方的多个据点。与此同时，在英国西南部地区，国会军同样节节败退。在兵力和物资均处于优势的情况下，国会军之所以在战场上表现得"不给力"，很大程度上与过时的战术有关。

17 世纪中叶的欧洲，瑞典国王古斯塔夫二世的军事改革已经凭借在战场上的优异表现深入人心。但在孤悬海外的英国，国会军

◎ 英国内战期间的火绳枪手

的骑兵依旧穿着笨重的甲胄，由此被鲁珀特亲王麾下轻装的德意志骑兵讥讽为"龙虾"。在步兵方面，财大气粗的国会军要比对手强得多，国会军的滑膛枪手都配有刀剑，身着盔甲的长矛手占到一个步兵团的三分之一，而王室武装中很多人"除了短棍以外，什么武器都没有"。另外，越来越多的阵地战也开始令王室武装战争初期攻城略地的速度放缓。

1643 年 9 月 20 日，围攻伦敦门户、港口重镇——格洛斯特的查理一世在纽伯利与埃塞克斯伯爵的国会军再度交手。这一次，伦敦民兵以如林的长矛一次又一次击退了鲁珀特亲王的骑兵，最终令王室武装撤回牛津。同时，一支全新的国会骑兵出现在王室控制区的侧后，他们就是克伦威尔组建的"铁骑军"。

王室武装控制牛津后，在剑桥大肆收缴保王党武装的克伦威尔事实上已经孤悬于敌后。1642 年 12 月，国会宣布将剑桥及其周边的诺福克、萨福克等五郡组

成共同防御的"东部联盟",随后这个独立战区的规模不断扩大。在镇压当地保王党的同时,克伦威尔也着手组建自己的核心武装,到1943年9月,其麾下已经有1100名装备精良的骑兵。由于克伦威尔是清教徒,因此在招兵买马时格外注重部下的信仰问题,这使他的铁骑军拥有同时代的军队所不具备的纪律和战意。与此同时,克伦威尔也着手改革英国传统骑兵的装备,铁骑军不再身着重甲,而是身穿轻便的头盔、背甲和胸甲,德意志雇佣兵大量使用的手枪也被克伦威尔用于取代传统笨重的长矛。

◎ 克伦威尔组建的铁骑军

由于铁骑军的兵员以拥有马匹的自耕农为主,因此骑术均不需要重新培训。在"征用"了各地保王党的马厩之后,克伦威尔开始率军北上。尽管铁骑军在战场上表现抢眼,但是克伦威尔与国会的关系却是每况愈下,一方面国会更关注伦敦一线的战事,对克伦威尔频繁来信中增兵催饷的要求置若罔闻,另一方面克伦威尔始终也没有得到他想要的官爵。直到1643年的8月,国会才任命克伦威尔为伊利岛总督,并拨款3000英镑给他的铁骑军。作为交换条件,克伦威尔必须深入敌后,去解救被包围于赫尔的国会军将领——托马斯·费尔法克斯(Thomas Fairfax,1612—1671年)。

克伦威尔成功完成了国会赋予的使命。在与托马斯·费尔法克斯会合后,他控制了东部联盟的门户——林肯郡(Lincolnshire),军势为之大振。克伦威尔在战场上身先士卒的表现,令他无可争辩成了国会新组建的"安全委员会"委员及东部联盟陆军中将。尽管他在东部很快建立了一支15000人的大军,但他仍不是国会眼中结束内战的核心力量。1643年9月25日,英格兰国会正式与苏格兰长老会结成同盟。在英格兰国会每月支付31000英镑的前提下,18000名苏格兰步兵和3000名高地骑兵加入了对查理一世的围攻。

苏格兰加入国会一方,彻底终结了此前王室武装在英格兰各地的攻势。为了救援被苏格兰和国会联军围困的重镇约克，查理一世不得不从牛津前线分出最精锐的骑兵交给鲁珀特亲王北上驰援。鲁珀特亲王成功越过国会军重兵布防的乌斯河，被截断退路的苏格兰军队慌忙放弃了对约克郡的包围向南溃退。面对鲁珀特亲王的追击，得到克伦威尔、托马斯·费尔法克斯指挥的东部联盟军支援的国会军才稳住阵脚。国会军在托克威斯和马斯顿之间的荒原布阵，至此，英国内战中第一场重量级的会战于 1644 年 7 月 2 日拉开序幕。

率领麾下铁骑军参战的克伦威尔奉命攻击王室武装的右翼。下马步战的龙骑兵（乘马机动、下马作战的马上火枪手）驱赶了隐藏在篱笆和壕沟王室火枪手后，克伦威尔一马当先，冲入鲁珀特亲王的骑兵阵列。在针锋相对的肉搏战中，克伦威尔颈部被子弹射伤，双眼也几乎处于半失明状态。但在他的奋勇冲击下，铁骑军成功击溃了对手的右翼，并在随后的战斗中一举扭转乾坤。在铁骑军打开局面的同时，指挥进攻王室武装左翼的托马斯·费尔法克斯却一败涂地，位于阵列中央的国会军步兵同样岌岌可危，但鲁珀特亲王麾下骑兵此时故态复萌，迂回到国会军侧后方后，脱离战场去劫掠敌方辎重。克伦威尔麾下纪律严明的铁骑军此时展现出了难能可贵的品质，他们成功抵达王室武装的后方，彻底终结了鲁珀特亲王翻盘的机会，克伦威尔在递交给国会的报告中骄傲地写道："我们击溃了鲁珀特王子的所有骑兵，对他们尽情砍杀，势如刈草。然后，我们的骑兵进攻敌军的步兵，一路横扫敌兵犹如风卷残叶。"

◎ 铁骑军击败王室骑兵

仅从伤亡数字来看，马斯顿荒原之战双方仍打成了平手，但是从战略上来看，王室武装可谓被伤了筋骨。会战后，王室最重要的基地——约克郡落入国会手中。在战前，查理一世曾叮嘱鲁珀特亲王："如果约克失守，我仍将珍视我的王冠，前提是你必须迅速向我靠拢，而且我们必须趁敌人的北方部队赶来之前在南方出奇制胜。"

鲁珀特亲王的战败同时也扑灭了王室武装攻陷伦敦的最后机会。当然，此战影响最为深远的是为国会竖立了一尊名为克伦威尔的战神。据说，马斯顿荒原之战后，鲁珀特亲王每次与国会军交锋，都会不安地问俘虏："克伦威尔在你们军中吗？"

马斯顿荒原战役时，查理一世在牛津一线力挫了埃塞克斯伯爵的进攻。此外，爱尔兰、苏格兰等地的封建势力也"踊跃勤王"。面对严冬将至的局面，国会方面出现了议和的声浪。克伦威尔的老战友兼名义上的领导托马斯·费尔法克斯尤为起劲，他在议会发表了著名的讲话："我们打败国王99次，他仍然是国王，他的子孙后代也仍将是国王。而国王只要打败我们一次，我们便将被绞死，我们的后代将沦为奴隶！"克伦威尔嗤之以鼻，宣称将以一个"更为迅速、更为强有力、更有效"的打击来结束战争。

最终，议会选择支持克伦威尔，倒不是他们不想与查理一世和谈，而是固执的国王拒绝妥协。此时的克伦威尔展现出了他的另一面——政客特有的狡黠。首先，他提议按照铁骑军的模式组建英国历史上第一支真正意义的常备陆军——"新模范军"。这支"新军"由12个步兵团、11个骑兵团和1个龙骑兵团组成，总兵力为14000名步兵和6600名骑兵。尽管"新模范军"兵力有限，但却一扫昔日贵族自行组建军队的陋习，也摒弃了本地人不愿在外地作战的传统观念。值得一提的是，英国陆军日后闻名全球的红色军装也是"新模范军"开创的新河。

组建"新模范军"的同时，克伦威尔还在国会积极推动"弃权法令"，按照这一政令的要求，国会所有的成员一律免除军政职务。表现不佳的埃塞克斯伯爵黯然下台，托马斯·费尔法克斯成了国会军名义上的最高指挥官，但这位性格温

◎ "新模范军"的骑兵和步兵

◎ 战场上的克伦威尔

和的将军不过是克伦威尔的傀儡。利用在军中的声望，克伦威尔依旧身兼议员和骑兵司令。当克伦威尔在独裁之路上越走越远时，查理一世正左右为难。在 1645 年 5 月 8 日召开的御前会议上，王室武装的主要将领开始讨论究竟应该北上收复约克，还是趁国会组建"新模范军"时痛击对手，查理一世做了最愚蠢的决定：分兵。

王室武装原本就捉襟见肘的兵力在分散后更不堪一击了，查理一世与鲁珀特亲王刚率领 3000 名骑兵和 5000 名步兵北上，国会军就包围了牛津。唯恐巢穴有失的查理一世慌忙回师，在内兹比遭遇了以逸待劳的克伦威尔。尽管拥有两倍于敌的优势兵力，"新模范军"的这次"处女秀"依旧谈不上完美。新近招募的国会军步兵根本不是王室武装老兵的对手，托马斯·费尔法克斯一度要带着自己的卫队和敌军肉搏，最终还是克伦威尔率老铁骑军的骨干击溃鲁珀特亲王的骑兵奠定了胜局。事后，克伦威尔傲慢地总结道："我单枪匹马巡视阵地时，对上帝微笑，希望得到胜利的保证，因为他可以让占优势的人失败，也可以使处于劣势的人取胜。"俨然他主宰着英格兰的命运。

内兹比战役彻底打断了王室武装的脊梁，查理一世只能在鲁珀特亲王和少数骑兵的护卫下到处游荡。尽管在牛津和英国西部的众多城镇仍在保王党的控制下，但在克伦威尔强大的"新模范军"面前，这些据点最终被各个击破。舅舅拒绝和谈，鲁珀特亲王最终选择向国会军投降。随着 1646 年 6 月 24 日牛津向国会军敞开城门，长达 4 年的英国内战画上了休止符。

护国公
克伦威尔征服不列颠群岛和对外扩张

1647 年 1 月，急于获得国会 40 万英镑军费欠款的苏格兰长老会宣布，将流亡于爱丁堡的查理一世引渡到伦敦。尽管此时可怜的查理已无立锥之地，但在民间依旧颇有威望。伴随着"苏格兰人黑心肠，出卖国王换铜钱"的童谣，查理一世南下路上受到了各地民众的夹道欢迎。国会方面认为战争已结束，"烧钱"的常备军已再无必要存在。"新模范军"步兵被欠饷18个星期，骑兵43周没有收入的，国会只肯拿出6个星期的军饷作为遣散费。

作为"新模范军"事实上的领袖，克伦威尔深知不能与掌握财权的国会正面抗衡，于是他一边承诺将按计划解散军队，一边却怂恿部下向国会递交措辞恭敬的请愿书。在这份请愿书中，除了要求国会对"新模范军"在战争中的种种行为不予追究，还提出国会应全额补发欠饷，向残废人员、寡妇和遗孤发年金。向来视金钱为生命的议员们当然不愿意掏钱，随着"新模范军"拒绝执行拆分或调往爱尔兰平叛的命令，国会与军队之间的关系降到了冰点。国会试图调动苏格兰军队南下镇压"新模范军"，克伦威尔则抢先一步劫持了国王。

日后，身为护国公的克伦威尔对一名国会议员说，他出身士绅，尽管不显赫但也不卑微。因此，他本质上并不反对君主制，有证据表明，1647年夏季，他曾考虑过与查理一世结盟。但此时的克伦威尔已不是战场上一呼百应的统帅，而是由自耕农组成的"新模范军"利益的代言人。发现军中弥漫着彻底打倒国王和贵族，平分地权的思潮后，克伦威尔拔剑冲入军营，亲手逮捕了试图反对他的下级军官，但他不得不放弃了与国王结盟的想法。此时，伦敦爆发的市民暴动也迫使国会的主要议员逃入克伦威尔的军营，哀求"新模范军"保护国会的"自由"，随着克伦威尔重返伦敦，"新模范军"与国会由昔日的从属关系变成了分庭抗礼的相互需要。

在与克伦威尔接触的过程中，查理一世第一次感到了死亡的威胁。国会议员只是要限他的权，而"新模范军"的自耕农却是要他的命。于是，1647年冬季，查理一世逃到怀特岛（white island），不惜代价与大不列颠诸岛的各派势力达成妥协和盟约。第二次内战随即爆发，但恰如丘吉尔总结的那样："国王、贵族和国会，地主和商人，城市和乡村，主教和长老会派，苏格兰军、威尔士人民以及英国海军，均转而反对新模范军，但均被打败。"以伦敦为中心，克伦威尔首先击败了威尔士的保王党，随后挥军北上与24000人的苏格兰大军会战于普累斯顿。一路上忍饥挨饿的苏格兰人士气低迷，在克伦威尔轻骑突进、缺乏火炮支援的情况下，在其最擅长的白刃战领域被击溃。至此，"新模范军"不可战胜的神话在不列颠正式确立，以至于装备精良的英国海军在面对衣衫褴褛，几乎赤足的"新模范军"

时也乖乖缴械投诚。

1648 年年底，第二次内战以克伦威尔和"新模范军"的全面胜利而告终。保王党被彻底粉碎，国会也形同虚设，宪法成为一纸空文，苏格兰人龟缩北方，威尔士人则退居山上，舰队也改编。克伦威尔凯旋之日，整个伦敦都慑服于他的赫赫军功。对克伦威尔而言，要达到权力的顶峰，他只需要一步了。

1648 年 12 月 1 日晚，风雨交加，"新模范军"的一支别动队在怀特岛登陆。此时，查理一世还认为自己有与国会谈判的筹码，在毫无抵抗的情况下任由对方将自己带往不列颠岛，囚禁在赫斯特城堡。与此同时，克伦威尔的部下已控制伦敦，普赖德上校率领全副武装的士兵控制了国会入口，根据克伦威尔罗列的名单，45名不懂得趋炎附势的议员被逮捕，另有 96 人被挡在门外，史称"普赖德清洗"。"大清洗"第二天，克伦威尔抵达国会，此时除了他的老领导——托马斯·费尔法克斯，已经没有敢当面提反对意见了。

残存的议员和"新模范军"的主要将领都支持审判查理一世，但克伦威尔起初并没有想判处国王死刑。在他看来，废黜或软禁国王足以将他推上英格兰主宰的位置。但费尔法克斯积极为国王求情，最终令克伦威尔痛下杀手。费尔法克斯的理由是，处决国王后，其流落于荷兰的王子必然成为国会新的对手，且英国历史上也没有公然处决一位合法君王的先例。这个说法随即引来"新模范军"军官团的一片嘘声，显然在军人的眼中"血债"必须"血偿"。克伦威尔同样在战争中失去了两个儿子，因此他是向查理一世复仇的最佳人选。

后世的英国史学家们总是不遗余力将克伦威尔与查理一世描绘成天生的死敌，甚至杜撰他们童年时便曾大打一架，克伦威尔抓破了查理一世的鼻子云云。但事实上，在荷兰律师艾萨克·多利斯劳斯按照古罗马审判暴君的先例，召集135 人的委员会公开审判国王之前，克伦威尔始终要求部下给予查理一世一个国王的礼遇。甚至在查理一世走进法庭时，克伦威尔仍虚心询问部下，应该以何种名义进行审判，有人及时给出了"以国会和所有善良的英国人的名义"这一经典答案。

对查理一世的审判在国王轻蔑的态度下进行了 7 天，由于查理一世拒绝为自己辩护，因此如何量刑便取决于陪审团的国会议员们。日后，许多在死刑书上签名的议员都宣称，自己是在"新模范军"的压力下被迫签名的，甚至有人绘声绘色地说，是克伦威尔抓着自己的手进行画押的。事实上，克伦威尔何尝没承受来

◎ 展现革命者无情清算保王党的著名油画《你怎么看你父亲的行为？》

自军队的压力？毕竟，处决国王意味着与苏格兰乃至欧洲的王室决裂，意味着他将从此站在英国传统忠君思想的对立面，但他已无法回头。1649 年 1 月 30 日这个寒冷、多雾的早晨，与自己年幼的子女告别后，查理一世走向了断头台。在受刑前，他追忆了曾被自己抛弃的能臣温特沃斯，向围观群众宣称自己是"人民的殉难者"，这种颇具君王气质的落幕为他赢得了诸多加分。以至于有人回忆，行刑后，"新模范军"靠出动骑兵才驱散了悲怆的民众。国王死后，克伦威尔在"遗

体告别"时说了一句值得流传千古的名言："残酷的必需。"

纵观英国内战的进程，克伦威尔起了很大的推动作用，但他并不是一个人在战斗。这是一场新兴的资本力量战胜传统的忠君观念，城市民兵和自耕农击败贵族和佃农，清教徒派战胜英国国教的战争。因此，克伦威尔虽然处决了国王，但他却不能取而代之。国会虽然不再高朋满座，但依旧主导着这个国家，而背负所有骂名的克伦威尔却得面对一个尴尬的现实：在一个全新的共和国体制内，他依旧不能卸下戎装。既然第二次内战也结束了，那么"新模范军"仍要接受裁员。为了保住这支忠于自己的武装力量，克伦威尔迫切需要一场新的战争。

好在因处决查理一世引发的一系列内外矛盾都急需武力解决，爱尔兰出现了旨在复辟王室的"保王党—天主教"同盟，苏格兰人则拥戴查理一世之子威尔士亲王查理二世（Charles II of England，1630—1685 年）为新任国王，大有举兵南犯的架势。英国王室的传统盟友——荷兰、丹麦拒绝承认英格兰共和国的合法性，西班牙和法国更趁势在海上大肆劫掠英国商船，甚至连遥远的俄国沙皇也借机囚禁英国商人，没收了他们的货物。当然，在——出兵惩戒前，克伦威尔首先要面对的是名为"掘地派"的公社运动。

掘地派是以伦敦破产商人温斯坦莱为首的一干无地农民，他们打着"平均地权"的旗号在各地圈占土地，集体耕种。尽管掘地派最初的目标只是无主的荒地，但他们"真正的自由就是自由使用土地"的口号，以及"新模范军"的退伍老兵也加入其中，引起了克伦威尔的警觉。在大举镇压掘地派的同时，克伦威尔也开始整训出现厌战情绪的"新模范军"，不愿前往爱尔兰征战的士兵被开除军籍，拖欠的军饷也不再补发。

克伦威尔是一名虔诚的清教徒，因此他在征讨信奉天主教的爱尔兰人时怀有煽动"圣战"的情绪。在攻坚战中，他不仅再度身先士卒，攻陷要塞后更疯狂屠戮。在事后提交给国会的报告中，克伦威尔称自己的行为是"上帝给予这些野蛮人的惩罚"。但无论从个人威信还是"新模范军"财政的角度来看，克伦威尔在爱尔兰的行动都不那么单纯。随着"新模范军"挺近，克伦威尔也鼓励英国自耕农向爱尔兰移民，他驱逐爱尔兰人向西北迁徙的口号——"不想进地狱就滚到康诺特（Connacht，爱尔兰西部省份，以荒芜而著称）去"，成为著名的"克伦威尔诅咒"，在日后爱尔兰的民族争端中持续发酵。

1650 年 5 月，在爱尔兰战事仍未完全结束之际，克伦威尔将指挥权移交给自己的女婿亨利·艾尔顿（Henry Ireton，1611—1651 年），随后马不停蹄赶回伦敦。因为此时来自丹麦和荷兰的大批雇佣军已经开始在苏格兰集结，国会迫切希望先发制人。最初，国会议员不希望克伦威尔独领风骚，他们委任托马斯·费尔法克斯远征苏格兰，但查理一世被处决后，费尔法克斯便对政治和战争失去了热情。克伦威尔从爱尔兰前线赶回来"规劝"他领命的举动，更坚定了费尔法克斯急流勇退的信念。6 月 26 日，克伦威尔正式成为英格兰共和国武装力量的最高统帅，对此，他在写给朋友的信中虚伪地表示："我并不想担任这些职务，这是上帝召唤我去做的！"

　　7月底，克伦威尔率10500名步兵和5000名骑兵进入苏格兰，但志得意满的他并没有想到这次远征竟险些令他上演"走麦城"①。由于英格兰和苏格兰边境地区早已由于反复拉锯而陷入荒芜，在苏格兰人的高沟深垒和后勤压力下，克伦威尔的军队很快便陷入了进退维谷的窘境。8月，在疫病和饥饿的折磨下，克伦威尔先是退守马塞尔堡，随后又撤往沿海的丘陵地带——邓巴尔（Battle of Dunbar）。此时，苏格兰统帅大卫·莱斯利（David Leslie，1600—1682年）坚壁清野的战略目的已快成功，但把持苏格兰政权的长老会却失去了耐心，他们认定克伦威尔已穷途末路，勒令大卫·莱斯利"追杀穷寇"。

　　1650年9月3日，克伦威尔生命中最为艰险的一战正式打响。手握21000名苏格兰雄兵的大卫·莱斯利计划在清晨给英国军队致命一击。但是，仅有11000名部下的克伦威尔决定先发制人。午夜时分，克伦威尔先在左翼发动佯攻，随后6个中队的骑兵突然杀入苏格兰人的右翼。猝不及防的苏格兰军队虽然用长矛顶住了对手的第一轮进攻，但随着克伦威尔亲率3个步兵团和1个骑兵团的预备队投入战场，大卫·莱斯利的战线彻底崩溃了。

　　由于大批苏格兰人被克伦威尔的骑兵驱赶到了战场西侧的深谷地带，苏格兰军队的兵力优势根本无从施展，结果陷入了合围。最终，带着上万名俘虏，克伦威尔策马扬鞭冲入了苏格兰首都爱丁堡。尽管战争还在继续，但不列颠已再无一支武装力量可以挑战克伦威尔的权威了。日后，丘吉尔颇有诗意的写道："英格兰垂手顺服，爱尔兰俯首慢服，苏格兰悚然屈服。这三个王国统一起来，处于伦敦专制政府的统治下，不可抗拒的力量填写了英国历史上最难忘的一页。"1651年9月，克伦威尔在伍斯特攻陷了查理二世据守的最后一座"王室堡垒"。为此，国会不仅慷慨支给他4000英镑的年薪，更将号称"英国凡尔赛"的汉普顿宫辟为他的私人府邸。一时间，关于克伦威尔即将自立为王的传言在英国甚嚣尘上。

　　军中自然不乏"劝进者"，国会中一些识务者也开始公开发表英国需要"君主制"的言论。克伦威尔身边稍有政治头脑的幕僚则建议克伦威尔，先册立查理一世

❖

①汉建安二十四年，蜀将关羽在败走麦城时为吴将截获，被斩于临沮。后以"走麦城"喻陷入绝境。

12 岁的小儿子亨利——格洛斯特公爵（Henry Stuart, Duke of Gloucester, 1640—1660 年）为国王作为过渡。但克伦威尔深知时机尚未成熟，因为他所要面对的敌人不只在英国。当时，庞大的军费令英国财政日益恶化，尽管在内战中没收的保王党土地还可以支撑一阵，但如果没有海外贸易的利润，都铎王朝统治时期绽放的资本之花只会慢慢枯萎。要打开贸易航路便需要一场海上战争，这就是克伦威尔仍需要国会的原因。

在内战时期，英国海军的建设几乎停滞不前。因此，克伦威尔上任后，展开了规模空前的海军改革。一方面大批新型舰艇下水服役，另一方面一个由"新模范军"将领组成的海军委员会取代了昔日私掠船主和贵族把持的海军元帅制。尽管海军委员会的主要领导对海战一窍不通，但充足的物资供应、丰厚的军衔以及鼓励缴获或摧毁敌舰的"奖金"令英国海军士气如虹。1651 年 10 月 9 日，英国颁

◎ 被视为克伦威尔称帝过渡人选的亨利

布旨在排斥"海上马车夫"荷兰的《航海法案》。该法案宣布英国在海上进口的货物只能使用英格兰船只,或是卖方的船只,而不得使用除此以外的其他船只。与此同时,英国海军开赴地中海等地打击以鲁珀特亲王为首的保王党私掠船。

英国海军对保王党舰队的打击,很快便蔓延到保王党依为巢穴的欧洲港口以及英国的海外殖民地。1650年,英国海军封锁葡萄牙沿海。曾在英国的帮助下摆脱西班牙获得独立的里斯本,无奈宣布放弃支持鲁珀特亲王。1651年1月,共和国军队收复英国在西印度群岛的据点,3月,保王党控制的美洲殖民地弗吉尼亚和马里兰宣布向伦敦投降。1652年春,克伦威尔大张旗鼓宣布要越过海峡远征敦刻尔克,正在与西班牙人作战的法国枢密主教马萨林被迫与克伦威尔展开谈判。随着1652年9月英国海军重创法国舰队的炮声,被西班牙军队围困的敦刻尔克陷落。不过,此时英国最主要的对手是,控制着波罗的海贸易和印度群岛香料并垄断了鲱鱼捕捞的荷兰人。因此,克伦威尔并没有前往法国一展其陆战才华的野心。随着路易十四的特使抵达伦敦,宣布无条件承认英国的共和国体制,英法之间结成了战略同盟。此时,英荷两海上强国已在辽阔的北大西洋和地中海大打出手。

第一次英荷战争的起因是一起无足重轻的外交纠纷。1652年5月19日,一支由荷兰海军名将马顿·特龙普(Maarten Tromp,1598—1653年)指挥的荷兰舰队,保护来自东印度群岛的货物通过英吉利海峡。他们恰巧与罗伯特·布莱克(Robert Blake,1598—1657年)麾下的英国海军遭遇。见荷兰舰队没有向自己致以"升旗礼",布莱克秉承着"藐视我就是与英国为敌"的宗旨,要求对方停船进行检查。由于此时英国海军正与法国处于敌对状态,所以,英国政府长期坚持有权没收荷兰商船所承载的法国货物。以"海上物流"为生的荷兰人自然不甘受辱,于是,一场海上冲突由此展开。

"英国海军在攻击一座金山,而荷兰人则在攻击一座铁山。"荷兰人这样说道。荷兰海军在地中海取得了战术上的胜利,但在波罗的海、北海和英吉利海峡的贸易航线却不堪英国人的滋扰。英国海军的损失不过是一些"铁屑",每一艘被击沉的荷兰船只都是"金山"上掉落的财富。战争进行了近两年时间后,荷兰的经济便濒临崩溃,阿姆斯特丹街道上杂草丛生、乞丐遍地。1653年8月的斯赫维宁根海战,马顿·特罗普的战死更令荷兰海军痛失支柱。荷兰政府迫切希望向英国求和。

与荷兰相比,英国的财政状况也不太好。维持庞大的海军需要英国政府一年支出 100 万英镑，其中还不包括建造新型舰艇的 30 万镑。巨大的财政赤字令英国国会不得不重新推行"羊吃人"的圈地运动。面对社会上不满的声浪，冷眼旁观的克伦威尔随即以"代民请命"的身份挺身而出。1653 年 4 月 20 日，克伦威尔以国会正在审议以财产为标准的议员选举办法为着力点，带着军队满腔愤怒出现了在国会上。起初，克伦威尔若无其事坐在自己的位置上，但当国会宣布对新的选举法进行表决时，他突然起立呵斥国会议员腐败堕落。当情绪高涨时，他大声怒吼："我不让你们再胡说八道，你们根本不能代表国会。"随后，大批士兵冲入国会大堂，将议员们赶到了街上，克伦威尔斥责为"不知道干什么用"的议长小槌也被扔了出去。

面对空空如也的国会，伦敦人俏皮地在门上贴了"本宅出租——不附带家具"的字条。但权力的宝座却没有空置，英国的街头不仅出现"12 个议员只值 1 便士"的欢呼，也出现了头戴王冠的克伦威尔画像，下面还出现了如下的注脚："登上三个王位的宝座，伟大而神圣的将军，这是上帝的旨意，狮子纹章应该属于你！"但克伦威尔最终在王座面前停下了脚步，有人说他是良心未泯，心中已经有共和的信念，也有人说他是无法平息军中的不平声浪，只能退而求其次。位极人臣的丘吉尔则说："他是个土里土气的都铎王朝绅士。他只希望看到苏格兰和爱尔兰俯首归顺，看到英格兰成为西方世界所畏惧的强国，有顽强的自由民、正直的地方官、博学的牧师、蒸蒸日上的大学和无敌的舰队。"这或许是原因。因为克伦威尔面对的已不再是大不列颠可以闭关自守的时代，他无法像"无地王"约翰和亨利·都铎那样躲进一统山河的迷梦之中。没有英国各阶层的支持，他无法结束与荷兰的战争，更无法面对一个充满敌意的欧洲。

◎ 克伦威尔解散议会

1653 年 7 月，克伦威尔重新组

建了以军官团和清教徒为主的国会，他获得了堪称"无冕之王"的护国公头衔。可笑的是，这个新的国会成立伊始便宣布将参选议员的门槛由 40 先令的地产提升为 200 英镑的不动产。克伦威尔对此颇为不满，他咆哮着："你们似乎打算制造分裂，而不是帮助人民解决问题！"他再度宣布解散国会。此时，英国已在 1654年 4 月 15 日与荷兰签订了《威斯敏斯特和约》。根据和约，荷兰承认英国在东印度群岛拥有与荷兰同等的贸易权，支付 27 万英镑的战争赔款，割让大西洋上的圣赫勒那岛（Saint Helena）。另外，在英国水域，所有荷兰水手都需要向英国船只致敬。

大狂欢
王政复辟与英荷战争

晋升为"护国公"的克伦威尔并没有停止对外扩张的脚步。1655 年，英国海军以不宣而战的方式攻占了西班牙在加勒比海的重要据点——牙买加（Jamaica），由此，英国正式介入法国与西班牙之间的战争。对此，英国政务院秘书约翰·瑟洛曾忧虑地指出，西班牙帝国已经日薄西山，而路易十四统治下的法国正冉冉升起，日后必将成为英国的潜在威胁。但克伦威尔更重视眼前的利益。在随后的两年里，罗伯特·布莱克多次闯入西班牙辽阔的海外殖民地。仅在 1657 年 4 月 20 日的战斗中，他的舰队便摧毁了西班牙人 6 个珠宝转运港、10 艘护航舰和 6 个炮垒。

布莱克的成功得益于他在海军战术领域的创新，作战时，他将所有舰只以一定的间隔排成一个纵队。这种纵队可以最大限度地发挥舷侧炮火的威力，同时海军指挥官也可根据自己的作战意图对井然有序的舰队实施最有效的作战指挥。这一全新的战术配合英国海军 3 层甲板密布火炮的重型战列舰，以及英国水手 5 分钟内实施 5 次舷炮齐射的战术素养，使英国海军不但在海上望风披靡，甚至不再畏惧工事完备的岸炮堡垒。

不过，常年的海上生活极大损害了布莱克的身体健康。1657 年夏，重病在身的他返回英国。一心渴望在去世前能够靠岸的他最终还是在战舰抵达朴茨茅斯海

湾进口处时溘然辞世。他留下了一支强大的海军，以及一度被后世奉为金科玉律的《永久战斗条令》。

与海军的高歌猛进相比，英国陆军在克伦威尔成为护国公后的处境有些尴尬。1655 年 3 月，保王党"余孽"约翰·彭鲁达克上校发动叛乱。尽管这次武装政变很快便被镇压，但来自秘密警察的报告却令克伦威尔在众多未遂的阴谋面前选择了高压姿态。他将英格兰和威尔士划分为十一个区，每个区派驻一支骑兵和一队经过改编的武装民兵。身为封疆大吏的各区军政长官除了维护治安外，还要向公认的保王党人征收特别税金以及推行清教徒的宗教观念。一时间，英国各地赌博、酗酒、通奸等社会恶习被一扫而空，

◎ 英国海军名将罗伯特·布莱克

但像斗熊、斗鸡、赛马和摔跤在内的体育活动也遭到禁止，颇显因噎废食。甚至出于对圣诞节的反感，克伦威尔纵容士兵在圣诞夜闯入民宅，抢走烤箱里的肉。

尽管对国内的整肃牵扯了克伦威尔很大一部分的精力和时间，但是 1657 年他依旧接受路易十四的邀请，派出一支 3000 人的地面部队前往法国北部与西班牙作战。因为路易十四许诺，一旦收复格拉沃利讷、敦刻尔克和莫迪克三座重镇，法国政府便将敦刻尔克割让给英国。为了应付这场战争，克伦威尔不得不重开国会。此时，他年事已高，他重组国会显然不只是为了获得战争经费，但就像他支持者所说的那样："护国公的称号不受任何法律的保护，而国王的称号则不同。"最终在军官团的反对下，克伦威尔只能勉强保住"护国公"世袭这一权力，王冠依旧与他无缘。心怀不满的他于 1658 年 1 月第三次解散了国会。

克伦威尔出兵法国是他个人军事生涯的最后一次成功。在海军舰炮的支援下，英国陆军成功在敦刻尔克东北的迪讷战场，牵制住了西班牙军队的右翼及预备队

骑兵，因此法国人才从容完成了对敌军的左翼迂回。为了感谢克伦威尔的帮助，年轻的路易十四履行了承诺。在失去加来整整一个世纪后，英国终于重新在欧洲大陆获得了一个桥头堡。但法国在这场战争中收获更多——获得了相当于今天比利时全境的西属尼德兰。一个强大的法兰西在欧洲日益抬头。

1658 年 9 月 3 日，邓巴尔战役的 5 周年纪念日，克伦威尔在大风暴的怒吼声中逝世。据说，他的遗嘱是"上帝和他的人民在一起"。毋庸置疑的是，克伦威尔在生命的最后几年，享受的待遇与国王并无二致。在最后一届国会的开幕式上，议员们为他奉上一件貂皮镶边、紫红色的丝绒袍，黄金制成的权杖，一支 160 人的卫队拱卫在他的四周。在其死后，克伦威尔更享受到了詹姆士一世的王室葬礼，在灵车经过的街道两旁矗立满了身着黑色纽扣、崭新红色制服的士兵。君王的虚名对克伦威尔而言如"帽子上的一根羽毛"，但就是这"一根羽毛"的差别，将他的继承者推向了万劫不复的深渊。

事实上，在 1657 年强迫国会承认护国公世袭制之前，克伦威尔并未认真考虑过让他的儿子继承大宝。但在内战中失去两个儿子后，克伦威尔对子女照顾有加，并没有刻意培养他们在政界和军界的威望。长子理查德（Richard Cromwell，1626—1712 年）被认为是一个温和有礼的农夫，甚至连自己的庄园都经营不好。长期以来，被认为最有可能继承他衣钵的是他的大女婿——亨利·艾尔顿。但在爱尔兰反游击战时，艾尔顿败给了病魔，克伦威尔随即将女儿和爱尔兰地区的军务交给另一位颇具才能的查尔斯·弗利特伍德（Charles Fleetwood，1618—1692 年）照料。

作为曾和自己在苏格兰战场上一起浴血拼杀的老部下，克伦威尔对弗利特伍德颇为信任。弗利特伍德也对克伦威尔忠心耿耿，他拒绝了克伦威尔提名他为继承人的想法，全力支持克伦威尔的长子理查德。事实上，克伦威尔的次子亨利（Henry Cromwell，1628—1674 年）颇有其父遗风，他从一名骑兵上校起步，最终继承了弗利特伍德的岗位，成了共和国期间最后一任爱尔兰总督。因此有人认为，克伦威尔如果能够"废长立幼"，那么共和国的危机仍有机会安然度过。

克伦威尔尸骨未寒，其继任者理查德便不得不面对来自国会和军队的双重压力。赋闲在家的议员指责政府在护国公葬礼上花费太多，军中老将则根本不买理查德的账，他们抓住总司令一职不可世袭的法律漏洞，要求理查德将军权交给他的姐夫弗利特伍德。这场危机表面上看是因为理查德个人威望不足，但却折射出共和国经济和军队建设中长期存在的隐忧。克伦威尔统治时代，英国财政年收入约 190 万镑，相对于斯图亚特王朝统治时期王室仅 60 万镑的年收入可谓有了长足的进步，但仅军费开支一项却便轻松耗尽了共和国的国库。包括来自尼德兰和牙买加雇佣军在内的 6 万名常备陆军需要 110 万英镑，活跃于辽阔大西洋、地中海和波罗的海的英国海军则每年至少需要 50 万镑。如需进行海上战争，海军军费则将上涨至 90 万镑。

克伦威尔不是没有想过裁军，他去世前，英国陆军已经削减至 4.8 万人。但是要维护爱尔兰和苏格兰地区的稳定，这样的陆军规模已经是最低标准。在裁军的同时，克伦威尔也有意摒除那些有反政府倾向的军官，这一举措令共和国陆军的上层基本都是克伦威尔的老部下，他们对克伦威尔本人效忠却对政治漠不关心。昔日的"新模范军"士兵在更新换代中也逐渐视军队为谋生手段，不再热衷于分辨君主与共和之间的异同。如果说，克伦威尔是一位国王，这样的军队或许仍将追随理查德，但在西班牙还有一位"正统"的国王——查理二世虎视眈眈关注着自己国家的异动。

查理二世一直在策划刺杀克伦威尔，在新任护国公被迫重新召集国会以压制军队势力之际，保王党人趁势而起，但"新模范军"昔日的军威仍在，克伦威尔远征苏格兰时期的副手约翰·兰伯特（John Lambert，1619—1684 年）轻松镇压了保王党在各地的反乱。这次军事行动却宣布了军队在共和国中决定性的位置。克伦威尔已经证明没有国会的共和国仍能运作，没有军队的国家便将轰然倒塌。1659 年 10 月，迫于兰伯特的压力，国会被再度解散。但兰伯特的野心还不至于此，他谋划与查理二世结成儿女亲家，在复辟君主制之后谋得家族的荣华富贵。

军队的名义领袖弗利特伍德对兰伯特的阴谋洞若观火，一时间，英国陆军中形成了以兰伯特为首的英格兰方面军与以弗利特伍德、亨利·克伦威尔为首的爱尔兰方面军对峙的局面。新的内战一触即发，而双方力量消长的关键在于驻扎苏格兰的乔治·蒙克（George Monck，1608—1670 年）。蒙克出身贵族世家，早年还曾跟随白金汉公爵南征北战。在英国内战中，他加入王室武装与国会军作战，但时运不济。后来，他被国会军俘虏，送入了伦敦塔接受"改造"。

在被关押的两年里，蒙克笔耕不辍，写下了雄文《政治及军事情况分析》，克伦威尔很赏识他，不仅令其重获自由还委以重任。在苏格兰战场，克伦威尔与蒙克在邓巴尔并肩作战，事后论功行赏，克伦威尔委任他为苏格兰的封疆大吏。

◎ 乔治·蒙克

其后，蒙克虽然曾指挥海军参与第一次英荷战争，但始终不肯放手苏格兰。克伦威尔用人不疑，在出任护国公后任命他为苏格兰总督。手握不列颠半壁江山的蒙克自然不是泛泛之辈，在国会与军队陷入分裂之际，他表面拥护共和、在苏格兰重组地方议会，实际上却忙于排除军中异己。1659 年 11 月，在获得苏格兰普遍支持的情况下，蒙克高举恢复国会和法律原则的旗帜率 7000 名精兵南下。此时，雌伏已久的国会军元老——托马斯·费尔法克斯在约克郡公开支持蒙克，兰伯特曾试图率军抵抗，但发现自己的威望不足以调动军队和民众。在伦敦百姓的狂欢声中，理查德、弗利特伍德被迫下野，兰伯特则被送入了伦敦塔。掌握了英国武装力量总司令的权柄后，蒙克宣布重组国会，并提议迎回流亡海外的查理二世为英国合法君王。

国会随即给滞留西班牙的查理二世送去大笔钱，过去敌视国王的舰队奉命保护查理二世回国。成千上万的人在多佛等候着他。1660 年 5 月 5 日，蒙克将军恭敬地迎接查理二世的"王者归来"。去伦敦的途中，各阶层的人熙熙攘攘，人们抑制不住自己的情绪，噙着泪水尽情欢呼。面对"新模范军"整齐威武、寒光闪闪的阵列，查理二世或许想起了昔日被他们追得走投无路的时光，但此刻他们却成了保护王权的坚盾。伦敦市长和议员带头欢庆这一节日。国会上、下两院表示忠于国王，承认他的权力。各阶层的人，无论是富人还是穷人，保王党还是圆颅党，此时都其乐融融，形成了史无前例的欢乐场面。丘吉尔感慨地称这一天为英格兰的极乐之日。这一天，恰恰还是查理一世的 11 周年忌日。

快乐的时光总是短暂的，国王的归来并不能为债台高筑的英国带来实质收益，相反国会需要替查理二世流亡时打下的白条埋单。因此解散常备军便成了缓解财务危机的唯一出路。好在拥有近 5 万人的英国陆军此时也厌倦了战争和对内镇压，不到几个月，这支力量无限、不可战胜、随时可能吞噬不列颠王国和社会的军队中 90% 的人重归平民行列，几乎没有任何骚动。因为克伦威尔教导过他们服从和自制。与普通士兵不同，昔日共和国军队的灵魂人物兰伯特被判处了死刑。为了替父报仇，查理二世又授意对内战中打垮王室武装的克伦威尔、艾尔顿和布莱克三人进行"鞭尸"。

从人道主义的角度来看，查理二世将克伦威尔等人已经腐烂的尸体挂在绞刑架上 24 小时，然后枭首示众的行为颇为残酷。但英国史学家事后这样总结道：面对社会舆论的压力，查理二世此举属于"抛出死尸而挽救活人"。克伦威尔两个儿子的生命并没有受到威胁，理查德被放逐了 30 年后于 1712 年回到英国隐姓埋名生活着，亨利则由于拱手交出了爱尔兰的军权而在政治上受到了优待，保全了自己家族在剑桥的产业。因此，英国民间长期流传着示众的尸体并非克伦威尔，护国公的遗体早已被秘密转移的故事。

查理二世的归来不仅是王政复辟，也是国会的复辟。国会在战场上打败了国王，同时也控制了为此目的而建立的可畏军队。在纠正了过激的思想后，国会成为不可抗拒、无可争议的英国统治机构。新的君主观念已经形成，但英国距离完整意义上的君主立宪制国家仍有漫长的道路要走。关于国王、国会与法律之间的关系，要在大西洋彼岸的另一场"英国内战"中才会引发争论。

英国军队和民众之所以鄙弃雄才大略的克伦威尔，接受查理二世这个花花公子，很大程度在于护国公严格要求整个社会按照他所认可的"清教徒"模式运转，令人倍感压抑和无趣。他们的确没有选错人，查理二世风度翩翩、生性幽默，其风趣的言谈获得英国民众的爱戴。多年流亡海外，寄居各国王室的生活更令他成了声色犬马领域的行家里手，英国日后风靡世界的赛马规则都是由他亲手制定的。民众称他为"快活王"（Merrie Monarch）却并无讽刺之意。在这样一个国王的引领下，英国社会各阶层都倍感轻松，有人不免惋惜：各个阶层赞成罪孽者的松散统治，却不喜欢圣人的严格管束。其实，当时的英国人都愿意充当上帝选民，可他们心目中的上帝不是清教徒崇拜的那种不食人间烟火的形象。

由于有限的陆军需要驻守不安分的爱尔兰和苏格兰，查理二世在 1662 年将克伦威尔在法国圈占的据点——敦刻尔克以 40 万英镑卖给了路易十四。上帝似乎很眷顾这个败家的花花公子，这一年，他迎娶了葡萄牙公主卡特林娜（Catherine of Braganza，1638—1705 年），又轻松获得了 80 万英镑的嫁妆以及葡萄牙重要的海外贸易据点——北非的丹尼尔（Daniel）和印度洋的孟买（Mumbai）。当然查理二世的老丈人——葡萄牙国王若昂四世（John IV of Portugal，1604—1656 年）并非老年痴呆，他之所以如此大张旗鼓将女儿嫁入英伦，主要还是出于国家的战略考量。自 1640 年重获独立以来，葡萄牙在欧洲始终提心吊胆。世仇西班牙虽然日益没落，但对葡萄牙而言依旧是不可力敌的庞然大物。路易十四治下的法国野心勃勃，葡萄牙与之结盟无非是被捆绑了在"太阳王"的战车上。而真正对葡萄牙构成威胁的是当时的海权强国——荷兰。

1640 年 6 月，荷兰海军开始封锁葡萄牙在东南亚贸易的核心据点——马六甲

◎ 带着丰厚嫁妆来到英国的葡萄牙公主卡特林娜

（Malacca），经过半年的围攻，葡萄牙守军付出超过 7000 人的死伤后不得不开城投降。随后，荷兰又在印度洋连续拔除了葡萄牙人建立的科伦坡（Colombo）和讷加帕特南（Negapatam），昔日葡萄牙航海家达·伽马（Vasco da Gama，1460—1524 年）开创的印度洋贸易圈只剩下果阿（Goa）仍在苦苦坚持。为了"止损"，也为了借助英国的力量对抗荷兰，若昂四世只能忍痛割爱，将自己的宝贝女儿嫁给用情不专的查理二世。

尽管风流成性的查理二世在宫廷不顾影响招蜂引蝶，一度气得正牌王后卡特林娜鼻孔出血，昏迷不醒，但他对岳父馈赠的两处殖民地却颇为上心。他不仅拿出国库年收入的十分之一去巩固遭受北非摩尔人围攻的丹尼尔，更在孟买的葡萄牙总督拒绝移交的情况下，大力扶植英国商贾进入印度洋。伊丽莎白时代成立的东印度公司正是在查理二世的统治时期进入了孟加拉海，并在查理二世特许其"自

◎ 查理二世风流奢华的宫廷生活

主圈占土地、铸造钱币、组建军队、结盟和宣战、签订和约"的 5 条法律下日益壮大。

随着查理二世将英国对外扩张的重心由克伦威尔时代的欧洲大陆转向辽阔的海外殖民地，英国与荷兰之间的关系更加恶化。此时的荷兰已经从第一次英荷战争失败的阴影中恢复了元气，开始在各个领域挑战英国的权威。荷兰渔船频繁出没于苏格兰，沿海捕捞鲟鱼。1626 年以相当于 24 美元买下的曼哈顿岛，日益成为荷兰在北美殖民地的中心，威胁着被称为新英格兰的英属北美殖民地。为了在海上一举击败荷兰人，英国国会拨款 250 万英镑用于加强海军建设。与此同时，英国内战时期的百战老将——鲁珀特亲王和乔治·蒙克也联袂出征，不过英国海军总司令的桂冠还是戴在了查理二世的弟弟——约克公爵詹姆士（James II and VII，1633—1701 年）的头上。

身为王弟的詹姆士倒不是一个纨绔子弟，在流亡海外期间，他曾以客将的身份活跃于法国和西班牙的军队，并得到了法国名将杜伦尼的赏识。应该说英、荷两国海军在开战前整体战力不分伯仲。但此时的荷兰殖民地遍布亚、非、拉美，兵力不足，1654 年荷兰被迫放弃对葡萄牙殖民地巴西的入侵，1662 年被郑成功驱逐出台湾。因此，约克公爵在第二次英荷战争正式爆发前，决定首先拿荷兰在北美的殖民地开刀。1664 年 8 月，4 艘英国海军战舰驶入赫德森河（Hudson River）入海口，被称为"新阿姆斯特丹"的荷兰殖民地无力抵抗，英国人随即将这座据点改名为"新约克"，国人则音译为"纽约"（New York）。英国人在北美的不宣而战，以及频繁骚扰荷兰西非殖民地的举动，令荷兰政府忍无可忍。1665 年 2 月 22 日，阿姆斯特丹正式向伦敦宣战。

英荷的第二次交手在开始阶段几乎是第一次英荷战争的翻版，英国海军扼守英吉利海峡和北海，迫使荷兰展开毫无胜算的决战。1665 年 6 月 13 日爆发的洛斯托夫特海战，英国海军成功重创对手。但查理二世被胜利冲昏了头脑，他先解除了不肯追杀残敌的弟弟詹姆士的指挥权，随后又命令英国舰队冲入中立国的港口攻击荷兰商船。此举随即引发了丹麦与英国的敌对，路易十四也趁势向英国发难。至 1666 年 1 月，英荷战争已经演变成了三大西欧强国对英国的围攻，尽管英国海军在战场上仍保持进攻姿态，但国内蔓延的黑死病和 1666 年 9 月的伦敦大火令查理二世不得不与荷兰展开和谈。

应该说，英国和荷兰此时都已经意识到，这场战争再继续下去只会能令法国渔翁得利。但在商洽和平条约时，荷兰海军于 1667 年 6 月 19 日夜晚趁涨潮闯入

◎ 荷兰人成功阻止了英国海军的入侵

了泰晤士河。荷兰军舰的炮声随着泰晤士河的波浪传到伦敦,隆隆巨响,震耳欲聋,令整个大不列颠为之震动。荷兰海军展开此次奇袭是为了报复"霍尔姆斯篝火"事件①。荷兰人虽然出了一口恶气,却令英国怀恨在心。英荷媾和的《布雷达条约》墨迹未干,查理二世便开始为一举摧垮荷兰而进行备战。

事实证明,查理二世不是一个可以在战场上披坚执锐的统帅,却是工于心计的君王。第二次英荷战争刚刚结束,查理二世便以共同防御法国为名组建了英国、荷兰和瑞典三方同盟。之所以拉上瑞典,是因为此时的瑞典为争夺北欧霸权与丹麦势同水火,三方同盟的缔结无疑是在荷兰与其传统盟国丹麦之间打入一个楔子。事实上,查理二世根本无心将这个同盟长久维系下去,他所有的外交行动无非是在法国人面前自抬身价。一心想要称霸欧陆的路易十四果然坐不住了。这位亲政不久的少年君主一边与西班牙媾和,一边向查理二世暗送秋波。1670 年签订《多佛条约》后,英法将矛头对准了共同的敌人——荷兰。

---

① 1666年8月8日,英国海军纵火烧毁了停泊于弗利兰岛的150多艘荷兰商船。

　　"三方同盟"无疑是查理二世手中最大的筹码。为了收买英国和自己站在同一战壕，路易十四不仅资助英国海军200万利佛尔，同时还为查理二世奢靡的宫廷生活埋单——每年赞助英国王室16.6万英镑。当然，路易十四并非全无索求，作为天主教势力新生代的旗手，路易十四要求查理二世"在对他的王国无害的时候加入天主教"。

　　1672年3月，法国向荷兰宣战，在路易十四的亲自指挥下，12万名法国陆军浩浩荡荡越过莱茵河。此时的荷兰仅有2.7万名常备陆军。查理二世随后跟进。秉承着"同他们（荷兰）决裂，然后把责任推到他们身上"的旨意，英国海军在英吉利海峡公然向荷兰舰队挑衅。第三次英荷战争随即拉开序幕。

　　面对兵力雄厚的法国陆军，荷兰人在地面战中且战且退。但在海战中，荷兰海军却秉承着先发制人的宗旨，直接将战舰驶入了英法联合舰队的锚地——索莱湾。面对众志成城的荷兰海军，英法两国同床异梦的弱点显露无余。坐拥35艘战舰的法国海军借口风向不利仓皇避战，丢下由约克公爵詹姆士挂帅的英国海军独立承受荷兰人的火船冲击和炮火。

◎ 率军跨过莱茵河的路易十四

据说，身为王弟的詹姆士在海战两易旗舰，最终坚持到了英国海军的援军抵达，逼迫荷兰人退出了战场。索莱湾海战尽管从战术层面来说算是平手，但却为荷兰赢得了难得的喘息之际。在荷兰海军将英法联合舰队阻击于英吉利海峡的同时，昔日"荷兰国父"威廉一世的曾孙威廉三世被公推为荷兰"最高行政长官"。这位22岁的年轻人上台伊始便效法先祖在1574年对抗西班牙人的手段，掘开保护荷兰免收海侵的穆伊登堤坝，汹涌的海水不仅吞没了众多不及躲避的法国士兵，更令莱茵河两岸成为一片泽国。路易十四通过"闪电战"鲸吞荷兰的计划至此彻底破产。随着时间的推移，法国的反对势力也开始动员起来。以勃兰登堡选帝侯腓特烈·威廉为首的德意志联军开始跨越莱茵河中游威胁法国本土，西班牙人则在法国控制的意大利地区四处点火。此时，英国国内反对与法国结盟入侵荷兰的呼声也日益高涨。

1673年5月，又一次换掉弟弟詹姆士后，查理二世委任鲁珀特亲王为海军司令。英法联合舰队开始尝试夺取制海权，将法国陆军直接运送到阿姆斯特丹附近登陆，但荷兰海军在战场上的优异表现令这一计划流产。鲁珀特亲王事后声称："法国舰队对这次失败应负全责。"但英国史学家坎·贝尔却表示："荷兰舰队司令精明强干，使他们在这次战斗中取得了巨大的成就。他们使完全被封锁的港口重新开放，并战胜了一次可能的入侵，使敌人放弃了所有入侵的想法。"

英国海军在战场的失利，加速了国内的政治分歧。英国商贾不满频繁的征战导致进出口贸易衰退，攻击国王为路易十四的走狗，清教徒则指责《多佛条约》出卖了不列颠的自由和信仰。无奈之下，查理二世于1674年与荷兰媾和。根据双方签署的《威斯敏斯特和约》，荷兰以80万克伦的战争赔款买来了英国的中立。对此，疲于与德意志、西班牙交战的路易十四自然怒不可遏。他随即向欧洲披露了《多佛条约》的秘密条款，一时间英国国内反对"天主教复辟"的声浪空前高涨。由于长期没有子嗣，查理二世只能将自己的侄女玛丽（Mary II of England，1662—1694年）下嫁给荷兰执政威廉三世（William III of England，1650—1702年），以暂时缓解民间对其弟詹姆士即位的担忧。詹姆士是一个虔诚的天主教徒，英国民间甚至流传着其第二任妻子——意大利城邦摩德纳的公主玛丽亚（Mary of Modena，1658—1718年）是教皇安插在英国的奸细。

英国社会对詹姆士的不信任随着时间的推移不断发酵，查理二世尝试解散国会、将自己的弟弟流放，但结果却差强人意。毕竟自王政复辟以来，英国国内的

◎ 詹姆斯二世的
第二任妻子摩德纳
的公主玛丽亚

政治平衡始终很微妙，关于詹姆士是否应成为王储，成了各派政治势力争斗的导火索。有趣的是，由于内战血腥的记忆并不遥远，因此敌对双方都不为自己命名，而是给对方贴标签。反对詹姆士的清教徒和苏格兰长老派被称为"辉格党"（意为马贼），支持詹姆士的一派则被讥讽为"托利党"（意为土匪）。在各种阴谋和动荡不断之下，查理二世的生命逐渐走向了尽头。在英国人看来，查理二世并非是一个无能的君主，少年时代的颠沛流离和登基后的内忧外患使他积累了丰富的经验，堪称老成持重。尽管他的光芒被路易十四掩盖，英格兰似乎不复昔日伊丽莎白和克伦威尔的统治时期的强盛，但在他统治时期，英国在印度洋、非洲沿海的统治得到巩固，更将势力范围扩展到遥远的北美。恰如《神圣的不列颠》一书所说："那里（北美）阳光灼热，已经成为我国的一部分，它得到迅速发展，将比本土拥有更加雄厚的力量。"

大同盟
光荣革命和英国介入欧洲争夺的内幕

1681 年，查理二世驻军牛津，以武力逼迫"辉格党"放弃与詹姆士敌对的立场。此后的 5 年时间，英国表面上平静如初，但反抗的力量却在暗中聚集。1685 年查理二世去世时，甚至没有人公开反对詹姆士继承大宝。一心想效仿路易十四，建立一个强大中央集权国家的詹姆士二世开始在国内推行蓄谋已久的"天主教复辟"，显然他高估了自己的影响力。论神学修养，他难望祖父詹姆士一世的项背，论军功，他又赶不上克伦威尔。这两位都未能改变英国传统国教的统治地位，詹姆士二世的改革结果也就不难预测了。

第一个跳出来反对的是他侄子——查理二世的私生子——蒙茅斯公爵詹姆斯（James Scott, 1st Duke of Monmouth, 1649—1685 年）。苏格兰人在北方发动叛乱时，寄予荷兰能够出兵相助的蒙茅斯公爵率领一干志同道合者杀回英国。一登陆便大

◎ 发动光荣革命将自己岳父赶下台的威廉三世

肆造谣说詹姆士二世"弑兄篡位"的蒙茅斯公爵，虽然成功纠集了数千心怀不满的农民，却迎头撞上了詹姆士二世从北非丹吉尔要塞调回的虎狼之师。打着黑色军旗的蒙茅斯公爵随即溃不成军，授首于断头台上。

蒙茅斯公爵之所以敢铤而走险，很大程度上缘于他自持有一个颇具实力的堂姐夫——荷兰执政威廉三世。威廉三世表面上不建议蒙茅斯公爵回国夺位，却暗中表示将派3个荷兰步兵团支援他。蒙茅斯公爵不仅成了投石问路的棋子，他的死更为威廉三世扫除了继承英国国王的一大障碍。随着詹姆士二世对蒙茅斯公爵的支持者展开疯狂迫害、在国内推行独裁统治，威廉三世开始筹划进军英国。

1687 年 1 月，众多查理二世时代的老臣被詹姆士二世罢免。威廉三世随即以规劝之名向英国派出特使，秘密联络英国的反对派。经历了一次血腥的内战后，英国军队普遍不愿同室操戈。但是，在威廉三世的鼓动下，军队上层很快形成逼迫国王退位、拥立新君的共识。1688 年 11 月，在授意勃兰登堡选帝侯腓特烈·威廉为首的德意志联军牵制路易十四后，威廉三世率领一支精锐的荷兰海、陆军向英国进发。

获悉威廉三世登陆，詹姆士二世似乎还相当淡定。毕竟在位三年以来，他始终在强化军备以巩固自身统治，每年 60 万英镑的军费为他豢养了一支近 3 万人的常备陆军，詹姆士二世还经常巡视军营，他自认在军中颇有威望。詹姆士二世计划用两倍的兵力将自己的女婿围困于英格兰西部，然后再出动海军破坏对手的海上补给线。但是两军刚一接触，英国陆军便倒戈成风。詹姆士二世企图以逮捕军官来控制局面，最终却换来了更大规模的崩溃。无奈之下，詹姆士二世只能逃亡法国。威廉三世从容进军伦敦，史称"光荣革命"（Glorious Revolution）。

光荣革命之所以被英国史学家津津乐道，并非它是一场"不流血"的改朝换代。事实上，在詹姆士二世及其继承人的鼓动下，光荣革命在苏格兰和爱尔兰地区所引发的"流血冲突"不亚于克伦威尔的杀戮。1690 年，为了驱逐盘踞在爱尔兰的老丈人，威廉三世亲率 4 万大军出征都柏林。直到 1691 年 7 月，他在奥格里姆大败法国与爱尔兰联军才最终稳定了局面。苏格兰人的暴动更是此起彼伏，一直延续到 1745 年。

1688 年，英国鼎革所谓的"光荣"，完全来自于普通民众和国会议员们的心理满足。自伊丽莎白以来，英国终于迎来了一位对宗教问题放任自流，对国会尊崇有加的君主。当然，威廉三世并非不想强化王权，但面对路易十四在欧洲大陆的扩张，这位身兼英国国王和荷兰执政的君主实在分身乏术。

1661 年亲政的路易十四可以说是上帝的宠儿，他接手的法国经历了黎塞留和马萨林两代红衣主教的励精图治，已经成了独步欧洲的庞然大物。其 1900 万的人口是英国或西班牙的 3 倍，荷兰的 8 倍，这意味着法国拥有远超任何一个对手的战争潜力。装备精良的法国陆军在名将杜伦尼、孔代亲王等人的率领下可谓横行无阻，在政治家、国务活动家科尔贝尔的精心组织下，法国海军通过规模化生产，短短 5 年便建造了 65 艘战舰，其海军总吨位迅速攀升至欧洲首位。但握有满手好牌的路易十四不是一个精明的统治者，他好大喜功的个性令法国军队在一场场劳而无功的战争中耗尽了气血。

第三次英荷战争虽然于 1674 年便落下了帷幕，但法国和荷兰及德意志诸邦之

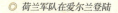

◎ 荷兰军队在爱尔兰登陆

间的厮杀却持续到了 1679 年。在名将杜伦尼战死，国内经济日益吃紧的情况下，法国虽然与荷兰、西班牙及德意志诸邦签署了《奈梅亨条约》结束战争，但路易十四却并不满足。条约墨迹未干，他便在国内成立了所谓的"复合法庭"，开始向缔约国追缴割让的土地。德意志诸邦此刻正面对匈牙利人反德起义和土耳其入侵的威胁，自然不愿与路易十四正面冲突，一时间，法国的版图可谓如日中天。

1683 年，15 万土耳其大军由贝尔格莱德沿多瑙河北上，于 7 月 17 日合围维也纳。整个欧洲一时为之震动。波兰国王约翰·索比斯基不顾国土动荡和与俄国的兵连祸结，毅然率军驰援。法国宫廷鼓动路易十四率军加入圣战行列的也不乏其人。出生于巴黎的意大利少年贵族弗朗索瓦·欧根由于母亲和路易十四关系暧昧，主动向路易十四请求率一个步兵团前往维也纳参战。路易十四非但没有被这位少年的拳拳报国心感动，反而讥笑他身材矮小。正所谓"打人不打脸"，小欧根一气之下独自前往维也纳参战，日后在奥地利军中声名鹊起，成了路易十四晚年的克星之一。

维也纳之战最终以波兰翼骑兵与德意志联军大破土耳其大军而告终。但在追击的过程中，德意志诸邦军队却远不如波兰人热情，因为他们深知身后还有法兰

◎ 17世纪的波兰以背插飞翼装饰的骑兵而出名

西这头猛兽正虎视眈眈。在此后的几年，以奥地利为首的德意志军队在匈牙利、捷克和塞尔维亚地区与土耳其恶战连场。1688 年 9 月 6 日，奥地利军队攻克土耳其深入欧洲的前哨据点——贝尔格莱德。但德意志诸邦还来不及庆祝，数万法国士兵便攻入了莱茵河流域。或许路易十四本想更早发难，但他个人的宗教信仰令他在 1685 年颁布了著名的《枫丹白露敕令》，撤销了祖父亨利四世以信仰宽容为宗旨的《南特敕令》，重新挑起了法国国内的宗教对立。此时，法国的"胡格诺派"新教徒已经无力与法国王室对抗。不过，"惹不起"还"躲得起"，于是在随后的几年里，20 万名法国新教徒移民海外。除了英国、荷兰和普鲁士，大西洋彼岸的"新英格兰"也成了他们的选择。由于法国的新教徒大多是崇尚科学精神的能工巧匠，因此这些人的背离不仅是法国的损失，也无形中促进了英属北美殖民地的繁荣。

法国军队攻入德意志地区后烧杀掠夺，令松散的联邦迅速团结在神圣罗马帝国皇帝利奥波德一世的身边。法国军队虽然不断攻城略地，但始终进展缓慢。路易十四又不明智介入了英国的王位争夺，向西班牙宣战。令原本就与之对立的威廉三世义无反顾加入了德意志诸邦的反法联盟，因此，这场战争又被称为"大同盟战争"。威廉三世除了亲自率军前往爱尔兰之外，还授意英国海军袭击法国遍布世界各地的殖民地。除了非洲和印度洋，北美成为英法在海外的主要战场，不过此时的英属殖民地羽翼未丰，双方反复争夺哈德逊湾，最终还是一无所获。

大同盟战争初期表现最为抢眼的并不是英国的传统优势——海军，而是由昔日查理二世的宫廷侍卫——约翰·丘吉尔（John Churchill, 1st Duke of Marlborough，1650—1722 年）指挥的英国陆军。约翰·丘吉尔是路易十四的老相识，在第三次英荷战争中，丘吉尔就曾因在战场上表现勇猛获得了路易十四的亲自接见。但路易十四对他的评价却是："小白脸式的人物，日后终难成大器。"在 1689 年 8 月的沃尔考特之战，丘吉尔用自己的实际行动回敬了路易十四。

战场失利，路易十四龙颜大怒，他随即派自己并不信任的老将——卢森堡公爵领军出征。卢森堡公爵是路易十四的主要政敌——孔代亲王家的养子，他与孔代亲王给路易十四制造了很多麻烦。所以，他尽管在战场上表现出色，1679 年，与荷兰的战争结束后，他还是以亵渎罪被投入了巴士底狱。幸好孔代亲王从中斡旋才脱离了牢狱之灾。62 岁高龄的卢森堡公爵一出马就顶俩，他先在弗勒律斯以微弱的伤亡重创了德意志、英国、荷兰、西班牙四国联军，随后又在战场上连挫

◎ 宫廷侍卫出身的
约翰·丘吉尔

从爱尔兰赶来的英、荷两国共主——威廉三世。威廉三世在野战中不是卢森堡公爵的对手，掘壕死守方面也不行。如果不是路易十四频频干涉前线军务令卢森堡公爵错失了多次追亡逐北的有利战机，大同盟战争可能在1693年就画上了句号。

与法国陆军高奏凯歌相比，海军的战绩只能用平平来形容。在开战之初，法国海军曾在1690年的俾赤岬海战重创英荷联合舰队，但路易十四并没有抓住有利的战机登陆英国本土。他在掌握制海权的情况下，仅满足于向爱尔兰的英国反政府武装提供援助。最终，英、荷两大海上强国在两年后卷土重来。面对准备一举夺取英吉利海峡的法国舰队，英荷两国集中了99艘战舰和38艘火船，而法国海军由于分兵地中海战场仅能出动44艘战舰。以两军旗舰"太阳王"号和"不列颠尼亚"号为中心，双方恶斗了四天。法国舰队率先撤出了战场。据说，流亡法国的詹姆士二世目睹了英国舰队摧毁搁浅的法国战舰，虽然自己复辟的梦想随之破灭，但他仍为祖国的水手喝彩。他的女儿——英国女王玛丽则将格林威治地区一所未建成的宫殿改成海军医院，从而得到了反感战争的民众拥戴。

频繁的海上交锋令英、法两国都无力维持，法国人虽然在1691年便建造了10万吨的主力战舰，但国内的饥荒和陆军的膨胀令法国海军缺乏足够的人手和火炮。英国方面缺乏足够的海军军费，国会不得不通过发行国债和成立英格兰银行以融资。在这种情况下，双方都不敢轻易展开主力决战，改由招募私掠船主在大洋角逐。尽管以让·巴尔为首的法国私掠船主干得风生水起，但无力进攻英国和切断英国及其主要盟友交通线的事实，令法国在持久战中日益衰弱。

1695年1月，卢森堡公爵凯旋巴黎后不久病逝于凡尔赛宫。巴黎教堂悬挂的敌军战旗展现了这位沙场老将的辉煌，以至于孔代亲王之子称其为"我们夫人的布料商"。他的去世彻底带走了法国陆军的武运，接下来的两年，双方均无决定性的突破。1697年，法国与反法同盟签署了归还所有自1679年以来获得领土的《瑞斯维克条约》，9年的征战又回到了原点。

英国人对这场大同盟战争缺乏热情，在他们看来，这场战争最终的结果无非是"荷兰人保全了面子，法国人取得了优势，而英国人得到的只是耻辱"。上层贵族对性情孤僻、粗暴无礼的威廉三世更是嗤之以鼻，称其为"荷兰矮熊"。只是在法国军队可能登陆英伦拥护詹姆士二世复辟时，他们才团结在女王玛丽二世身旁。不过，玛丽和威廉的夫妻感情并不好，从后来披露的一些书信中人们发现，玛丽二世另有爱人——王家鹰苑管理员的女儿弗兰西丝·阿斯普利。威廉三世的

◎ 安妮女王夫妇

身体也远不如他在战场上表现的那么强大，他自幼患有肺结核和气喘病。因此，这对夫妻要为英国孕育一位全新的国王显然不可能。玛丽二世1694年去世后，英国国会便开始谋划通过立法来阻断詹姆士二世及其继承者卷土重来的可能。

　　1701年，英国国会通过《嗣位法》，这一法案明确了英国王位未来的继承人：无嗣的威廉三世将传位于自己的小姨子——安妮（Anne, Queen of Great Britain, 1665—1714年）。作为詹姆士二世的次女，安妮于1683年嫁给丹麦王子乔治（Prince George of Denmark, 1653—1708年），有多达17次的怀孕记录，但没有一个继承人免于夭折。基于这一情况，《嗣位法》又特意规定，如果安妮女王无后，那么英国王位将传给德意志的汉诺威选帝侯——乔治·路德维格（George I of Great Britain, 1660—1727年）。

　　安妮和乔治·路德维格有血统联系。乔治的母亲是莱茵选帝侯腓特烈五世的小女儿——索菲亚。"一冬之王"腓特烈五世迎娶的是詹姆士一世的千金伊丽莎白，因此安妮和乔治是"一表三千里"的表姐弟。腓特烈五世虽然在"三十年战争"之初失去了领地，但其家族还是与斯图亚特王室荣辱与共，乔治的舅舅鲁珀特亲王便是最好的例证。何况为了表彰汉诺威在"大同盟战争"中的表现，1692年德意志帝国已经将汉诺威新增为第9个选帝侯，也就是说，如果乔治为英国国王，也许有朝一日他还能戴上神圣罗马帝国的皇冠。不过，1700年，被称为"中魔者"的西班牙国王卡洛斯二世（Charles II of Spain, 1661—1700年）去世，他遭遇了欧洲王室近亲通婚的诅咒，在生理和心理上都不正常，因此欧洲各强国磨刀霍霍，准备瓜分昔日强大的哈布斯堡王朝。西班牙帝国虽然风光不再，但依旧在意大利、德意志拥有诸多飞地，因此作为英、荷两国国主的威廉三世迫切需要一个强大的德意志城邦为盟友。

最早盯上西班牙帝国这块肥肉的无疑是路易十四,他的母亲是卡洛斯二世的姑妈,他和卡洛斯二世是表亲关系。卡洛斯二世生前立下的遗嘱是,将王位传给路易十四的孙子——安茹公爵腓力(Philip V of Spain,1683—1746 年)。据说,卡洛斯二世临终前曾感慨:"这是上帝给予又夺走的帝国。"哈布斯堡王朝通过联姻和武力构筑了欧洲第一个超级大国,此刻被路易十四以同种手段夺走无可厚非。西班牙的贵族更从现实的角度出发,认定只有傍上法国这棵大树才能保障其领土完整。1700 年 11 月 1 日,按照西班牙和法国方面的约定,安茹公爵腓力宣布放弃法国王位的继承权后,正式加冕为西班牙国王,是为西班牙波旁王朝的始祖——腓力五世。

路易十四独吞哈布斯堡王朝遗产的举动引起欧洲王室"羡慕妒忌恨",神圣罗马帝国皇帝利奥波德一世(Leopold I,1640—1705 年)率先挺身而出,利奥波德的母亲也是卡洛斯二世的姑妈,他与卡洛斯二世也是表亲关系。抱着"和尚摸得,我为什么摸不得"的心理,利奥波德一世提出自己也有权分一杯羹。此时,大同盟战争刚刚过去 4 年,欧洲各国普遍不愿再动刀兵。因此,威廉三世出面调整,法、德两强一度接受了将西班牙帝国一部分遗产交给巴伐利亚选帝侯约瑟夫·斐迪南打理。约瑟夫·斐迪南是利奥波德一世的外孙,外交上奉行亲法政策,因此一时被认为是调和矛盾的最佳人选。不过,未等双方谈妥,约瑟夫·斐迪南便撒手人寰。

◎ 将自己的孙子扶上西班牙国王之位时的路易十四或许想不到如日中天的法兰西会在由此打开的战争魔盒中遭遇重创

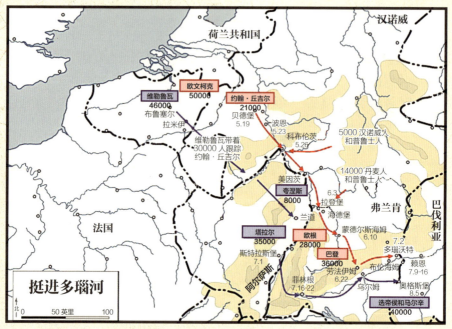

◎ 英国陆军挺进多瑙河

于是，利奥波德一世又推出次子——卡尔大公为卡洛斯二世的继承人。

卡洛斯二世死后，法、德双方展开了一系列的分赃协议，法国曾一度同意由卡尔大公继承西班牙本土，安茹公爵腓力则接受哈布斯堡王朝在意大利的势力范围。但利奥波德一世并不满足，恼羞成怒的路易十四干脆吃起了独食。面对聚集在欧洲上空的战争阴云，威廉三世处境颇为尴尬，一方面，英国国会不愿意为荷兰打仗，1699 年通过了《裁军法案》规定英国的常备陆军不得超过 7000 人。另一方面，从 1701 年开始，法国陆军开始进驻今比利时境内的西属尼德兰地区，战争一触即发。随着法德两军在莱茵河和阿尔卑斯山脉正式交锋，威廉三世被捆绑在反法同盟的战车上。

威廉三世于 1702 年 3 月 8 日去世，荷兰国会拒绝执行其遗嘱，导致英、荷之间短暂的联邦解体，但是继承英国王位的安妮还是遵循姐夫的外交政策，于当年 5 月 15 日向法国宣战。率领 1.2 万名英国远征军协防荷兰的约翰·丘吉尔发现，这个国家早已失去了昔日的热情。由于不再有一言九鼎的执政总揽全局，荷兰政府和军队均陷入了一盘散沙的境地。约翰·丘吉尔虽然在西属尼德兰取得了一些突破，最终被兵力雄厚的法国人赶回了荷兰。

鉴于荷兰政府缺乏合作的诚意，约翰·丘吉尔率军转向多瑙河流域。由于此时法国前线指挥官均缺乏主动进攻精神，因此2.1万名英荷联军得以从容沿着双方犬牙交错的战线纵向移动400千米。英国陆军这一少见的远距离战场机动被日后的温斯顿·丘吉尔形容为："一条红色的爬虫，在万众瞩目之下，日复一日地拖着战争，穿过欧洲的地图。"抵达目的时，约翰·丘吉尔的部队不仅没有受到损失，反而因沿途吸纳德意志诸邦的军队扩充至了4万人。此举彻底改变了德意志南部战场的力量对比。与法国结盟的巴伐利亚公国本是路易十四威胁维也纳的一把尖刀，此刻反倒成了一个亟待救援的缺口。

1704年8月13日，约翰·丘吉尔与德意志新生代名将——欧根亲王（Prince Eugene of Savoy, 1663—1736年）携手，将6万名法国与巴伐利亚联军诱至多瑙河北岸的布伦海姆展开决战。此役，英国陆军主攻左翼成功拖住了法国陆军的预备队，约翰·丘吉尔更亲率精锐骑兵冲垮了敌军的中央阵线。背水列阵的法国—巴伐利亚联军损失近4万人。而英、德方面仅有4500人战死、7500人负伤。较之战场

◎ 布伦海姆会战后，约翰·丘吉尔签署捷报的油画

的胜利，布伦海姆会战在战略层面为反法联盟打开一个巨大的突破口，巴伐利亚落入了德意志帝国的手中，使反法同盟有足够的兵力用于荷兰和意大利战场。

地面部队如火如荼，英国海军也在大西洋四线出击。1703 年 5 月，葡萄牙加入反法同盟之前，英国舰队还只满足于劫掠往来的西班牙商船。随着里斯本成为英国海军主要的前线据点，英国海军不仅攻占西班牙人经营了近 300 年的要塞直布罗陀，袭扰法国在地中海的港口和船只，更将德意志拥立的西班牙国王——卡尔大公和大批陆军运送至伊比利亚半岛。在利用直布罗陀要塞牢牢牵制法国舰队的同时，英国海军从海上源源不断向葡萄牙增兵，于 1706 年由葡萄牙方向突入西班牙腹地，攻占首都马德里。

1706 年，可以说是反法同盟最接近胜利的一年，除了西班牙在战场取得胜利，返回荷兰战场的约翰·丘吉尔还攻占了法军在西属尼德兰的一系列要塞，而欧根亲王则横扫意大利北部。一系列的失败令路易十四心灰意冷，他开始尝试通过外交来结束战争。但恰在此时，反法同盟内部出现了严重分歧。在大陆战场，英军主帅约翰·丘吉尔力主直捣巴黎结束战争，而德意志各诸侯却热衷于借助这场战争打击异己、扩大地盘。因此整个 1707 年，尽管反法同盟在地面战场占据优势，却未能成功结束战争，反令法国军队成功将卡尔大公赶出了马德里。但英国海军对法国土伦军港的长期封锁，最终逼迫法国地中海舰队的 50 艘舰艇自沉于港内。此举不仅为反法联盟舰队夺取制海权奠定了胜局，更令法国海军独大。在此后的漫长岁月里，巴黎虽然打造过强盛一时的庞大舰队，但其规模和战斗能力始终无法与老对手英国正面抗衡。不过，从土伦返航的途中，英国舰队也遭遇了风暴的洗礼，损失了包括克劳德斯利·肖维尔在内的 1500 人。

经过 1707 年的碌碌无为后，1708 年反法同盟终于决定集中兵力在荷兰一线打开局面。约翰·丘吉尔和欧根亲王联手将法国军队赶出了西属尼德兰，战火开始向法国本土蔓延。此时，英国国内急躁的情绪开始蔓延，民众渴望一举割断敌人的喉咙，结束这场旷日持久的战争。于是在 1709 年 9 月 11 日，11 万名反法盟军在蒙斯以南的马尔普拉奎特平原与 9 万名法国军展开决战。此役，尽管约翰·丘吉尔再度施展了两翼迂回，中央突破的故伎，却遭到对手的顽强抵抗。好不容易将法军步兵防线击溃后，部署在纵深的 260 个法国骑兵中队又展开了反冲锋，两军总计超过 4 万名骑兵一直厮杀到黄昏，法国军队才有序撤出战场。

关于马尔普拉奎特战役，约翰·丘吉尔事后心情黯然地写道："我们今天进行了一场血战。我们在上午打败了他们的步兵，继而战胜了他们的骑兵。感谢上帝，我们现在可以任意确定和平的条件了。"由于在战场上给反法同盟造成了远较己方更大的伤亡，法国统帅得意地向路易十四汇报："如果我方再遭受两次这样的失败，那么联军本身也将毁灭。"基于这一观点，路易十四不再寄希望于和谈，决心将战争进行到底。

　　毫无意义的拉锯战又进行了两年，1711年神圣罗马帝国的皇位更迭彻底终结了早已同床异梦的反法同盟。一心想和路易十四分庭抗礼的神圣罗马帝国皇帝利奥波德一世死于战争爆发时的1704年，7年后其长子约瑟夫一世又死于天花。皇冠随即落到了反法同盟中西班牙国王——卡尔大公的头上。眼见这场"西班牙王位继承权战争"削弱法国的目的已经达到，英国政府随即于年底解除了约翰·丘吉尔的指挥权，并从荷兰撤回远征军。随后孤掌难鸣的欧根亲王在德意志南部兵败，反法同盟中除了奥地利外均选择与法国媾和。根据1713年签署的《乌得勒支和约》，英国人不仅在北美获得哈德逊湾、纽芬兰、圣克里斯托弗岛等地，更长期占据了

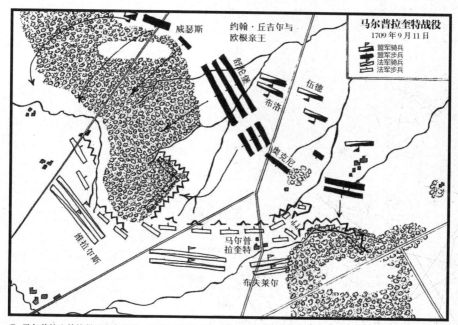

◎ 马尔普拉奎特战役双方布阵图，北线为反法同盟，南线为法军

战略要冲——直布罗陀（Gibraltar）。

　　尽管欧洲大陆法国与奥地利之间的战争仍在继续，但英国女王安妮的注意力却已经转向了国内。由于女王没有子嗣，渴望延续斯图亚特王朝统治的贵族开始与流亡法国的詹姆斯·爱德华（James Francis Edward Stuart，1688—1766 年）联系。但此时这位"老王位觊觎者"已经失去了法国的支持，根据《乌得勒支和约》的要求，路易十四将詹姆斯·爱德华赶往罗马。与之相比，被《嗣位法》确定为下一任英国国王人选的汉诺威选帝侯乔治·路德维格麾下却是兵强马壮。不仅德意志诸邦支持他，由于被指控挪用军费而被迫流亡海外的约翰·丘吉尔也统率留在荷兰的英国老兵为他张目。约翰·丘吉尔甚至宣称，如果乔治·路德维格不能顺利继位，他将掀起第二次光荣革命。在这种情况下，1714 年 9 月得到安妮女王逝世的消息后，乔治·路德维格大摇大摆抵达伦敦，顺利加冕为"乔治一世"。

　　乔治一世在英国人眼中是个五短身材、其貌不扬的德国佬，反对者以"在查理二世时代，统治我们的是一群法国妓女，在威廉国王时代，统治我们的是一群荷兰步兵"讽刺英国即将落入日耳曼人的手中。但事实上，乔治一世对英国并无兴趣，他不会说英语也没有学习这种语言的热情，君臣长期靠蹩脚法语和拉丁语沟通。因此，英国政府的实际运转便掌握在了财政大臣罗伯特·沃波尔等本土官僚的手中。乔治一世很少参加内阁会议，对翻译成法文的书面报告也是只管签字，沃波尔得意地宣称："我用蹩脚的拉丁语和可口的混合甜酒控制了乔治。"

　　乔治一世时代，巴黎和维也纳作为欧洲的两大政治中枢依旧彼此敌对着。1715 年，路易十四病逝，临终前他告诫自己的继任者——曾孙路易十五（Louis XV of France，1710—1774 年）："不要像我一样喜欢建筑和战争。相反，设法与你的邻居和平相处。"但庞大的战争机器并不是想停止便能不再运转的。路易十五登基不到三年，他便与其继承西班牙王位的腓力五世刀兵相见。由于英国、荷兰和奥地利抱着幸灾乐祸的心情与法国结盟，因此这场战争又被称为"四国同盟战争"。尽管法国和西班牙之间的敌对关系随着 1720 年《海牙和约》的签署，腓力五世放弃对法国王位的继承权而终结，但英国和西班牙关于直布罗陀归属问题的争执和冲突却一直持续到 1729 年，以西班牙签署《塞维利亚和约》正式承认直布罗陀为英国属地而告终。

　　相比英国的海外利益，乔治一世显然更关心自己故国汉诺威的安危。以 1716 年奥地利正式与威尼斯结盟对抗奥斯曼帝国为标志，德意志诸邦再度与土耳其人在巴尔干展开了拉锯。不过，此时的土耳其已经日薄西山，一个新兴的军事强国正在中欧日益崛起，它便是由勃兰登堡选帝侯国进化而成的普鲁士王国。普鲁士曾是神圣罗马帝国和波兰的附庸国，两个宗主国中的任何一个强盛时都可以轻松捏断其自立门户的妄想。但此时的波兰早已在与瑞典、俄罗斯的战争中耗尽了气血，奥地利也忙着与法国争雄。这种情况下，乔治一世不得不将大部分的精力放在汉诺威的防务问题上。统治英国，乔治一世仰仗的是独子——乔治二世（George II of Great Britain，1683—1760 年）及两个情妇——达灵顿女伯爵基曼塞格和肯德尔女公爵舒伦堡。但乔治一世和儿子的关系不睦，两个情妇又贪婪无度，于是英国第一场金融危机——"南海泡沫"在乔治一世统治时期悄然上演。

事实上，在"南海泡沫"危机前，欧洲便有过荷兰人爆炒郁金香球茎的"郁

◎ 金融危机的雏形——"南海泡沫"事件

金香泡沫"和法国"密西西比开发计划"引起的股市暴涨最终崩盘的金融危机。英国的"南海泡沫"与这两者有相似之处却也有所区别。荷兰的"郁金香泡沫"证明了著名的"博傻理论",即大多数参与郁金香炒作的人都知道一株再稀有的球茎也不能价值 40 头公牛,但人们总心存侥幸,认为会有一个比自己还傻的花高价格从自己手中将它买走。法国的"密西西比泡沫"和英国的"南海泡沫"则都源自由经营海外殖民地开发及贸易的企业发行的股票。对辽阔的海外市场抱有不切实际的回报预期和一些达官显贵的介入,使这些公司的股票常暴涨。

有人曾这样形容"南海泡沫"巅峰时期的英国:"政治家忘记政治、律师放弃打官司、医生丢弃病人、店主关铺子、牧师离开圣坛,就连贵妇也放下了高傲和虚荣。"甚至连科学家牛顿都坐不住了,他在第一次小赚 7000 英镑后,便在高位大举买入南海公司的股票。但此时,英国政府介入并颁布了著名的《泡沫法案》——《1719 年皇家交易所及伦敦保险公司法案》,严厉打击试图浑水摸鱼的"题

◎ 罗伯特·沃波尔是英国第一位有实无名的首相

材股"和"概念股",导致英国股市连遭重创,许多中产阶级血本无归。牛顿也损失了 20000 英镑,他感叹道:"我能算准天体的运行,却无法预测人类的疯狂。"但相比法国"密西西比泡沫"破灭时的一片哀鸿遍野,无数家庭因投机失败和通货膨胀而破产,英国政府的及时介入和采取的一系列救市措施不仅令南海公司免于破产,也维护了政府形象。但是乔治一世却由于自己的两位德国情妇牵扯其中而名声扫地,倒是财政大臣罗伯特·沃波尔(Robert Walpole, 1st Earl of Orford, 1676—1745 年)收获了民心,成为英国第一位有实无名的首相。

1727 年 6 月,频繁往来于汉诺威和英伦的乔治一世病倒了,英国人对这位国王素无好感。在"此乃吾君也,何其声之不似我也?"的嘲讽声中,乔治一世于其出生地——奥斯纳布吕克去世。尽管乔治一世只有一个独子,但他却一度希望将英国和汉诺威分别交给儿子乔治二世和长孙弗雷德里克·路易斯。此举固然是因为复杂的家庭矛盾,但乔治一世更多的考量还是想避免汉诺威选帝侯的继承权被德意志诸邦拿来大做文章。

从某种意义上看,乔治一世的担忧不无道理。他逝世后不久,欧洲大陆便爆发了一场大规模的王位继承权战争。1733 年,来自德意志萨克森选帝侯国,曾两度出任波兰国王并以阅女无数、坐拥 365 个情妇的"强力王"之名永垂史册的奥古斯特二世去世了。空悬的波兰王位随即引来了法国和德意志诸邦之间的新一轮混战。尽管在战场上欧根亲王等德意志名将老当益壮,但由于在波兰问题上与俄罗斯结了盟,奥地利不得不同时面对法国和土耳其两个对手。最终,双方选择握手言和。尽管波兰的王位落入了奥地利支持的萨克森选帝侯奥古斯特三世之手,但对奥地利来说,这只不过是为沙俄帝国日后控制波兰做了嫁衣。

在这场"波兰王位继承战争"中,乔治二世虽然以汉诺威选帝侯的身份支持奥地利,但英国政府却始终严守中立。以罗伯特·沃波尔为首的英国官僚无心在一场欧洲王室的恶斗中花钱,他们的目光投向了遥远的加勒比海。根据 1713 年签署的《乌得勒支条约》,英国在西班牙特许的情况下,有权向南美洲的殖民地"出口"黑奴。与所有的双边贸易协定一样,英国人只看到了"有权",而西班牙人则注重"特许"。一场打击英国走私船的贸易战争因此而在加勒比海展开。面对西班牙缉私舰频繁拦截英国商船的外交纠纷,两国最终于 1739 年 1 月签署了旨在消弭两国贸易争端的《普拉多公约》。

罗伯特·沃波尔一手操办的《普拉多公约》显然无法满足英国商贾的胃口,

于是一个连续八年投诉无门的"上访户"——罗伯特·詹金斯（Robert Jenkins）被推到了舆论的风口浪尖。商船"丽贝卡"号的船长詹金斯，本是一个籍籍无名的小人物，但当他拿着据说是被西班牙海岸警卫队割下的耳朵出现在英国国会时，他便成了急于向外扩张的英国商业资本的代言人。经过高人的指点，詹金斯在国会慷慨陈词，在所谓"把我的灵魂交给上帝，把我的事业交给祖国"的鼓动下，《普拉多公约》墨迹未干，一支由海军上将爱德华·弗农（Edward Vernon，1684—1757年）指挥的英国舰队便扑向了加勒比海。

在充沛的财力支持下，英国海军此时已独步欧洲。因此，弗农一到加勒比海便轻松拿下了西班牙的白银出口核心——贝约港。一时间，英国国内欢欣鼓舞，日后著名的英国国歌《天佑吾皇》便是这时首次于伦敦响起。但此时的英国海军还没有足够的两栖作战经验，离开战舰深入西班牙殖民地内陆的英国海军陆战队很快便被后勤和热带疫病拖垮。为此，英国政府开始在英属北美招募辅助兵员参战，未来的"美国国父"乔治·华盛顿（George Washington，1732—1799年）的长兄劳伦斯·华盛顿便在此时投身军旅，成了弗农远征军中的一员。

在英国对西班牙环加勒比海及菲律宾地区据点展开漫长围攻的时候，欧洲大陆正发生着一场惊天动地的裂变。1740年10月20日，奥地利国王查理六世（Charles VI，1685—1740年）病故，由于生前没有子嗣。因此查理六世很早便将其女玛丽娅·特蕾莎（Maria Theresa，1717—1780年）立为继承人。那时的欧洲并不乏女性元首的先例，但查理六世留给女儿并非只有奥地利，还包括神圣罗马帝国共主之位以及匈牙利、捷克的王位。因此，查理六世于1713年签署的政治遗嘱——《国本诏书》招来了一片反对声浪。面对德意志九大选帝侯的虎视眈眈，查理六世一面通过政治、军事手段要求欧洲主要强国书面承认《国本诏书》，一面积极寻求政治联姻巩固爱女的威权。关于玛丽娅的结婚对象，查理六世首先考虑的是俄国雄主彼得大帝（Peter the Great，1682—1721年）的嫡孙彼得二世（Peter II of Russia，1715—1730年），但这位短命的罗曼诺夫王朝继承人14岁便一命呜呼了。查理六世于是又相中了普鲁士王储腓特烈（Frederick II，1712—1786年）。

身为德意志诸邦日益崛起的新星，奥地利与普鲁士联姻的意义自然不言而喻。加上腓特烈的母亲还是英国国王乔治一世的掌上明珠，如果这桩婚事能成，玛丽娅的继承权可谓稳如泰山。但不幸的是，玛丽亚钟情于表哥弗兰茨·斯特凡，腓特烈则一心想和入主英国的汉诺威王室联姻，加上老将欧根亲王的竭力反对，奥普联手压制德意志诸邦的计划彻底流产。结果，玛丽娅只得面对巴伐利亚选帝侯查理·艾伯特和已经成为波兰国王的萨克森选帝侯奥古斯特三世的挑战。

查理六世去世之初，刚接掌普鲁士的腓特烈二世曾向焦头烂额的玛丽娅伸出过橄榄枝，表示愿意帮助奥地利打击反对者，但这个忙不能白帮，腓特烈早看中了膏腴之地——西里西亚。客观来说，新教泛滥的西里西亚地区与信奉天主教的奥地利长期离心离德，加上民族矛盾尖锐，玛丽娅如真能用它换取普鲁士的强援也不失为驱虎吞狼的上策。"祖宗基业，岂容轻弃！"最终，普鲁士成为奥地利的第一个敌人。1740年12月，玛丽娅尚未加冕，腓特烈便率军突入西里西亚。

1741年4月，奥地利与普鲁士两军会战于西里西亚境内的莫尔维茨。尽管双方死伤相当，但巴伐利亚勾结法国攻入捷克，瑞典打着支持普鲁士的名义向奥地利盟友俄国宣战，兵力捉襟见肘的玛丽娅只能选择与腓特烈媾和。腓特烈与奥地利王室有点香火之情，况且他也深知，奥地利一旦崩溃，普鲁士便将成为巴伐利亚和法国的下一个目标，因此，他决定中止普鲁士与奥地利的敌对关系，坐看奥地利军队将在布拉格加冕为查理七世的巴伐利亚选帝侯打得到处流亡。

身兼英国和汉诺威两国国主的乔治二世于1743年加入了战团，他打着拥护《国本诏书》、维护玛丽娅继位合法性的旗号纠集了一支由英国、荷兰及汉诺威军队为主的德意志联军。但联军却没有前往混战的中心——巴伐利亚和西里西亚，而是沿着莱茵河向法国进军。本就对英国向同为波旁家族的西班牙宣战而心怀不满的路易十五，随即调集了数万名陆军前去围堵乔治二世。与此同时，法国和西班牙也试图组建一支联合舰队，向英伦三岛发动入侵。

为了阻击对手，英国海军再度围攻法国在地中海沿岸的重要军港——土伦，不过此时英国海军内部陷入了必须以"阵阵之师"对敌的《永久作战条令》的桎梏。提前突围的法西联合舰队打了英军指挥官托马斯·马修斯一个措手不及，英国舰队不仅未能完成封锁任务，自身还受了不必要的重创。但土伦之战也使法国和西班牙人意识到他们与英国海军实力上的巨大差异。因此，尽管在1744年，法国海军至少有两次机会从布勒斯特经瑟堡护送部队入侵英国，但路易十五还是选择了更稳妥的方法——1745年，他将斯图亚特王朝的后裔查理·爱德华送往苏格兰，让这位"小王位觊觎者"鼓动追随者在苏格兰起义。

路易十五这一招的确起到了"四两拨千斤"的作用，为了应对苏格兰高地部落的南下劫掠，乔治二世从欧洲大陆抽调爱子坎伯兰公爵威廉·奥古斯都（Prince

◎ 苏格兰高地民族最后的反抗——卡洛登沼泽之战

William, Duke of Cumberland, 1721—1765 年）麾下的精锐野战部队回国平叛。不过，此时的苏格兰已经正式与英格兰合并，低地居民敌视高原部落，商贾把打着斯图亚特王朝旗帜的"起义军"视为土匪，而爱丁堡等主要城市早已习惯了汉诺威王朝的统治。因此"小王位觊觎者"虽然一度控制了苏格兰的绝大部分地区，但其复国之梦却是昙花一现，1746 年 4 月 16 日，坎伯兰公爵麾下混合了荷兰和德意志黑森雇佣兵的野战军在卡姆登沼泽重创苏格兰人。由于坎伯兰公爵在苏格兰不留俘虏，大肆屠戮，"坎伯兰屠夫"之名很快在英伦如雷贯耳。

　　和历史上大多数失意的政客一样，查理·爱德华不仅被其追随者描述为风度翩翩的"白马王子"，还颇有女人缘。被坎伯兰公爵一路追杀走投无路之际，他受到了苏格兰沿海赫布里斯群岛女酋长——弗洛拉·麦克唐纳（Flora MacDonald, 1722—1790 年）的庇护。如此大恩，已婚的查理当然不能一谢了之，于是两人私订终身。离开苏格兰重返法国时，查理曾许下日后必定回来的誓言。但查理·爱德华离开苏格兰后的境遇只能用每况愈下来形容，他先是被路易十五驱逐出境，随后又遭到罗马教廷的抛弃，最后连他的妻子都嫌弃他另投了他人怀抱。这位自称"查理三世"的王子于 1788 年病逝于罗马。对这位颇具游侠气息的王子，法国文豪伏尔泰总结道："金钱决定一切的年代，他的这种冒险无法指望能成功。"可怜的弗洛拉则被英国政府投入伦敦塔，最终化为雕塑矗立在她挥别爱人的斯凯岛上。

1745年4月，奥地利与巴伐利亚正式媾和，这场由神圣罗马帝国皇帝之位引发的战争悄然转换成了欧陆宿敌之间的捉对厮杀。英、法围绕尼德兰地区展开对峙，奥地利则纠集萨克森等德意志诸邦向普鲁士控制的西里西亚进军。此时，羽翼未丰的普鲁士仍不足以一国之力对抗德意志诸邦，但腓特烈优越的战场指挥令普鲁士骑兵和新颖的"斜形战列"大放异彩。最终，玛丽娅女王只能忍痛承认普鲁士领有西里西亚的现实，以换取腓特烈支持她的丈夫弗兰茨·斯特凡为神圣罗马帝国皇帝。不过，这顶皇冠早已不代表德意志共主的权柄，普鲁士的崛起令维也纳威风扫地。恰如法国文豪伏尔泰（Voltaire）的"吐槽"——经历了"奥地利王位继承战争"之后的神圣罗马帝国"既不神圣，又不在罗马，更不是帝国"。

英国、荷兰及奥地利与法国的战争状态直到1748年10月18日《亚琛和约》的签署，方才画上句号。英国和西班牙之间的"詹金斯耳朵战争"到1750年双方签署《马德里和约》，西班牙赔款10万英镑才画上一个不太圆满的句号。爱德华·弗农收兵回国，大批来自英属北美的殖民地辅助兵解甲归田。但乔治·华盛顿的大哥劳伦斯对这段军旅生涯

◎ 苏格兰著名的"望夫石"
弗洛拉·麦克唐纳

颇为怀念，将其新建的别墅命名为"弗农山庄"，并积极鼓动小乔治报考英国皇家海军院校。这个计划虽然最终没有成行，但尚武的基因却由此深植入乔治·华盛顿那一代的英属北美青年心中。

自西班牙王位继承战争以来，欧洲大陆频繁的王位争夺引起固有国际秩序的全面崩溃，曾经作为"欧洲警察"对抗伊斯兰世界的西班牙和波兰彻底沦为二流国家，其辽阔的疆域成为新兴列强瓜分的蛋糕。长期独霸中欧的维也纳也在与法国的消耗战中日益衰弱，在面对普鲁士的挑战时显得力不从心。经过了"太阳王"路易十四时代的如日中天，法国开始从对外扩张的轨道转向收缩和防御。在欧洲大陆及其海外殖民地的角逐中，英国、普鲁士和俄罗斯正日益占据主导地位。在重新瓜分利益范围的趋势之下，所谓的"和约"不过是整兵再战的中场休息。

战争还在继续，但对大不列颠而言，随着查理·爱德华·斯图亚特在苏格兰兵败，最终黯然离世，英国再不会有天主教复辟和全面内战的危机。由强大金融体系支撑的海军和克伦威尔时代残留的常备陆军，令法国的入侵和苏格兰人的袭扰同样成了历史。尽管英国民众对外来的汉诺威王朝缺乏好感，但共同的敌人还是令英国人习惯了与德意志诸侯国共生。在乔治二世统治初期，民众常改编乔治一世的政治笑话揶揄乔治二世，甚至特意找来一条瘸腿的老马在伦敦街道上脱缰狂奔，身上背着一块牌子："大家不要拦我——我是国王老家汉诺威的车马，去接陛下和他的妻子到英国来"。但乔治二世在战场上的表现，令英国民众改变了对汉诺威王朝的成见，无论胜负如何，乔治二世都是英国历史上最后一位与士卒并肩作战的国王。

王朝战争最终在资本的浪潮下化为了泡沫。那些有关骑士和公主的童话，最终只存在于孩童们睡前的故事中。未来留给大不列颠的是无限辽阔的海洋，以及一个在其掌控下保持均势的欧洲大陆。

辉煌与沉寂

---·•◆◈◆•·---

　　大不列颠群岛的英国并非世界历史上唯一的"日不落帝国"，但无疑是最成功的一个。直到今天其余辉依旧笼罩着波涛汹涌的南大西洋和广袤无垠的非洲南部。其制度、文化和语言更渗入了众多曾被其征服的土地，或许仍需长久的时间才能消弭。是什么力量令地处欧洲边缘的岛国维系了一个世纪的霸主地位？

　　近代的大英帝国无疑拥有深远的影响。撇去其所创建的政治制度、金融体系和国家战略不言，英语被用作"国际语言"便足以见证"日不落帝国"往昔的辉煌。但对这个国家早期的历史，很多人却不甚了了。毕竟威廉、亨利、爱德华，伊丽莎白和玛丽，诺曼、金雀花、都铎、斯图亚特和汉诺威王朝更迭，令人眼花缭乱。正因如此，梳理大不列颠的早期历史，是一项非常繁琐又有趣的工作。

　　在国人无限感叹"五胡乱华"和"崖山之后无中华"的同时，英国史学家对于维京入侵、诺曼征服却似乎并没有太多的指责。毕竟他们的远祖——凯尔特人和盎格鲁－撒克逊人也同样是外来民族。期间罗马对大不列颠的行省化统治更像一段与主题关系不大的插曲，尽管其维持了近400年的光阴，拥有规模宏伟的北境长城、要塞、集镇和乡宅，令后来者肃然起敬。但诚如丘吉尔所说："罗马的语言、法律和制度，没有在（不列颠人们的生活中）留下什么痕迹。"

　　真正将填平英吉利海峡这道天堑的，不是罗马帝国往来的樯帆，而是对天主的信仰。正是基督教在大不列颠的传播，改变了这片岛屿与欧洲大陆若即若离的状态。即便在野蛮的刀斧横扫一切时，大不列颠各地教堂的钟声依旧与基督教在罗马的中枢保持着一致。它告诉世人，大不列颠曾经是基督教世界的一部分，最终将重回其怀抱。那些由修道士撰写的年鉴和诸王历史，也成了笔者梳理早期不列颠历史重要的史料。尽管其中的一些春秋笔法令人忍俊不禁。

北欧海盗的到来及其在英格兰北方的定居，成为大不列颠一段刻骨铭心的记忆。骑士和野蛮人从较量到同化的历程，在今天流行于欧美的《魔兽世界》游戏还能找到身影，与之相关的历史剧更是不胜枚举，如《维京传奇》《孤国春秋》。

关于诺曼征服的过程，英国人曾戏称这是"法国的一个既非最大也不是最强的省份统治者渡过英吉利海峡，登上了英格兰的王位"。但不可否认的是，"征服者"威廉制止了割据的趋势，制定了全国各地都普遍遵守的法律。"我附庸的附庸还是我的附庸"不仅仅是一句绕口令，更是英国王权孜孜不倦的追求，并为此引发了英国中世纪一系列的龃龉和内战。这种博弈最终达成了《大宪章》。

曾有人这样吐槽："任何一个童年就听说过《大宪章》的人，如果他读到纽约最新发现的《大宪章》的一份副本的消息，并且初次拿起这个历史文献拜读一下，便会深感失望。他会同意某些史学家的主张，不把它译为'自由大宪章'，而是译作'一长串特权目录'，这些特权是损害国家利益的贵族特权。"但无论如何，当时这种妥协的方式依旧是巨大的进步。因为它确立了这样一条原则：国王也要服从法律。

一般认为，直到15世纪末，英国人作为一个主体民族才真正出现。此时，盎格鲁－撒克逊人带来的日耳曼语、教会的拉丁文、古老的凯尔特语和丹麦语与诺曼人带来的法语，凝结成了一种全新的语言。在这种文化融合的背后，国会、陪审团制度、地方自治的萌芽破土而出。这些制度优势，是英国这一时期高速崛起的保障。

丘吉尔如是说："任何一个国家或一些国家都有自己的历史。只有了解这些历史，才能理解我们今天面临的问题、危险、挑战和机会。"笔者无心替今天的英国寻找出路，只是想与广大读者一起分享对英国早期的历史的一些心得和感怀。感谢诸位读者的悉心阅读和陪伴。

参考资料

[1] 蒙茅斯的杰佛里.不列颠诸王史.陈默译.桂林：广西师范大学出版社，2009

[2] 盎格鲁－撒克逊编年史.寿纪瑜译.北京：商务印书馆，2004

[3] 钱乘旦，高岱.英国史新探.北京：北京大学出版社，2011

[4] 大卫.休谟.英国史.刘仲敬译.吉林出版集团，2012

[5] 克莱顿.罗伯茨等.英国史.潘兴明等译.北京：商务印书馆，2013

[6] 蒋孟引主编.英国史.北京：中国社会科学出版社，1988

[7] 迈克尔.亚历山大.英国早期历史中的三次危机.林达丰译.北京：北京大学出版社，2008

[8] 莫尔顿.人民的英国史.谢琏造等译.北京：三联书店，1962

[9] 阿伦.马林森.英国陆军史.胡坚译.桂林：广西师范大学出版社，2013

[10] 查尔斯·弗斯.克伦威尔传.王觉非等译.北京：商务印书馆，2002

[11] F.基佐.1640年英国革命史.伍光建译.北京：商务印书馆，1986

从公元前 700 多年罗马建城，
到公元 1453 年君士坦丁堡陷落

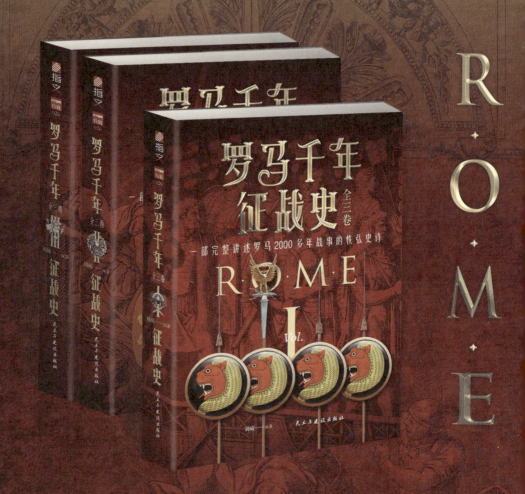

耗时 14 年，参考了国内外上百部文献资料，编著 100 余万字，
既有古史作家的一手资料，又有现代学者的研究成果，
既有严谨的数据和理论依据，又有略带小说化的叙事和描述。

西方世界的战争艺术，是怎样从混蒙发展至如今的？

西方世界历史中
具代表性意义的近70场会战

研究西方战争和历史的必读之作。
它不仅仅是一本军事史，更是一本欧洲人类历史通鉴。

—— 原著 ——
J.F.C.富勒
(1878—1966)

—— 翻译 ——
Ⅰ   Ⅱ   Ⅲ
王子午 × 李晨曦 × 小小冰人